中经"精品课程"系列

中经新工科·汽车专业规划教材

汽车构造

主　编：朱晏萱　刘晓洁　李　敏
副主编：魏芳玺　陈自兵　朱路生　李海兵

中国经济出版社　　中国石化出版社

·北京·

图书在版编目（CIP）数据

汽车构造 / 朱晏萱，刘晓洁，李敏主编. -- 北京：中国经济出版社：中国石化出版社，2025.7. -- ISBN 978-7-5136-8268-8

Ⅰ.U463

中国国家版本馆CIP数据核字第2025EL5028号

选题策划　雷　生
责任编辑　罗　茜
责任印制　李　伟
封面设计　任燕飞

出版发行　中国经济出版社
印　刷　者　宝蕾元仁浩（天津）印刷有限公司
经　销　者　各地新华书店
开　　　本　889mm×1194mm　1/16
印　　　张　15.75
字　　　数　401千字
版　　　次　2025年7月第1版
印　　　次　2025年7月第1次
定　　　价　49.00元

广告经营许可证　京西工商广字第8179号

中国经济出版社 网址 http://epc.sinopec.com/epc/　社址 北京市东城区安定门外大街58号　邮编 100011
本版图书如存在印装质量问题，请与本社销售中心联系调换（联系电话：010-57512564）

版权所有　盗版必究（举报电话：010-57512600）
国家版权局反盗版举报中心（举报电话：12390）　　服务热线：010-57512564

PREFACE 前言

随着全球汽车工业的飞速发展，汽车已成为现代社会不可或缺的交通工具，其技术革新与产业升级不断推动着相关领域的进步。无论是传统燃油汽车，还是新能源汽车，其核心构造与工作原理始终是汽车技术人才培养的基石。为适应职业院校、应用型本科院校及汽车行业从业者的学习需求，我们编写了这本《汽车构造》教材，旨在系统阐述汽车各系统的结构原理，帮助读者建立完整的知识体系，掌握实践应用能力。

一、编写背景与目标

当前，汽车技术正朝着智能化、电动化、网联化的方向快速发展，但无论技术如何迭代，汽车的基础构造与机械原理始终是理解其运行逻辑的核心。然而，许多教材在内容编排上或过于偏重理论，或缺乏对实际应用的深入剖析，难以满足现代教学与实践的需求。为此，本教材以"理论够用、突出实践"为原则，结合汽车维修与制造岗位的实际需求，系统梳理了汽车构造的核心知识点，力求为读者提供一本内容翔实、逻辑清晰、实用性强的学习指南。

本教材的目标读者主要为汽车类专业学生、汽车维修技术人员以及汽车爱好者。通过本书的学习，读者能够全面了解汽车各系统的组成与工作原理，掌握常见部件的拆装与检修方法，并具备初步的故障诊断能力，为后续深入学习或从事相关职业奠定坚实基础。

二、教材结构与内容特色

本教材共分为十大项目，每个项目下设若干任务，内容由浅入深、循序渐进，既注重知识体系的完整性，又强调实践操作的指导性。

项目一"汽车总体结构概述"为全书的总纲，从汽车的分类、型号识别到结构参数解析，帮助读者建立起对汽车的整体认知。项目二至项目七聚焦发动机这一核心动力单元，依次介绍其类型、工作原理、曲柄连杆机构、配气机构、燃油供给系统、起动与点火系统、润滑系统及冷却系统的构造与工作原理。其中，任务设计注重对比分析，如汽油机与柴油机燃油供给系统的异同、润滑系统不同部件的协同作用等，帮助读者深化理解。

项目八至项目十涵盖传动系统、行驶系统、转向系统与制动系统。通过剖析离合器、变速

器、车桥、轮胎等关键部件的结构与原理，读者可全面掌握汽车动力传递、行驶稳定性和安全控制的核心技术。此外，教材在每一任务中融入典型案例分析，例如制动系统常见故障的排查思路，强化理论与实践的结合。

本教材的突出特色体现在以下几个方面：

模块化编排：以"项目—任务"为框架，知识点模块化呈现，便于教师灵活安排教学进度，也方便学生按需查阅。

图文并茂：全书配备大量结构示意图、实物图及原理图，重要部件辅以三维剖视图，直观展示内部构造，降低学习门槛。

汽车技术日新月异，教材的编写亦需不断更新。我们将在后续版本中进一步完善新能源汽车、智能驾驶等前沿内容，并欢迎广大读者提出建议，共同推动教材的优化与升级。

本书在编写过程中参考了许多专家和学者的作品，在此向原作者表示衷心的感谢。由于笔者水平有限，不足之处敬请广大读者批评指正。

希望本书能成为读者探索汽车奥秘的钥匙，助力每一位学习者在这个充满机遇与挑战的行业中扬帆起航！

编 者

2024 年 12 月

CONTENTS 目录

项目一　汽车总体结构概述　001

任务一　汽车的类型 ……………………………………………………… 002
任务二　汽车的总体构造和型号 ………………………………………… 004
任务三　汽车的铭牌和主要结构参数 …………………………………… 011

项目二　发动机概述　017

任务一　发动机的类型 …………………………………………………… 018
任务二　发动机的工作原理 ……………………………………………… 026

项目三　曲柄连杆机构和配气机构　029

任务一　曲柄连杆机构 …………………………………………………… 030
任务二　配气机构 ………………………………………………………… 044

项目四　燃油供给系统　058

任务一　汽油机燃油供给系统 …………………………………………… 059
任务二　柴油机燃油供给系统 …………………………………………… 072

项目五　起动系统和点火系统　086

任务一　起动系统 ………………………………………………………… 088
任务二　点火系统 ………………………………………………………… 095

| 项目六 | 润滑系统 | 103 |

　　任务一　润滑系统概述……………………………………………………………… 104
　　任务二　润滑系统的组成和润滑油路……………………………………………… 105
　　任务三　润滑系统主要部件的构造及工作原理…………………………………… 108

| 项目七 | 冷却系统 | 114 |

　　任务一　冷却系统概述……………………………………………………………… 115
　　任务二　水冷系统主要部件的构造及工作原理…………………………………… 117

| 项目八 | 传动系统 | 130 |

　　任务一　离合器的结构和原理……………………………………………………… 131
　　任务二　变速器和分动器的结构与原理…………………………………………… 149

| 项目九 | 行驶系统 | 177 |

　　任务一　车架与车桥………………………………………………………………… 178
　　任务二　车轮和轮胎………………………………………………………………… 185

| 项目十 | 转向系统与制动系统 | 205 |

　　任务一　转向系统…………………………………………………………………… 206
　　任务二　制动系统…………………………………………………………………… 230

参考文献 ………………………………………………………………………………… 243

项目一
汽车总体结构概述

工作页　汽车的认知

任务描述

（1）能描述实训燃油汽车的总体构造和布置形式。
（2）能说出实训燃油汽车的型号及各组成部分的含义。
（3）能指出实训燃油汽车铭牌的位置及各部分的含义。
（4）能积极主动参与任务，能与小组成员团结协作。

任务准备

（1）知识准备：
完成汽车总体认知的学习。
（2）设备准备：
汽车、举升机、演示课件（或操作视频）。

任务步骤

（1）教师演示或播放视频：汽车的总体认知。
（2）学生观看实训燃油汽车，并完成下表填写。

任务名称			日期	
第（ ）小组成员				
实训内容				
实训燃油汽车的型号				
实训燃油汽车的布置形式				
实训燃油汽车的基本构造				
实训燃油汽车的铭牌				

任务评价

任务评价内容及标准见下表。

序号	项目	操作内容	分值	评分标准	得分
1	准备	清理工位	5 分	酌情扣分	
2	实训燃油汽车的型号	型号填写正确	20 分	型号、含义各 4 分	
3	实训燃油汽车的布置形式	识别实训汽车的布置形式	10 分	识别正确 10 分	
4	实训燃油汽车的基本构造	能指出实训汽车的四个组成	20 分	每个组成 5 分	
5	实训燃油汽车的铭牌	指出铭牌位置及各部分含义	20 分	酌情扣分	
6	完成时间	40min	10 分	超时 1~5min 扣 1~5 分，超时 5min 以上扣 10 分	
7	安全文明	无安全隐患，无不文明操作	5 分	未达标扣 1~5 分	
8	结束	工作场地清洁	10 分	清洁不彻底扣 1~10 分，未做扣 10 分	
总分				100 分	

任务一　汽车的类型

一、汽车的定义

汽车是指由动力驱动，具有 4 个或 4 个以上车轮的非轨道承载的车辆，包括与电力线相连的车辆（如无轨电车）。它主要用于：①载运人员和/或货物（物品）；②牵引载运人员和/或货物（物品）或特殊用途；③专项作业或专门用途。

二、汽车的分类

1. 按动力源分类

汽车按动力源可划分为燃油汽车和新能源汽车。燃油汽车以汽油或柴油作为动力来源，具体又分为汽油汽车和柴油汽车。

新能源汽车采用非常规车用燃料作为动力来源，或者使用常规车用燃料的同时，配备新型车载动力装置。这类汽车融合了先进的动力控制和驱动技术,具备新颖的技术原理与结构。非常规车用燃料,指汽油、柴油以外的燃料,比如天然气、液化石油气、乙醇汽油、甲醇和二甲醚等。新能源汽车主要包含混合动力电动汽车(HEV)、纯电动汽车(BEV)、燃料电池电动汽车(FCEV)以及其他新能源汽车这四大类型。

2. 国标中的分类

中国汽车技术研究中心颁布的国家标准《汽车、挂车及汽车列车的术语和定义 第1部分:类型》(GB/T 3730.1—2022,以下简称《标准》)中将汽车分为乘用车和商用车辆。

(1)乘用车。乘用车是指在设计和技术特性上主要用于载运乘客及其随身行李和/或临时物品的汽车,包括驾驶人座位在内最多不超过9个座位,它也可以牵引一辆车。

乘用车包括普通乘用车、活顶乘用车、高级乘用车、小型乘用车、敞篷车、舱背乘用车、旅行车、多用途乘用车、短头乘用车、越野乘用车、专用乘用车、旅居车、防弹车、救护车和殡仪车。

(2)商用车辆。商用车辆是指在设计和技术特性上用于运送人员和货物的汽车,并且可以牵引挂车(乘用车不包括在内)。

商用车辆包括客车、小型客车、城市客车、长途客车、旅行客车、铰接客车、无轨电车、越野客车、专用客车、半挂牵引车、载货汽车、普通货车、多用途货车、全挂牵引车、越野货车、专用作业车和专用货车。

3. 按用途不同分类

汽车按用途不同可分为轿车、载货汽车、客车、越野车、牵引汽车、自卸汽车和专用汽车(见图1-1)七类。

(a)运钞车

(b)救护车

(c)消防车

(d)油罐车

图1-1 专用汽车

任务二　汽车的总体构造和型号

一、汽车的总体构造

（一）燃油汽车的构造

燃油汽车主要由发动机、底盘、电气设备和车身四大部分组成，如图 1-2 所示。

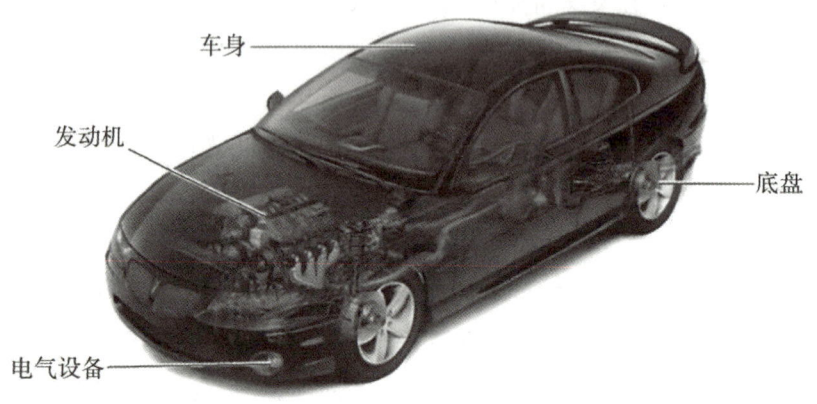

图 1-2　燃油汽车构造

1. 发动机

发动机是燃油汽车的动力装置。燃油汽车发动机的作用是使燃油燃烧产生动力，然后通过底盘的传动系统驱动车轮使汽车行驶。

汽油发动机通常由两大机构、五大系统组成，柴油发动机通常由两大机构、四大系统组成。两大机构是曲柄连杆机构和配气机构，五大系统是燃油喷射系统、冷却系统、润滑系统、起动系统和点火系统（柴油发动机无）。

2. 底盘

底盘是汽车的"骨骼"，是汽车的基体。燃油汽车底盘的作用是支撑、安装发动机及其各部件、总成，形成汽车的整体造型，并接收发动机的动力，使汽车产生运动，保证汽车正常行驶。燃油汽车底盘由传动系统、行驶系统、转向系统和制动系统四部分组成，如图 1-3 所示。

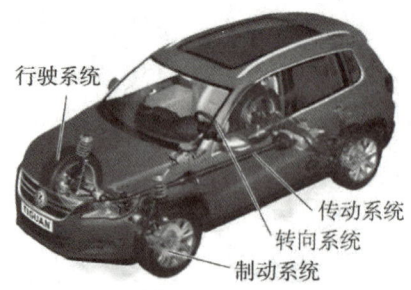

图 1-3　燃油汽车底盘的组成

3. 电气设备

电气设备是对汽车各项工作实施控制的关键部分。电气设备的作用是保证发动机正常运行、汽车安全行驶和乘客舒适乘坐。燃油汽车电气设备由电源系统、用电设备和配电装置三部分组成，如图1-4所示。

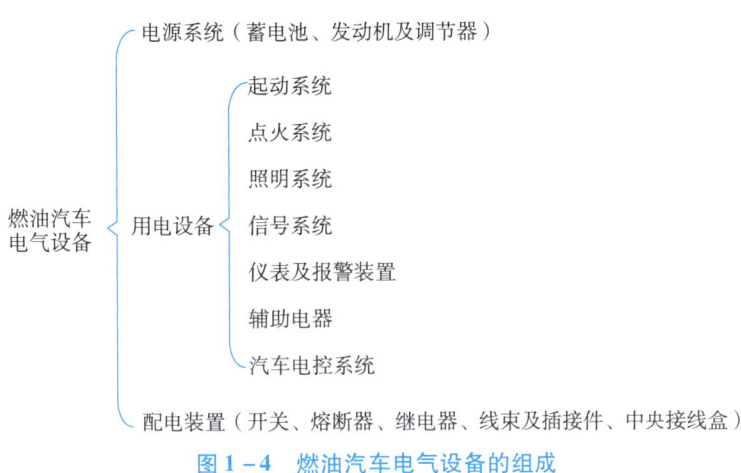

图1-4 燃油汽车电气设备的组成

4. 车身

车身的作用主要是保护驾驶人以及构成良好的空气力学环境。车身安装在底盘的车架上，用以驾驶人、旅客乘坐或装载货物。轿车、客车的车身一般是整体结构，货车车身一般是由驾驶室和货箱两部分组成的，如图1-5所示。

(a)轿车的车身

(b)客车的车身

(c)货车的车身

图1-5 汽车车身

（二）新能源汽车的构造

新能源汽车的构造（以纯电动汽车为例）如图1-6所示，它主要由电动机、底盘、辅助系统、车身和动力蓄电池组成。电动机相当于燃油汽车的发动机,动力蓄电池相当于燃油汽车的燃油箱。

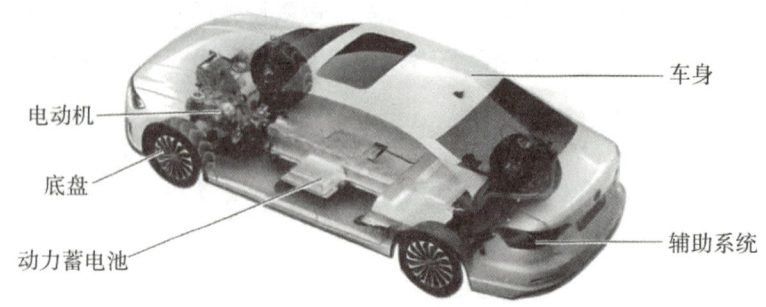

图1-6 纯电动汽车构造

二、汽车的布置形式

1. 燃油汽车的布置形式

燃油汽车按照发动机和各个总成相对位置的不同,布置形式有以下五种:

(1) 发动机前置前轮驱动

发动机前置前轮驱动,简称前置前驱,英文缩写为FF。在此布局下,发动机与离合器集中安装于汽车前部。依据发动机安装方向,该布局又细分为发动机横置前驱与发动机纵置前驱,如图1-7所示。微型、普通级和中级轿车,因重心较低,普遍采用这种布置形式。

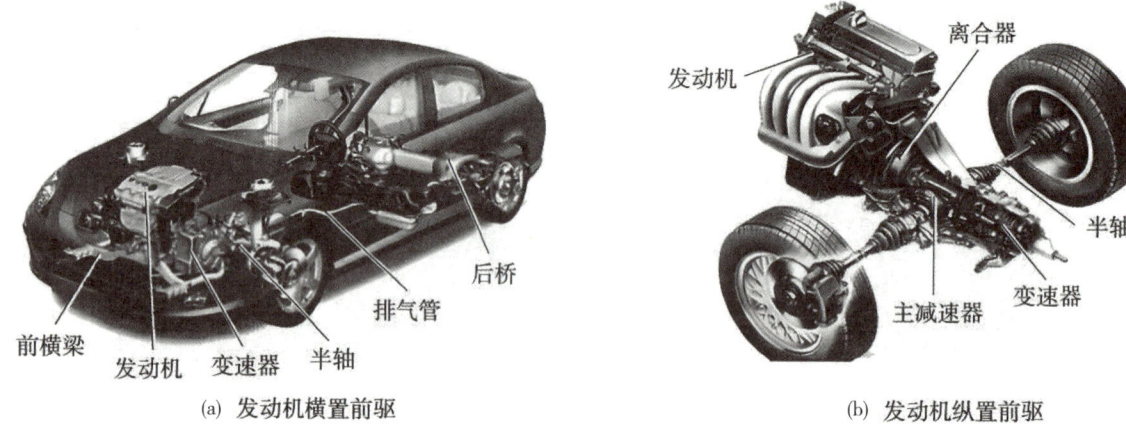

(a) 发动机横置前驱　　　　　　　　　(b) 发动机纵置前驱

图1-7 发动机前置前轮驱动

前置前驱优势众多,发动机散热条件良好,车辆操纵便捷,结构上省去了长传动轴,更为紧凑,在雨雪天气也更易保障行驶方向的稳定性。然而,这一布局也存在弊端。车辆上坡时,前轮附着力降低,导致操纵稳定性变差;下坡制动时,前轮载荷过大,高速行驶时存在翻车风险。此外,由于前轮既要负责提供驱动力,又要在转向时提供必要的横向力,因此最容易出现转向不足的问题。

(2) 发动机前置后轮驱动

发动机前置后轮驱动,简称前置后驱,英文缩写为FR。在这种布局下,发动机、离合器和变速器整合为一个整体,安装于汽车前部。由主减速器、差速器和半轴构成的驱动桥,则安装在汽车后部，前后两部分通过万向传动装置连接，结构如图 1-8 所示。载货汽车广泛采用这一布置形式，部分客车和中高级轿车也经常采用。

图 1-8　发动机前置后轮驱动

前置后驱具有诸多优势。一方面，发动机散热条件较好，驾驶人可直接操控发动机、离合器和变速器，使得操纵机构简单，维修更为便捷。另一方面，后轮负责驱动，附着力较大，车辆更容易获得充足的驱动力。不过，该布局也存在一定弊端。由于后轮为驱动轮，车辆在高速转弯时，容易出现转向过度的情况，甚至可能发生 180° 原地掉头现象。

（3）发动机后置后轮驱动

发动机后置后轮驱动，简称后置后驱，英文缩写为 RR。在这一布局中，变速器、主减速器和差速器整合为一体，称作变速驱动桥。变速驱动桥与离合器、发动机一同集中安装于汽车后部。大型客车多采用这种布置形式，如图 1-9 所示。

图 1-9　发动机后置后轮驱动

后置后驱具备不少优点。传动系统结构紧凑，极大提升了传动效率。车辆重心降低，前轮不易过载，后轮附着力较大，同时车厢面积能得到更充分的利用。然而，这种布局也存在一定缺陷。发动机散热条件欠佳，而且由于发动机、离合器和变速器距离驾驶位较远，致使操纵机构变得复杂，维修和调整的难度增加。

（4）发动机中置后轮驱动

发动机中置后轮驱动，简称中置后驱，英文缩写为 MR。在此布局下，发动机安置于汽车中部偏后位置，并与差速器、变速器连接成一个整体，由后轮负责驱动车辆。大多数运动型轿车、方程式赛车都采用这一布置，部分大、中型客车也会选用，具体结构可参考图 1-10。

图 1-10 发动机中置后轮驱动

中置后驱能让前后轴载荷实现理想分配，赋予车辆出色的转向特性，并且车辆起步和加速性能表现突出。不过，该布局也存在明显短板，受发动机布局影响，车内空间较为狭小，导致车辆实用性欠佳。

（5）发动机前置四轮驱动

发动机前置四轮驱动，通常简称为四驱。在这一驱动布局下，前桥不但承担转向功能，还能作为驱动桥驱动车辆前行。为了把发动机产生的动力精准分配到前、后驱动桥，车辆会在变速器和万向传动装置之间安装分动器，装置的具体结构如图 1-11 所示。四驱布置凭借强大的动力输出与出色的通过性，被广泛应用于越野车和部分工程车辆。此外，一些高档轿车也会采用这一布局，以此进一步提升车辆的动力表现与通过性能。

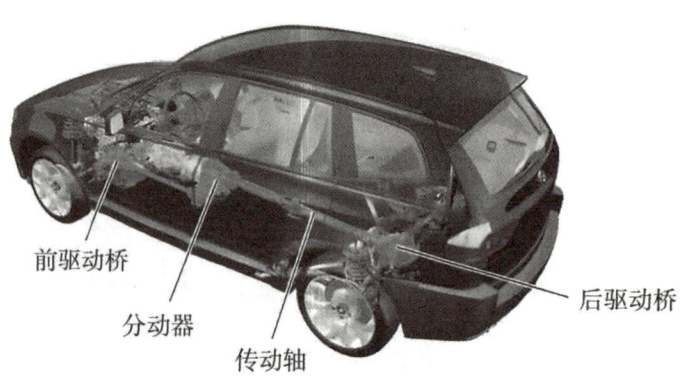

图 1-11 发动机前置四轮驱动

2. 纯电动汽车的布置形式

纯电动汽车按照电动机的安装位置不同，布置形式有前置前驱、后置后驱、四轮驱动和轮毂电机四种。

（1）前置前驱

前置前驱是将驱动电机安装在车辆前方，通过减速器和半轴将驱动力传递给前轮，如图 1-12 所示。特点是传输动力速度快，减少了传动部件，传递动力的过程较短。优点是便于结合成熟的麦弗逊悬架，制造工艺简单，开发周期短，且前舱易于布置。这种布置的车辆前部比较重、后轮比较轻，缺点同燃油汽车前置前驱的布置形式。

图 1-12 前置前驱

(2) 后置后驱

纯电动汽车由于驱动电机的体积小,可将驱动电机安装在车辆后面。后置后驱对车辆加速和操控有着不可比拟的优势。但缺少了前置的风冷散热,后置的散热器功率大,对车辆续驶里程有所影响;正常路面行驶,前轮负荷小,会出现过度转向;冰雪路面行驶,会导致转向困难。

(3) 四轮驱动

四轮驱动如图 1-13 所示,系统通常应用于高端车型,其特点是结合使用两种类型的电动机。在低速行驶时,利用永磁电动机的高效率,确保驱动电机处于最低损耗状态,从而实现能源的最大化利用。而在高速行驶阶段,则依靠感应异步电动机在高速状态下的高功率输出来提升性能。总体而言,在中低速和高速行驶过程中,永磁电动机基本持续运行,而感应电动机主要用于加速和提高性能。通过同步与异步电动机的组合使用,充分发挥各自的优势,达到综合性能最优。

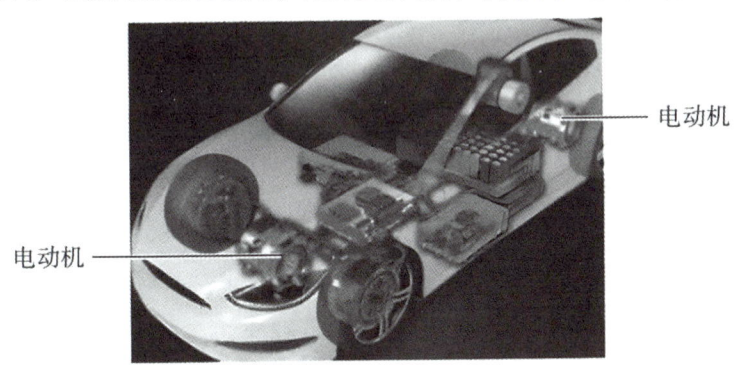

图 1-13 四轮驱动

(4) 轮毂电机

轮毂电机是将驱动电机直接安装在车辆轮毂内的设计,集成了动力系统、传动系统和制动系统等。如图 1-14 所示,这种设计省去了大量的传统传动部件,简化了车辆结构,并支持多种复杂的驱动方式。由于每个车轮都可以独立驱动,轮毂电机能够轻松实现前置前驱、后置后驱和四轮驱动等多种布局。然而,尽管它降低了整车质量,却增加了簧下质量,对整车操控性、乘坐舒适性和悬架可靠性产生了显著影响。此外,轮毂电机还存在生产成本高、维修成本高以及发热大对制动性能要求高的问题。尽管如此,轮毂电机在动力配置、传动结构、操控性能和能源利用等方面展现出明显的技术优势和特点,待技术成熟后,有望成为未来的主流设计方案。

图 1-14 轮毂电机

三、国产汽车的型号

1. 汽车产品型号的组成

汽车型号应能表明汽车的厂牌、类型和主要特征参数等。国家汽车型号均应由汉语拼音字母和阿拉伯数字组成,汽车型号包括以下三个部分:

首部——由两个或三个汉语拼音字母组成,是企业名称代号。

中部——由四位阿拉伯数字组成,第一位数字是车辆类别代号,第二、第三位数字是各类汽车的主参数代号,第四位数字是产品序号。

尾部——为专用汽车分类代号和企业自定代号,不一定都有。

汽车产品型号的组成如图 1-15 所示。

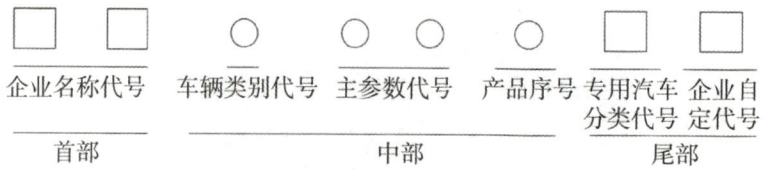

图 1-15 汽车产品型号的组成

(1) 企业名称代号。企业名称代号用代表企业名称的两个或三个汉语拼音字母表示。例如,CA 代表一汽集团公司、BJ 代表北京汽车集团公司、EQ 代表东风汽车集团公司、NJ 代表南京汽车集团公司、SH 代表上海汽车工业集团总公司、TJ 代表天津汽车工业有限公司、CKZ 代表重庆客车总厂。

(2) 车辆类别代号。汽车产品型号左起第一位阿拉伯数字为车辆类别代号,表明车辆分属种类,见表 1-1。

表 1-1 车辆类别代号及其含义

车辆类别代号	1	2	3	4
含义	载货汽车	越野汽车	自卸汽车	牵引汽车
车辆类别代号	5	6	7	9
含义	专用汽车	客车	轿车	半挂车及专用挂车

(3) 主参数代号。汽车产品型号中间两位阿拉伯数字表示各类汽车的主要特征参数,称作主参数代号,见表 1-2。

表 1-2 车辆主参数代号含义

车辆类别	主参数代号含义	备注
载货汽车	表示汽车总质量（t）数值	汽车总质量大于10t时，允许用3位数字
越野汽车		
自卸汽车		
牵引汽车		
专用汽车		
客车	表示汽车总长度（x0.1m）数值	汽车总长度大于10m时，数字x1m
轿车	表示发动机工作容积（x0.1L）数值	
半挂车及专用挂车	表示汽车总质量（t）数值	

（4）产品序号。用一位阿拉伯数字表示汽车的产品生产改进顺序号，如"0"表示第一代产品，"2"表示第三代产品。

（5）专用汽车分类代号。用汉语拼音字母反映汽车结构和用途特征，如X——厢式汽车、G——罐式汽车、Z——专用自卸汽车、T——特种结构汽车、J——起重举升汽车、C——舱棚式汽车。

（6）企业自定代号。在同一种汽车结构略有变化而需要区别时，如汽油、柴油发动机，长、短轴距，单、双排座驾驶室，平、凸头驾驶室，左、右置转向盘等，需要企业自定代号加以区别。

2. 汽车型号实例

（1）EQ1091：表示二汽集团生产的总质量为9t的第二代载货汽车。

（2）TJ6481：表示天津汽车制造厂生产的第二代轻型客车，车辆长度为4.8m。

（3）CKZ6127HBEV：表示重庆恒通客车有限公司生产的第八代纯电动客车，整车长12m。

任务三　汽车的铭牌和主要结构参数

一、汽车 VIN

1. 汽车 VIN 的位置

VIN 是 Vehicle Identification Number 的缩写，中文称为车辆识别代码。它是由 17 位字母和数字组成的编码，也被称为 17 位识别代码。通过特定的排列组合，VIN 确保了同一车型的车辆在 30 年内不会出现重复，具有唯一识别性。因此，VIN 可以被视作汽车的身份证号码。

VIN 在汽车铭牌、车架或车身上，在机动车行驶证和机动车保险单上也有。为了方便识别，我国乘用车在仪表板左侧或右侧放置了一个 VIN 编码条，可以透过风窗玻璃看到，帕萨特乘用车 VIN 编码条在仪表板左侧。

2. 汽车 VIN 的含义

汽车 VIN 由三个部分组成，即世界制造厂识别代码（WMI）、车辆说明部分（VDS）和车辆指示部分（VIS）。图 1-16 所示为一辆上海大众朗逸乘用车的 VIN 编码，将其分为三部分后见

表 1-3。

图 1-16 朗逸乘用车 VIN 编码

表 1-3 上海大众朗逸乘用车 VIN 编码

WMI			VDS						VIS							
L	S	V	A	D	2	1	8	7	B	2	3	3	7	7	2	9
1	2	3	4	5	6	7	8	9	10	11	12	13	14	15	16	17

第 1～3 位是世界制造厂识别代号（WMI），LSV—上海大众汽车有限公司。

国内常见汽车制造厂家的 WMI 编号如下：

LS5—长安汽车　　LVS—长安福特　　LL3—厦门金龙　　LGX—比亚迪汽车

LSV—上海大众　　LFV——汽大众　　LFP——汽红旗　　LEN—北京吉普

LHG—广州本田　　LHB—北汽福田　　LKD—哈飞汽车　　LSY—沈阳金杯

LSG—上海通用　　LDC—神龙富康

第 4 位是车身形式代码，A—4 门折背式车身。

第 5 位是发动机变速器代码，D—JV 发动机、LPG/2P（013.9）变速器。

第 6 位是乘员保护系统代码，2—安全气囊（驾驶人和副驾驶人、前座侧面）。

第 7～8 位是车辆等级代码，18—上海朗逸轿车。

第 9 位是校验位，通过一定的算法防止输入错误，0～9 中任一数字或字母"X"。

第 10 位是车型年份代码，B—2011 年。车型年份代码见表 1-4。

表 1-4 表示汽车年份代码表

年份	代码	年份	代码	年份	代码	年份	代码
2001	1	2011	B	2021	M	2031	1
2002	2	2012	C	2022	N	2032	2
2003	3	2013	D	2023	P	2033	3
2004	4	2014	E	2024	R	2034	4
2005	5	2015	F	2025	S	2035	5
2006	6	2016	G	2026	T	2036	6
2007	7	2017	H	2027	V	2037	7
2008	8	2018	J	2028	W	2038	8
2009	9	2019	K	2029	X	2039	9
2010	A	2020	L	2030	Y	2040	A

第 11 位是装配厂代码，2—上海大众汽车有限公司。

第 12～17 位是车辆制造顺序号。

注意：不同国家或汽车制造厂，其 VIN 含义有细微不同。

二、汽车铭牌的识读

1. 燃油汽车铭牌的识读

某燃油汽车的铭牌如图 1-17 所示。

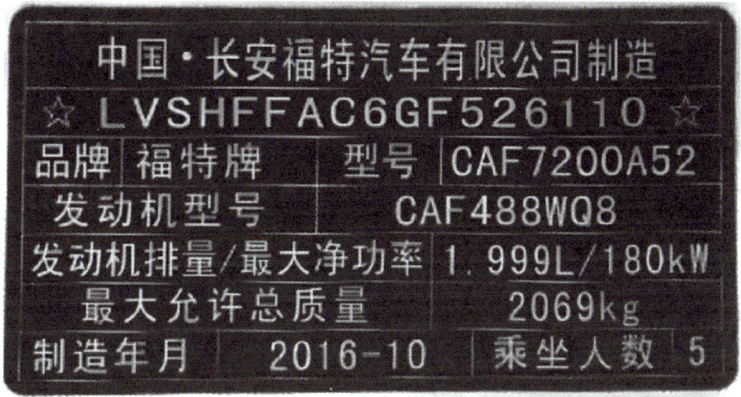

图 1-17 某燃油汽车的铭牌

汽车制造厂家：中国·长安福特汽车有限公司　　车辆识别代号：LVSHFFAC6GF526110

整车型号：CAF7200A52　　发动机型号：CAF488WQ8

发动机排量：1.999L　　最大净功率：180kW

最大允许总质量：2069kg　　制造年月：2016 年 10 月

乘坐人数：5 人

2. 混合动力电动汽车铭牌的识读

某混合动力电动汽车的铭牌，如图 1-18 所示。

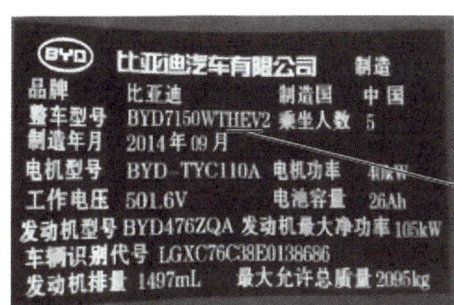

图 1-18 某混合动力电动汽车的铭牌

汽车制造厂家：比亚迪汽车有限公司　　整车型号：BYD7150WTHEV2

乘坐人数：5　　制造年月：2014 年 09 月

电机型号：BYD-TYC110A　　电机功率：40kW

工作电压：501.6V　　电池容量：26Ah

发动机型号：BYD476ZQA　　发动机最大净功率：105kW

车辆识别代号：LGXC76C38E0138686　　发动机排量：1497mL

最大允许总质量：2095kg

3. 纯电动汽车铭牌的识读

某纯电动汽车的铭牌，如图 1-19 所示。

图 1-19　某纯电动汽车的铭牌

汽车制造厂家：北京汽车股份有限公司

车辆识别代号：LNBSCB3F7DD131035　　　　　整车型号：BJ7000B3D1-BEV

电机型号：YTD020W01　　额定功率：20kW　　峰值功率：45kW

电池型号：29/135/220-80Ah　　　　　　　　电池工作电压：320V

电池容量：80Ah　　乘员数：5 人　　　　　　整备质量：1370kg

最大允许总质量：1745kg　　　　　　　　　　制造年月：2013 年 12 月

三、汽车的主要结构参数

（1）车长（mm）。车长指汽车长度方向两极端点间的距离，如图 1-20 所示。

（2）轴距（mm）。轴距指汽车前轴中心至后轴中心的距离，如图 1-20 所示。

（3）前悬（mm）。前悬指汽车最前端至前轴中心的距离，如图 1-20 所示。

（4）后悬（mm）。后悬指汽车最后端至后轴中心的距离，如图 1-20 所示。

图 1-20　车长、轴距、前悬和后悬

（5）车高（mm）。车高指汽车最高点至地面间的距离，如图 1-21 所示。

（6）车宽（mm）。车宽指汽车宽度方向两极端点间的距离，如图 1-21 所示。

（7）轮距（mm）。轮距指同一车桥左右轮胎胎面中心线间的距离，如图 1-21 所示。

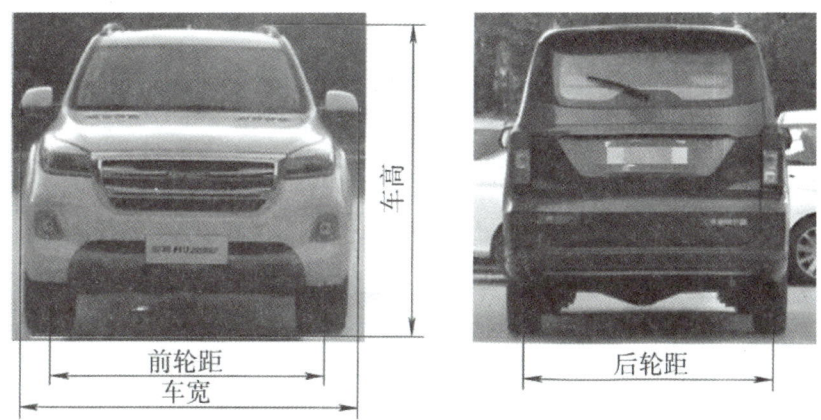

图1-21　车高、车宽和轮距

（8）最小离地间隙（mm）。最小离地间隙指汽车满载时，最低点至地面的距离，如图1-22所示。

（9）最大涉水深度（mm）。最大涉水深度指汽车所能通过的最深水域，也是安全深度，如图1-22所示。

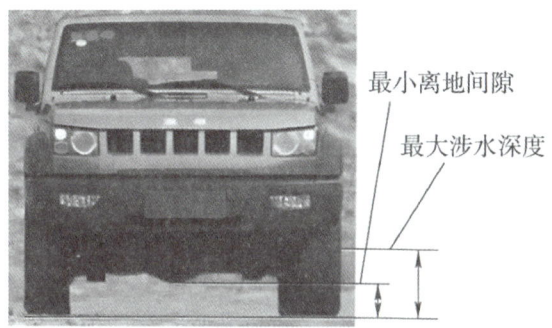

图1-22　最小离地间隙和最大涉水深度

（10）接近角（°）。接近角指汽车前端突出点向前轮引的切线与地面的夹角，如图1-23所示。

（11）离去角（°）。离去角指汽车后端突出点向后轮引的切线与地面的夹角，如图1-23所示。

图1-23　接近角和离去角

（12）最大爬坡度（%）。最大爬坡度指汽车满载时的最大爬坡能力，以坡度起止点的高度差与其水平距离的比值（正切值）的百分数来表示，如图1-24所示。

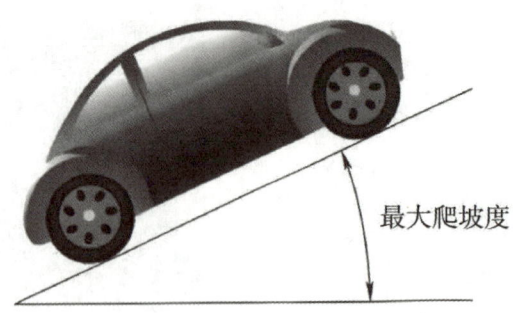

图 1-24 最大爬坡度

（13）最大侧倾角。最大侧倾角指汽车车身发生倾斜，车本身可以承受的车身平面与地面所达到的最大夹角（大于这个角度即发生翻车），如图 1-25 所示。

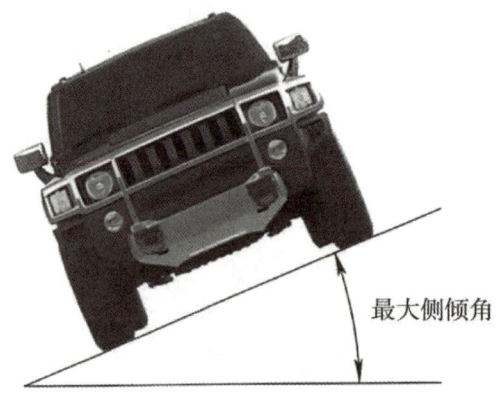

图 1-25 最大倾斜角

项目二

发动机概述

工作页 发动机的工作原理

任务描述

（1）了解发动机的基本术语。
（2）能够描述四冲程发动机的工作原理。
（3）能积极主动参与任务，能与小组成员团结协作。

任务准备

（1）知识准备：
完成发动机工作原理的认知的学习。
（2）设备准备：
汽车、发动机、演示课件（或操作视频）。

任务步骤

（1）教师演示或播放视频：发动机工作原理的认知。
（2）学生学习发动机的工作原理，并完成下表填写。

任务名称			日期	
第（ ）小组成员				
实训内容				
发动机的基本术语				
四冲程汽油机原理				
四冲程柴油机原理				

任务评价

任务评价内容及标准见下表。

序号	项目	操作内容	分值	评分标准	得分
1	准备	清理工位	5 分	酌情扣分	
2	发动机的基本术语	9 个基本术语	18 分	每一个 2 分	
3	四冲程汽油机基本原理	填写四个冲程	26 分	进气（8 分），其余 3 个各 6 分	
4	四冲程柴油机基本原理	填写 4 个冲程	26 分	进气（8 分），其余 3 个各 6 分	
5	完成时间	40min	10 分	超时 1~5min 扣 1~5 分 超时 5min 以上扣 10 分	
6	安全文明	无安全隐患，无不文明操作	5 分	未达标扣 1~5 分	
7	结束	工作场地清洁	10 分	清洁不彻底扣 1~10 分， 未做扣 10 分	
总分			100 分		

任务一　发动机的类型

一、发动机分类

1. 按燃料类型分类

发动机依据燃料种类可分为汽油发动机、柴油发动机及代用燃料发动机（如甲醇、乙醇、液化石油气等）。其中，汽油发动机以转速高、体积小、噪声低、启动便捷、制造成本低为特点，主要装配于乘用车；柴油发动机凭借高压缩比、热效率优势及低燃油消耗特性，多用于商用车及高扭矩需求场景。

项目二
发动机概述 02

图 2-1 汽油发动机

图 2-2 柴油发动机

2. 按冷却方式分类

发动机冷却系统分为水冷与风冷两类。水冷发动机通过密闭循环的冷却介质（通常为防冻液）吸收热量，经散热器将热量传递至外部环境，具有冷却效率高、温度控制精准的特点，主流汽车普遍采用此设计。风冷发动机则依靠散热片扩大表面积，配合风扇强制对流实现散热，其优势在于系统结构简单、维护需求低，但因散热效率受限且易受环境温度影响，目前主要应用于特定机型（如部分摩托车及经典老爷车）。

图 2-3　水冷发动机

图 2-4　风冷发动机

3. 按气缸数量分类

发动机依据气缸配置数量可分为单缸与多缸两类。单缸发动机因结构简单、重量轻,多用于轻型车辆及小型机械设备;多缸发动机(如四缸、六缸及八缸以上设计)通过多活塞协同工作提升动力输出平顺性,凭借振动抑制优势及更均匀的动力特性,成为现代汽车主流配置,尤其在乘用车及商用车领域应用广泛。

图 2-5　单缸发动机

图 2-6　六缸发动机

4. 按气缸排列方式分类

发动机气缸排列形式主要分四类：直列式（L形）、V形、W形及水平对置式（H形）。直列式布局应用最为广泛，优势在于制造成本低、结构简单；V形设计通过气缸夹角布局有效节省发动机舱空间，同时改善振动平衡性；W形作为V形结构的特殊衍生形式，主要用于特定品牌高端车型；水平对置式则通过气缸水平相对布局实现低重心设计，并具备优异的振动抑制特性，受到部分汽车制造商的青睐。

图 2-7　直列式

图 2-8　V形

图 2-9　水平对置

图 2-10　W 形

5. 按进气增压方式分类

依据进气系统是否采用增压技术，发动机分为自然吸气式与增压式两类。自然吸气式发动机通过活塞下行行程产生的负压吸入空气，进气量受限于大气压力；增压式发动机则通过增压装置（包括机械增压器和废气涡轮增压器）提升进气压力，强制增加单位时间内进入气缸的空气量，从而实现功率输出的显著提升。在增压技术路线中，废气涡轮增压系统因能量利用率高、响应特性优化等特性成为主流配置，其通过回收排气脉冲能量驱动涡轮运转，较传统机械增压更具效率优势。

图 2-11　自然吸气式

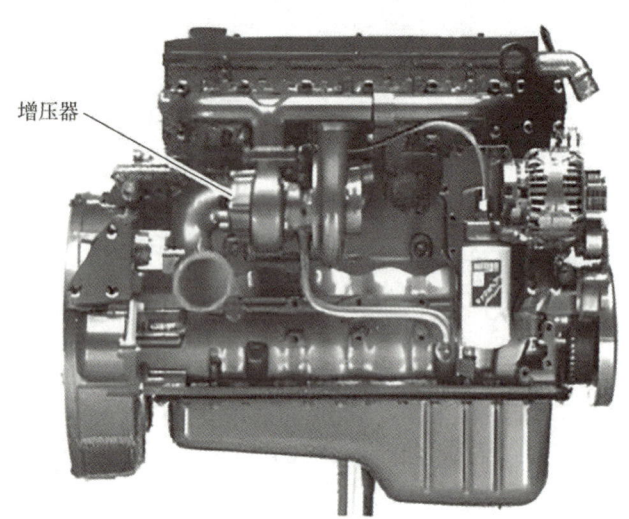

图 2-12　增压式

二、发动机常用的基本术语

在汽车发动机的构造与工作原理中，有一系列常用的基本术语，它们是理解发动机性能、工作过程以及各部件关系的重要基础，下面详细介绍这些术语（见图 2-13）。

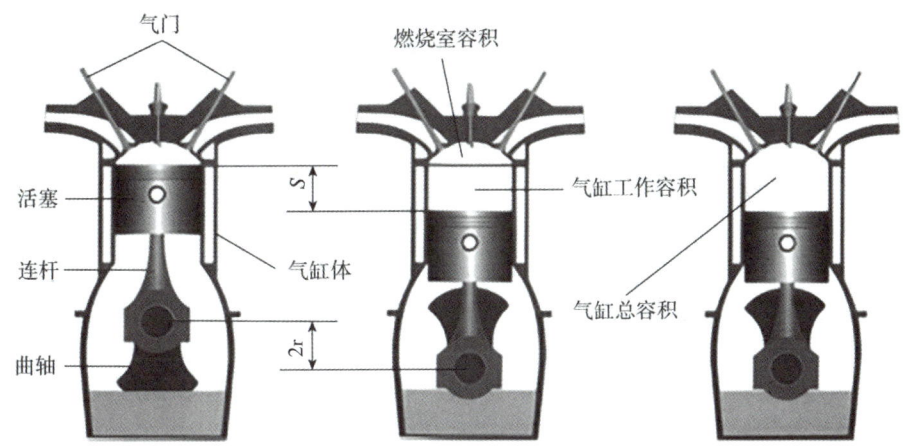

图 2-13 发动机常用的基本术语

1. 上止点

上止点是指活塞在气缸内往复运动时，其顶端所能到达的距曲轴回转中心最远端的位置。该位置对应活塞运动轨迹的峰值点，当活塞通过连杆机构被曲轴等操纵机构驱动至向上运动的极限位置时，即定义为上止点。

2. 下止点

下止点是与上止点相对的活塞运动极限位置，此时活塞顶端处于距曲轴回转中心最近端，对应其运动轨迹的最低处。当活塞在曲轴等操纵机构驱动下完成向下运动的极限行程时，即到达下止点。在发动机运行过程中，下止点作为进气冲程和排气冲程的起始位置，控制进排气通道的开闭时序。

3. 活塞行程 S

活塞从一个止点运动到另一个止点所经过的距离，被定义为活塞行程，用符号"S"表示。活塞行程与曲轴的结构密切相关，它等于曲轴连杆轴颈中心到曲轴回转中心距离的两倍。因为曲轴每旋转半圈，活塞就完成一个行程。例如，当曲轴旋转180°时，活塞从下止点运动到上止点，或者从上止点运动到下止点，这个运动距离就是活塞行程。活塞行程直接影响发动机的排量和动力输出，一般来说，活塞行程越长，发动机每次做功时气体膨胀的距离就越长，能够产生更大的动力，但同时也可能影响发动机的转速提升能力。

4. 曲柄半径

曲柄半径是指曲轴连杆轴颈中心到曲轴回转中心的距离，它与活塞行程有着直接的关联。如前所述，活塞行程等于曲柄半径的两倍，即 S = 2r（r 为曲柄半径）。曲柄半径是曲轴设计的重要参数之一，它不仅决定了活塞行程的大小，还对发动机的结构尺寸、转速特性以及动力输出有着重要影响。

5. 气缸工作容积

气缸工作容积，又称气缸排量，是指单个气缸中活塞从上止点移动到下止点所扫过的容积，用"V_h"表示。

6. 燃烧室容积

燃烧室容积是指活塞位于上止点时，活塞顶面以上、气缸盖底面以下所形成的空间容积，用"V_c"表示。这个空间是混合气燃烧的场所，其容积大小对发动机的压缩比和燃烧效率有着重要影响。较小的燃烧室容积可以提高压缩比，使混合气在燃烧时能够更充分地释放能量，从而提高发动机的热效率和动力输出。然而，过小的燃烧室容积可能会导致混合气燃烧不完全，甚至引发爆震等问题。

7. 气缸总容积

气缸总容积是指活塞位于下止点时，活塞顶面以上整个空间的容积，它等于气缸工作容积与燃烧室容积之和，用"V_a"表示，即 $V_a = V_c + V_h$。气缸总容积体现了气缸在最大容纳状态下的空间大小，它与发动机的排量、压缩比等参数密切相关。

8. 发动机排量

发动机排量是指发动机所有气缸工作容积之和，通常用"V_L"表示。若发动机有 i 个气缸，每个气缸的工作容积为 V_h，则发动机排量 $V_L = V_h i$。发动机排量是衡量发动机大小和动力性能的重要参数之一，排量越大，发动机的动力输出就越强，加速性能也越好。但同时，发动机排量也与燃油经济性和排放性能相关，大排量发动机通常会消耗更多的燃油，排放的污染物也相对较多。

9. 压缩比

压缩比是发动机的一个重要性能参数，它是气缸总容积与燃烧室容积的比值，用"ε"表示，即 $\varepsilon = \dfrac{V_a}{V_c} = \dfrac{V_c + V_h}{V_c} = 1 + \dfrac{V_h}{V_c}$。压缩比反映了活塞从下止点运动到上止点时，混合气被压缩的程度。较高的压缩比可以使混合气在燃烧时释放出更多的能量，提高发动机的热效率和动力输出。一般汽油发动机的压缩比在 6~10，而柴油发动机由于其燃烧方式的特点，压缩比通常在 15~22。

任务二　发动机的工作原理

一、四冲程汽油机工作原理

单缸四冲程汽油机工作原理如图 2-14 所示。

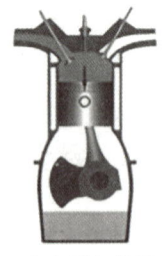　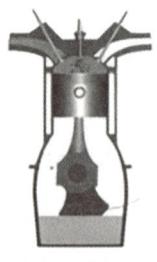　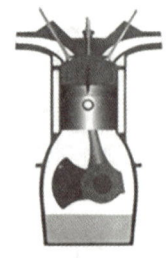　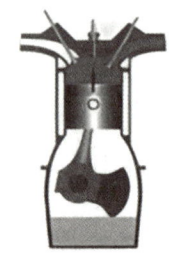

（a）进气行程　　　（b）压缩行程　　　（c）做功行程　　　（d）排气行程

图 2-14　单缸四冲程汽油机工作原理

1. 进气行程

活塞由曲轴驱动从上止点向下止点运动，此时排气门关闭，进气门开启，曲轴完成半周旋转。可燃混合气（缸外喷射系统）或纯净空气（缸内直喷系统）借助大气压力或增压装置作用，通过开启的进气门被压入气缸。实际设计中，进气门在活塞到达上止点前即开启，并在下止点后延迟关闭，以最大化进气量。

2. 压缩行程

活塞由下止点向上止点运动，进排气门均保持关闭状态，曲轴继续旋转半周。在活塞接近上止点时，火花塞实施点火（点火提前角根据发动机转速、缸内温度等参数动态调整），确保可燃混合气在上止点附近达到最佳燃烧状态。压缩比过高的发动机会引发爆燃现象，即火焰传播过程中未燃混合气在火花塞点火前自行多点燃烧，导致缸内压力异常波动，造成机件热损伤、功率下降、异常磨损及黑烟排放等问题。

3. 做功行程

燃烧产生的高温高压气体推动活塞从上止点向下止点运动，进排气门仍处于关闭状态，曲轴完成半周旋转。此过程实现燃料化学能→燃烧热能→曲轴机械能的能量转换。

4. 排气行程

活塞由下止点向上止点运动，此时排气门开启，进气门关闭，曲轴再旋转半周。实际设计中，排气门在活塞到达下止点前提前开启，并在上止点后延迟关闭，以确保废气充分排出。四冲程汽油发动机通过进气、压缩、做功、排气四个连续行程完成一个完整工作循环，期间活塞往复运动四次（两上两下），曲轴同步完成两周旋转。

二、四冲程柴油发动机的工作原理

四冲程柴油发动机和四冲程汽油发动机的工作过程相同，每一个工作循环同样包括进气、压缩、做功和排气四个行程。但柴油发动机可燃混合气的形成、着火方式、燃烧过程以及气体温度压力的变化都和汽油发动机不同，图2-15为单缸四冲程柴油发动机的工作原理。

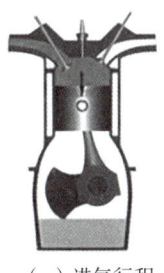
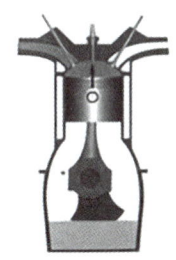
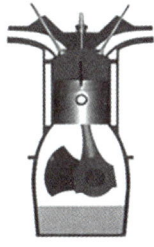
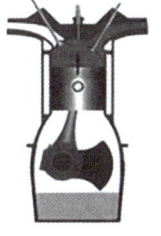

（a）进气行程　　（b）压缩行程　　（c）做功行程　　（d）排气行程

图2-15　单缸四冲程柴油发动机工作原理

1. 进气行程

活塞从上止点向下止点运动，此时排气门关闭，进气门开启，曲轴旋转半圈。四冲程柴油发动机在进气行程中吸入气缸的为纯空气，进气门仍采用早开晚闭设计以优化进气效率。

2. 压缩行程

活塞从下止点向上止点运动，进排气门均关闭，曲轴继续旋转半圈。柴油发动机在压缩行程中仅压缩纯空气，当活塞接近上止点时，喷油器精准喷射高压柴油，利用压缩空气产生的高温使柴油自燃，形成混合气并燃烧。

3. 做功行程

柴油燃烧产生的高温高压气体推动活塞从上止点向下止点运动，进排气门保持关闭，曲轴完成半圈旋转。该行程实现柴油化学能→燃烧热能→曲轴机械能的转化。

4. 排气行程

活塞从下止点向上止点运动，排气门开启，进气门关闭，曲轴再旋转半圈。柴油发动机排气门同样采用提前开启、延迟关闭策略，以确保废气充分排出。

柴油发动机与汽油发动机比较，柴油发动机的压缩比高、热效率高、燃油消耗率低，同时柴油价格较低。因此，柴油发动机的燃料经济性能好，而且柴油发动机的排气污染少，排放性能较好。但它的主要缺点是转速低、质量大、噪声大、振动大、制造和维修费用高。

四冲程发动机，只有一个行程是做功的，其他三个行程是做功的准备行程。因而，曲轴的转是不均匀的。为了解决这个问题，一是安装飞轮，二是采用多缸四冲程发动机。

在多缸四冲程发动机的每一个气缸内，所有的工作过程都是相同的，但各个气缸的做功行程并不是同时发生，而是按照一定的工作顺序进行。气缸数越多，发动机工作越平稳，但结构越复杂，尺寸和质量会相应地增加。

项目三
曲柄连杆机构和配气机构

工作页　发动机的两大机构

任务描述

（1）了解发动机两大机构的作用及组成。
（2）能识别发动机两大机构的零部件。
（3）能积极主动参与任务，能与小组成员团结协作。

任务准备

（1）知识准备：
完成曲柄连杆机构的认知和配气机构的认知的学习。
（2）设备准备：
汽车、发动机、演示课件（或操作视频）。

任务步骤

（1）教师演示或播放视频：发动机两大机构的认知。
（2）学生学习发动机的两大机构，并完成下表填写。

任务名称			日期	
第（ ）小组成员				
实训内容				
曲柄连杆机构的认知	作用			
	组成			
	零部件			
配气机构的认知	作用			
	组成			
	零部件			

任务评价

任务评价内容及标准见下表。

序号	项目	操作内容	分值	评分标准	得分
1	准备	清理工位	5分	酌情扣分	
2	曲柄连杆机构的认知	填写作用	5分	视情扣分	
		填写组成	15分	每个组成5分	
		识别零部件	15分	酌情扣分	
3	配气机构的认知	填写作用	5分	视情扣分	
		填写组成	10分	每个组成5分	
		识别零部件	20分	视情扣分	
4	完成时间	40min	10分	超时1~5min扣1~5分 超时5min以上扣10分	
5	安全文明	无安全隐患，无不文明操作	5分	未达标扣1~5分	
6	结束	工作场地清洁	10分	清洁不彻底扣1~10分，未做扣10分	
总分			100分		

任务一 曲柄连杆机构

一、曲柄连杆机构的作用和组成

1. 曲柄连杆机构的作用

曲柄连杆机构的作用是实现能量转换（化学能→热能→机械能）和运动转换（直线运动→旋转运动或旋转运动→直线运动），如图3-1所示。

图 3-1 曲柄连杆机构

2. 曲柄连杆机构的组成

曲柄连杆机构由机体组、活塞连杆组和曲轴飞轮组三部分组成，如图3-2所示。

机体组的零部件主要有油底壳、气缸体、气缸垫、气缸盖和气缸盖罩，如图3-2（a）所示。活塞连杆组的零部件主要有活塞、连杆、活塞销、活塞环和连杆轴瓦，如图3-2（b）所示。曲轴飞轮组的零部件主要有曲轴和飞轮，如图3-2（c）所示。

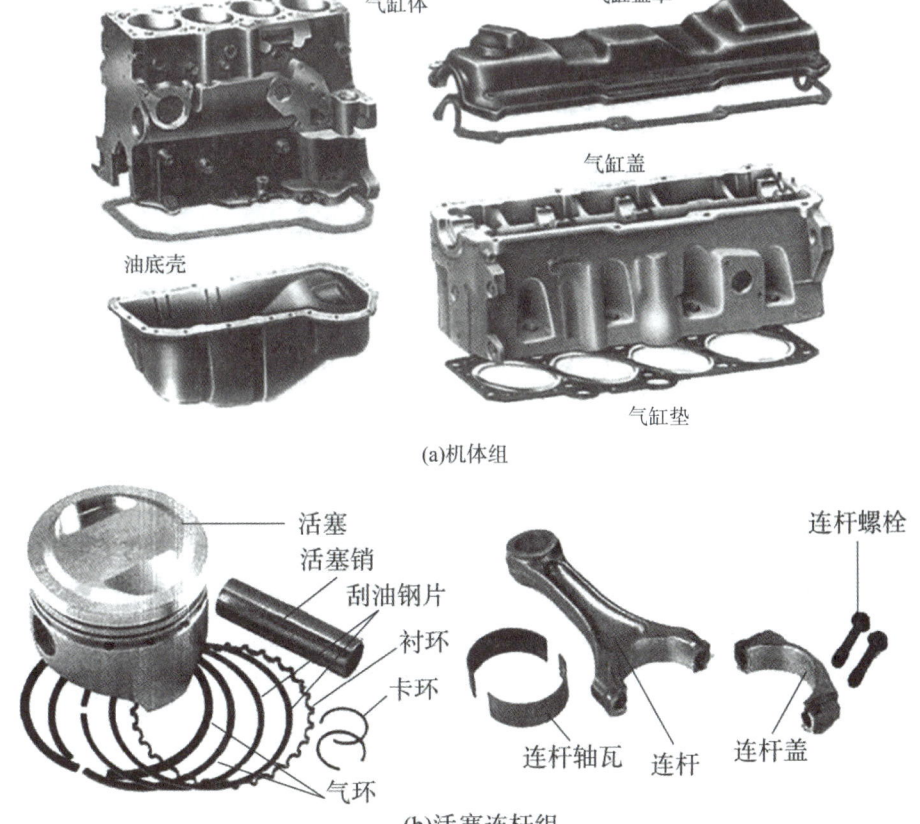

图 3-2 曲柄连杆机构的组成

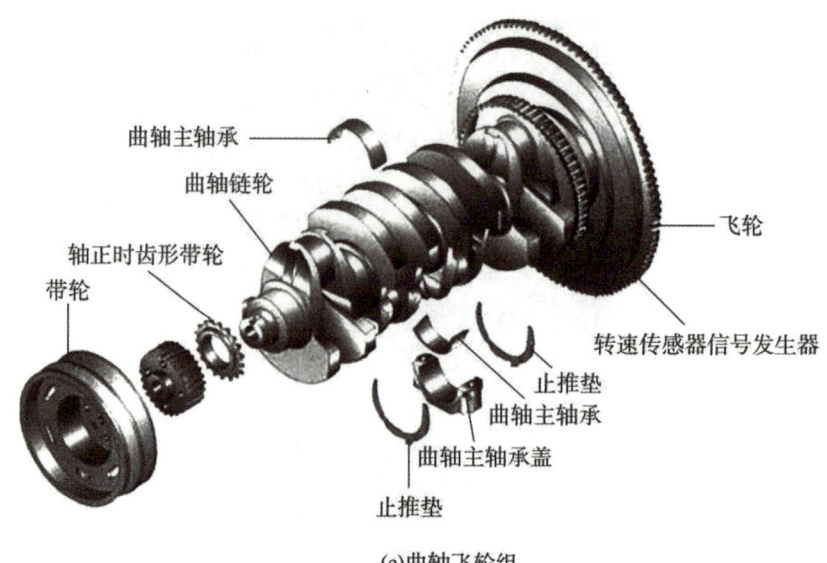

(c)曲轴飞轮组

图 3-2　曲柄连杆机构的组成（续图）

二、曲柄连杆机构的主要零部件

1. 气缸体

气缸体是发动机各个机构和系统的装配基体，是发动机中最重要的一个部件。气缸体上部有一个或数个引导活塞在其中进行直线往复运动的圆柱形空腔，称为气缸。气缸体按材料分有铸铁和铝合金两种，如图 3-3 所示。气缸体按冷却方式分有水冷式和风冷式，汽车发动机广泛采用水冷式气缸体，摩托车发动机多采用风冷式气缸体。

(a)铸铁气缸体　　　　　　(b)铝合金气缸体

图 3-3　气缸体材料

发动机气缸的排列形式一般有直列式、V 形、W 形以及水平对置等几种，如图 3-4 所示。

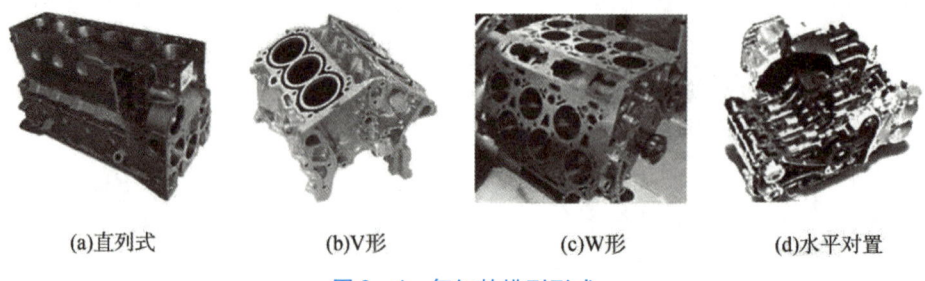

(a)直列式　　(b)V 形　　(c)W 形　　(d)水平对置

图 3-4　气缸的排列形式

2. 气缸盖

气缸盖的主要作用是封闭气缸上部，与活塞顶部和气缸壁一起构成燃烧室。气缸盖一般都采用灰铸铁或合金铸铁铸造，也有用铝合金铸造的，如图3-5所示。

 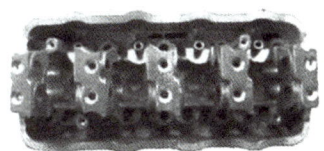

(a)铸铁气缸盖　　　　　　　　　　(b)铝合金气缸盖

图3-5　气缸盖的材料

一般水冷式发动机气缸盖内铸有冷却水套，气缸盖下端面与气缸体上端面所对应的水套是相通的，利用冷却液的循环来冷却燃烧室壁等高温部分。

气缸盖与气缸体接合平面上的凹坑是燃烧室的组成部分，如图3-6所示。在气缸盖上加工有气门座、气门导管孔、气道、摇臂轴安装座或凸轮轴安装座孔等。为了保证气缸盖上运动件的润滑，在气缸盖内加工有油道。汽油发动机的气缸盖上还加工有火花塞安装座孔，柴油发动机的气缸盖上则加工有喷油器安装座孔。

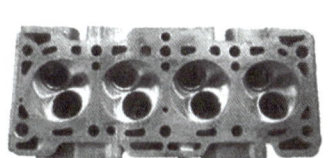  

(a)汽油发动机气缸盖　　　　　　　　　　(b)柴油发动机气缸盖

图3-6　气缸盖的解构

3. 气缸垫

气缸垫安装在气缸盖和气缸体之间。气缸垫的作用是保证气缸体和气缸盖的密封，防止漏油、漏水和漏气。目前应用较多的是金属—石棉气缸垫，如图3-7所示。近年来出现了用纯金属片做成的气缸垫，如图3-8所示。

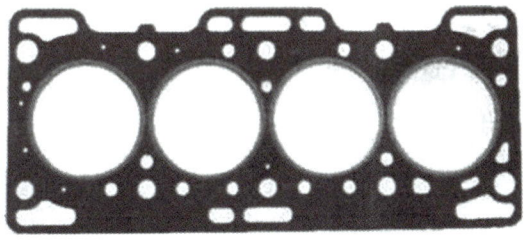

图3-7　金属—石棉气缸垫

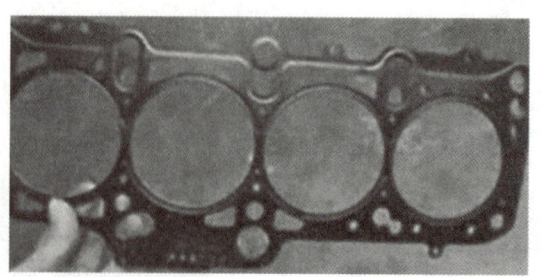

图 3-8 金属气缸垫

4. 气缸套

气缸套分为干式气缸套和湿式气缸套两类。当前主流气缸套材料包括球墨铸铁、高磷铸铁及合金铸铁，部分产品还通过表面淬火、镀铬等工艺强化性能。

干式气缸套不直接接触冷却液，其优势在于加工装配便捷，但冷却效率较低，设计壁厚通常为1~3mm。湿式气缸套则与冷却液直接接触，冷却效果更优且便于后期维修更换，壁厚范围一般为5~9mm。安装规范方面，干式气缸套顶端需与气缸体上平面保持平齐，而湿式气缸套顶端需略微高出气缸体上平面0.05~0.15mm以确保密封性。如图3-10所示。

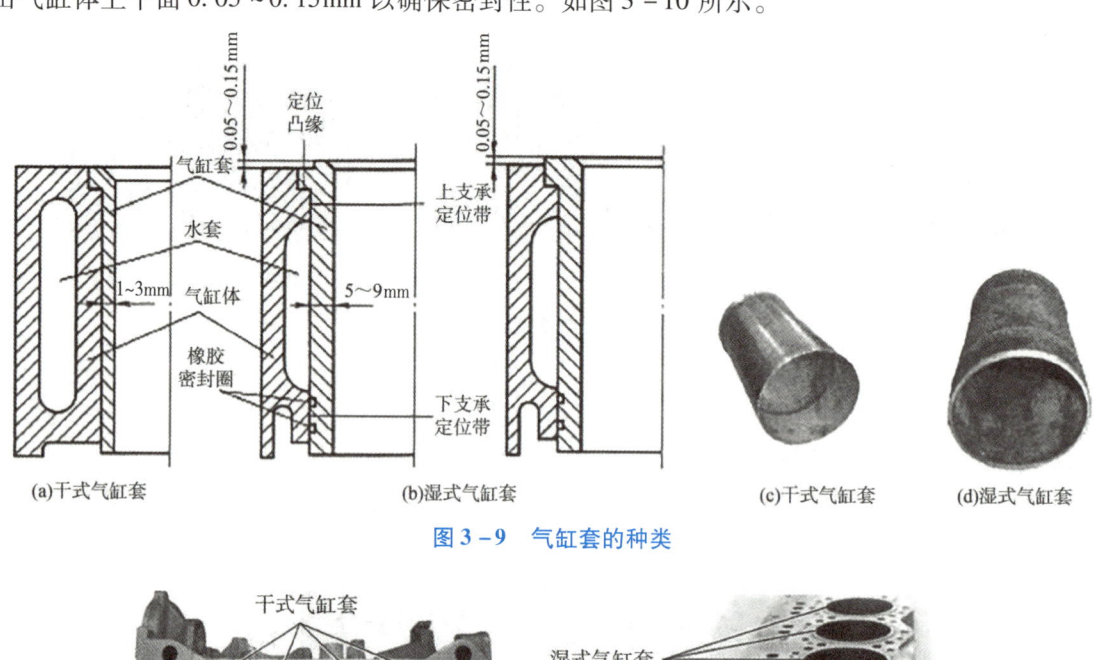

图 3-9 气缸套的种类

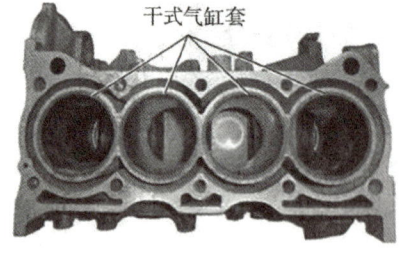
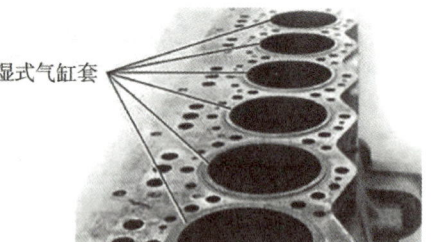

(a)镶有干式气缸套的气缸体　　　　(b)镶有湿式气缸套的气缸体

图 3-10 气缸套

5. 油底壳

油底壳的核心功能是存储机油并构成曲轴箱的密闭空间。为确保发动机在纵向倾斜工况下机油泵仍能稳定吸油，其内部设计采用后深前浅的轮廓结构，同时设置挡油板以抑制车辆颠簸引发的油面剧烈波动。油底壳底部配置放油螺栓，部分车型采用磁性材料制造的放油螺栓，通过磁吸效应捕获机油中的金属磨屑，从而降低发动机运动部件的磨损风险。

图 3-11 油底壳

6. 活塞

活塞与气缸盖及气缸壁协同构成燃烧室，承担气缸内气体压力作用，并通过活塞销将作用力传递至连杆，驱动曲轴旋转。汽车发动机活塞普遍采用铝合金材质，部分柴油发动机活塞则选用高级铸铁或耐热钢制造。其结构按功能可分为顶部、头部和裙部三个区域。如图 3-12 所示。

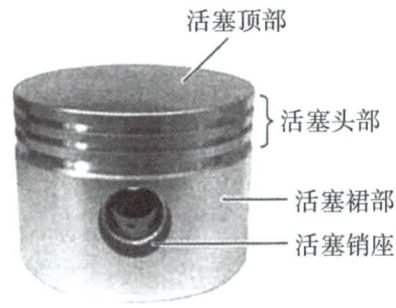

图 3-12 活塞的基本结构

活塞顶部是燃烧室的组成部分，其形状取决于燃烧室的形式。汽油发动机活塞顶部多采用如图 3-13 所示的几种形式。

（a）平顶　　　　　（b）凸顶　　　　　（c）凹顶　　　　　（d）成形顶

图 3-13 汽油发动机活塞顶部形状

柴油发动机活塞顶部如图 3-14 所示。当气门升程比较大时，为了不使活塞和气门的运动出现干涉，在活塞顶平面上加工出了气门让坑，如图 3-15 所示。

图 3-14 柴油机发动机活塞顶部形状

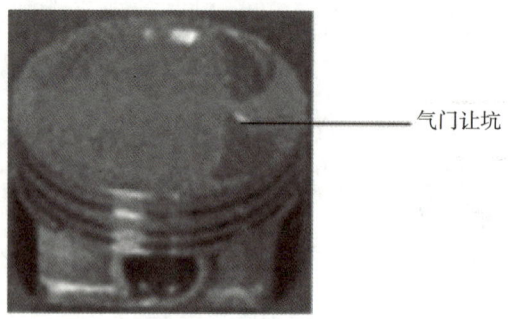

图 3-15 带气门让坑的凹顶活塞

为了使活塞在各种工况下均能与气缸壁间保持均匀的间隙，在制造时活塞裙部在竖直方向上常制成圆锥形，如图 3-16 所示。活塞裙部加工成反方位的椭圆形，使椭圆的长轴垂直于销座孔轴线的方向，如图 3-17 所示。

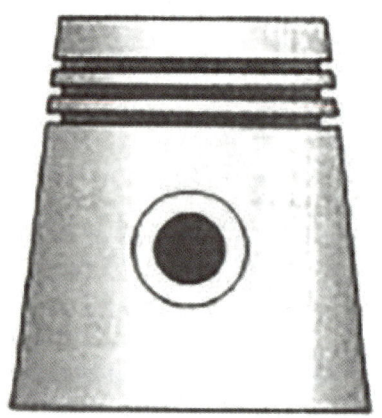

图 3-16 圆锥形活塞

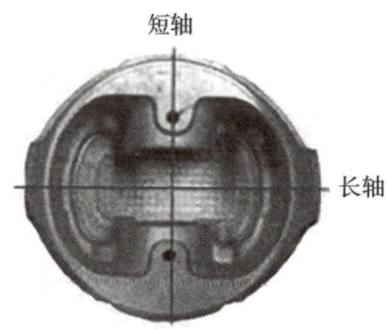

图 3-17 活塞裙部加工成反方位的椭圆形

7. 连杆

连杆的功能是将活塞所承受的气体压力传递给曲轴，从而将活塞的往复直线运动转化为曲轴的旋转运动。其结构由连杆、连杆盖、连杆螺栓及连杆轴瓦等组件组成，其中连杆细分为小头、杆身和大头三部分。如图 3-18 所示。

连杆大头与曲轴的连杆轴颈实现连接，其设计形式分为整体式和分开式两类。整体式结构主要应用于小型汽油机，而多数发动机采用分开式设计，其中大头被划分为连杆体和连杆盖两部分，二者通过专用连杆螺栓进行紧固。

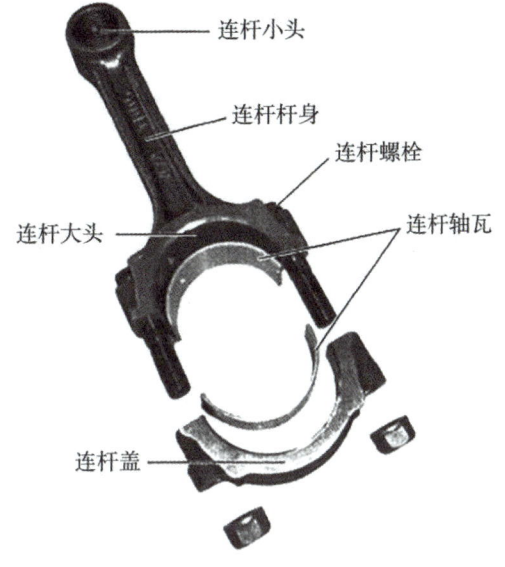

图 3-18 连杆的解构

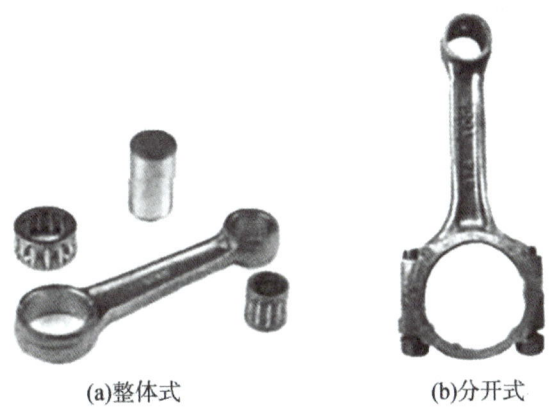

(a)整体式　　(b)分开式

图 3-19 连杆大头的结构

连杆大头的切口形式分为平切口和斜切口两种,如图 3-20 所示。平切口连杆的剖切面垂直于连杆轴线。一般汽油发动机连杆大头尺寸都小于气缸直径,可采用平切口。柴油发动机的负荷较大,连杆的受力也大,连杆大头的尺寸往往超过气缸直径。为了使连杆大头能通过气缸,便于拆装,一般都采用斜切口。

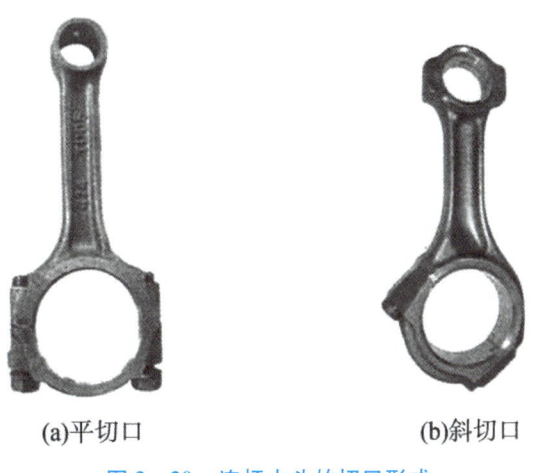

(a)平切口　　(b)斜切口

图 3-20 连杆大头的切口形式

平切口连杆盖与连杆的定位，是利用连杆螺栓上的精加工圆柱台或光圆柱部分与经过精加工的螺栓孔来保证的，如图 3-21 所示。

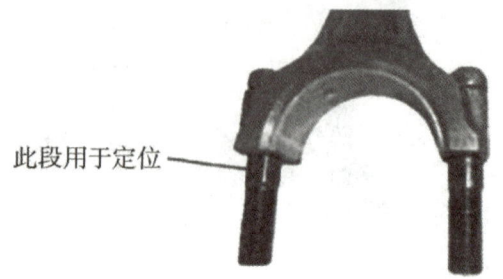

图 3-21　平切口连杆盖与连杆的定位

柴油发动机连杆盖与连杆常用的定位方式有锯齿定位、止口定位、定位销定位和定位套定位，如图 3-26 所示。

   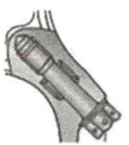

（a）锯齿定位　　　　（b）止口定位　　　　（c）定位销定位　　　　（d）定位套定位

图 3-22　柴油发动机连杆盖和连杆常用定位方式

连杆轴承也称为连杆轴瓦（俗称小瓦）安装于连杆大头孔座内部，与曲轴连杆轴颈配合工作，构成发动机核心运动副之一。该轴承采用复合结构，由低碳钢背基与减磨功能层组成。如图 3-23 所示。钢背基材厚度 1~3mm，其内圆表面浇铸 0.3~0.7mm 厚的减磨合金层，旨在降低摩擦阻力、促进运行磨合及维持润滑油膜稳定性。当前主流的减磨合金材料包括白合金（巴氏合金）、铜铅合金及高锡铝合金，通过材料特性优化实现轴承的高性能运转。

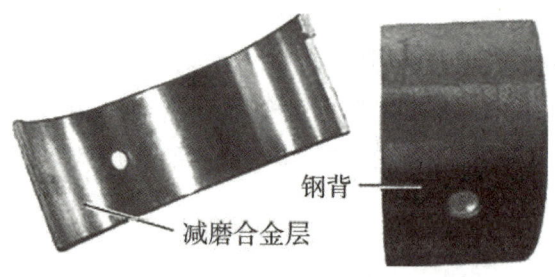

图 3-23　连杆轴承

为了防止连杆轴承在工作中发生转动或轴向移动，在两个连杆轴承的剖分面上，分别冲出高于钢背面的两个定位凸键。装配时，这两个凸键分别嵌入在连杆大头和连杆盖的相应凹槽中，如图 3-24 所示。

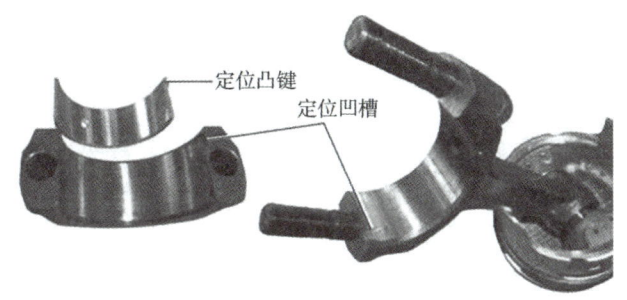

图 3-24 连杆轴承的定位

8. 活塞环

活塞环按其作用不同可分为气环和油环两种，安装在活塞环槽最下面的活塞环为油环，其余为气环。气环的主要作用是密封和传热，油环的主要作用是刮油和布油。为了防止活塞环在气缸内卡死，常设计有"端隙、侧隙和背隙"三个间隙，如图 3-25 所示。端隙又称为开口间隙，是活塞在冷态下装入气缸后开口处的间隙，按图 3-25（a）所示方法测量。侧隙又称为边隙，是活塞环在气环方向上与环槽之间的间隙，按图 3-25（b）所示方法测量。背隙是活塞及活塞环装入气缸后，活塞背面与环槽底部间的间隙，如图 3-25（c）所示。

  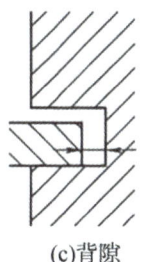

(a)端隙　　　　　　(b)侧隙　　　　　　(c)背隙

图 3-25 间隙类型

气环最常见的断面形状有矩形环、锥面环、扭曲环、梯形环和桶面环，如图 3-26 所示。

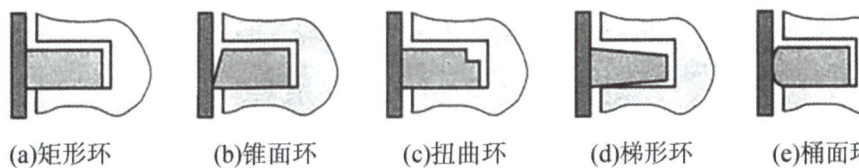

(a)矩形环　(b)锥面环　(c)扭曲环　(d)梯形环　(e)桶面环

图 3-26 气环常见断面形状

矩形环断面为矩形，其结构简单、制造方便、易于生产，应用最广。气环随活塞往复运动时，会把气缸壁面上的机油不断送入气缸中燃烧，这种现象称为"气环的泵油作用"，如图 3-27 所示。气环的泵油作用不可避免，故油底壳机油必须及时检查与添加。

锥面环断面呈锥形，外圆工作面上加工一个很小的锥面（0.5°～1.5°），这样减小了环与气缸壁的接触面，提高了表面接触压力，有利于磨合和密封，安装时有方向性（上小下大的锥形）。

扭曲环是将矩形环的内圆上边缘或外圆下边缘切去一部分，使断面呈不对称形状，在环的内圆部分切槽或倒角的称内切环，在环的外圆部分切槽或倒角的称外切环。扭曲环装入气缸后，与锥面

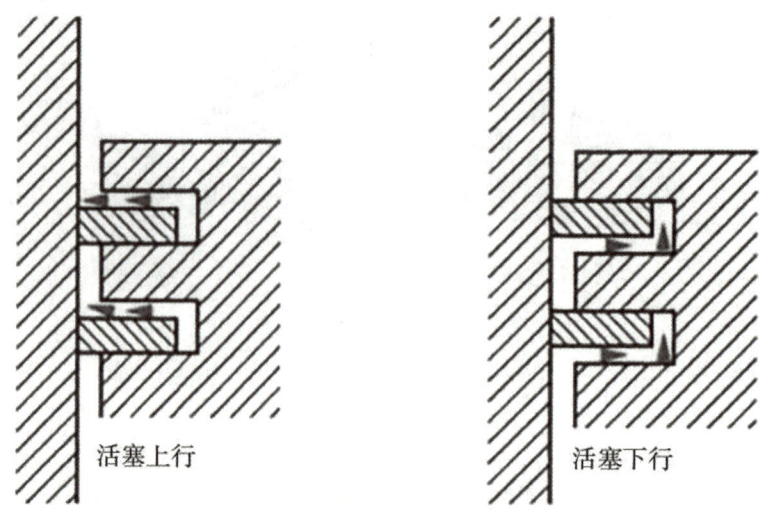

图 3-27 气环的泵油作用

环效果一样,安装时也有方向性(内切口朝上,外切口朝下)。

梯形环断面呈梯形,工作时梯形环在压缩行程和做功行程中随着活塞受侧压力的方向不同而不断地改变位置,这样会把沉积在环槽中的积炭挤出去,避免了环被黏在环槽中而被折断,这样可以延长环的使用寿命。但是,其主要缺点是加工困难,精度要求高。

桶面环的外圆为凸圆弧形,是近年来兴起的一种新型结构。当桶面环上下运动时,其均能与气缸壁形成楔形空间,使机油容易进入摩擦面,减少磨损。由于它与气缸呈圆弧接触,故对气缸表面的适应性和对活塞偏摆的适应性均较好,另外也有利于密封,但凸圆弧表面加工较困难。

9. 活塞销

活塞销的作用是连接活塞和连杆小头,将活塞承受的气体作用力传给连杆,如图 3-28 所示。

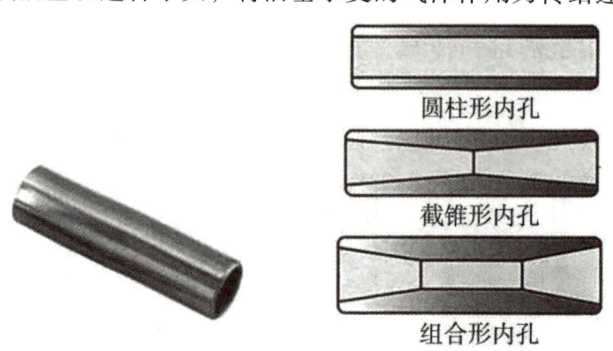

图 3-28 活塞销

活塞销与活塞销座孔和连杆小头的连接方式,一般有全浮式和半浮式两种。

全浮式是指活塞销能在连杆衬套和活塞销座孔中自由转动,因而增大了实际接触面积,减少了磨损并使磨损均匀,目前被广泛采用。活塞销装配后,在活塞销的两端应装入卡环,以实现轴向定位,如图 3-29 所示。

半浮式是指活塞销与活塞销座孔或连杆小头,一处固定,另一处浮动。其中,大多数采用活塞销与连杆小头固定的方式,如图 3-30 所示。

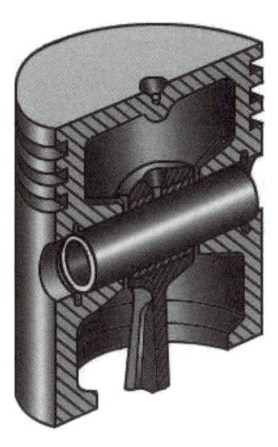

图 3-29 全浮式活塞销

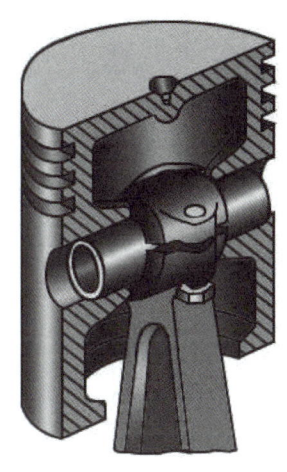

图 3-30 半浮式活塞销

10. 曲轴

（1）曲轴的作用与结构

作为发动机的核心部件之一，曲轴的功能是将活塞连杆组传递的气体压力能转化为转矩输出，并同步驱动配气机构及其他附属系统工作。

其结构由前端轴段、主轴颈、连杆轴颈、曲柄臂、平衡重块及后端凸缘等部分组成。如图 3-31 所示。每个连杆轴颈与其两侧曲柄臂及相邻两主轴颈共同构成一个曲拐单元。直列式发动机的曲拐数量与气缸数一致，而 V 型发动机或水平对置式发动机的曲拐数则为气缸总数的一半。

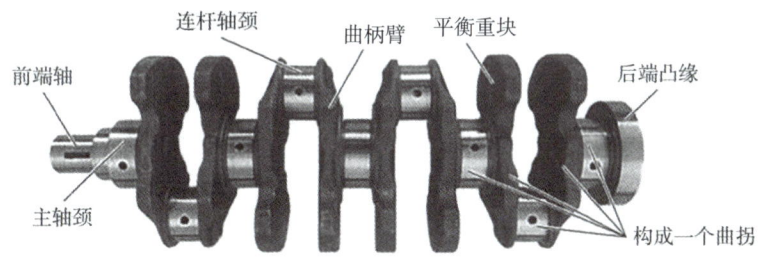

图 3-31 曲轴的基本结构

曲拐布置应遵循以下三个原则：

①连续做功的两个气缸距离要远些，避免发生抢气现象和减少主轴承的负荷。

②做功间隔角尽量均匀，直列四缸做功间隔角为 720°/4 = 180°，直列六缸做功间隔角为 720°/6 = 120°。

③曲拐布置尽可能对称，使发动机工作平衡性好。

直列 4 缸（做功顺序 1-3-4-2）的曲拐布置，1 缸和 4 缸、2 缸和 3 缸曲拐位置一致，如图 3-32（a）所示。直列 6 缸（做功顺序 1-5-3-6-2-4）的曲拐布置，1 缸和 6 缸、2 缸和 5 缸、3 缸和 4 缸曲拐位置一致，如图 3-32（b）所示。

(a)直列4缸的曲拐布置

(b)直列6缸的曲拐布置

图3-32 曲拐的布置

(2)曲轴的分类。

根据主轴颈数量的差异,曲轴可分为全支承曲轴和非全支承曲轴两类。

全支承曲轴的结构特征为每个连杆轴颈两侧均配置主轴颈,其主轴颈数量等于连杆轴颈数量加一。该设计的优势在于显著提升曲轴整体刚度,同时分散主轴承的承载负荷,因此广泛应用于柴油发动机及高负荷汽油发动机。

非全支承曲轴的主轴颈数量少于连杆轴颈,其结构更为紧凑且轴向长度较短。这类曲轴凭借简化的设计特点,主要适用于中低负荷工况的汽油发动机。

(a)全支撑曲轴　　　　　　(b)非全支撑曲轴

图3-33 曲轴的种类

近年来,曲轴前后端的密封及轴向定位由于橡胶油封的耐油、耐热和耐老化性能的提高,在汽车发动机上曲轴前、后端的密封越来越多地采用自紧式橡胶油封,如图3-34所示。

图3-34 曲轴的密封

自紧式橡胶油封由金属保持架、氟橡胶密封环和拉紧弹簧构成，如图3-35所示。

图3-35 自紧式橡胶油封

曲轴的轴向定位一般采用翻边轴瓦或止推片，如图3-36所示。通常将其安装在中间主轴承处或最后一道主轴承处，如图3-37所示。

 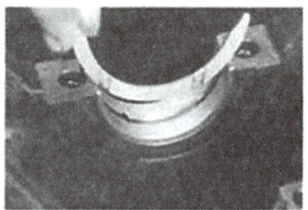

（a）翻边轴瓦　　　　　　　　　　（b）止推片

图3-36 曲轴的轴向定位装置

（a）安装在中间主轴承处　　　　　（b）安装在最后一道主轴承处

图3-37 轴向定位装置安装部位

11. 飞轮

（1）飞轮的作用。飞轮的核心功能是储存做功行程中产生的部分动能，用于补偿其他行程的运转阻力，使曲轴保持均匀旋转特性。同时，飞轮还作为汽车传动系统中摩擦式离合器的驱动元件。

（2）飞轮的构造。飞轮是转动惯量很大的盘形零件，发动机起动时，起动机上的齿轮与飞轮齿圈啮合，带动曲轴旋转。传统发动机的飞轮与电控发动机的飞轮是不一样的，如图3-38所示。

（a）传统发动机的飞轮　　　　　　（b）电控发动机的飞轮

图3-38 发动机飞轮

飞轮与曲轴装配后进行过动平衡，为避免安装错位，使平衡受到破坏，飞轮与曲轴之间应有严格的相对位置，用定位销或不对称的螺栓孔予以定位，如图 3-39 所示。

(a) 用定位销定位　　(b) 用不对称螺栓孔定位

图 3-39　飞轮与曲轴之间的定位

任务二　配气机构

一、配气机构的作用和组成

1. 配气机构的作用

配气机构的功能是依据发动机各缸的点火顺序及每个气缸内工作循环的运行需求，精确控制进、排气通道的开启与关闭时机，以确保各气缸依次完成进气、压缩、做功和排气四个工作阶段。如图 3-40 所示。

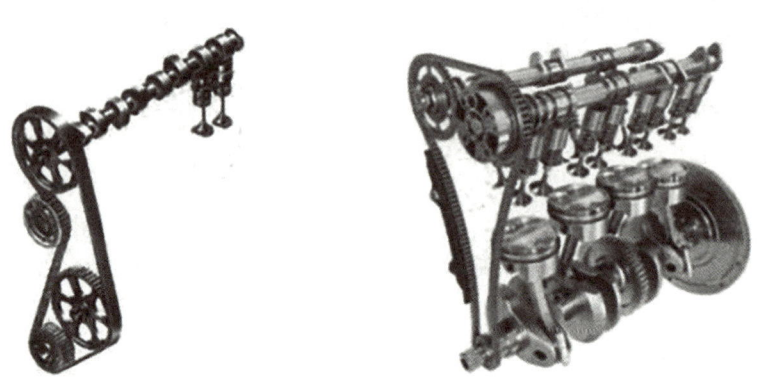

图 3-40　配气机构

2. 配气机构的组成

配气机构的组成可分为气门组和气门传动组两大部分，如图 3-41 所示。气门组包括气门、气门油封、气门弹簧和气门锁片等零部件，其组成与配气机构的形式基本无关。气门传动组是从正时齿轮开始至推动气门动作的所有零部件，包括凸轮轴、挺柱、推杆和摇臂总成，其组成视配气机构的形式而有所不同。

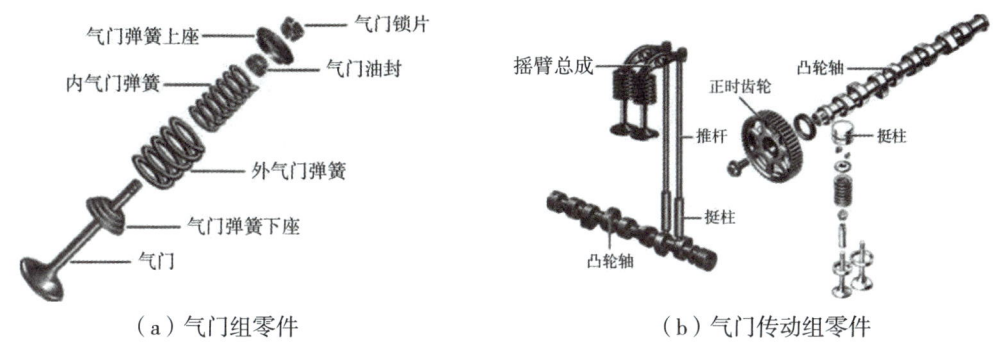

(a) 气门组零件　　　　　　　　(b) 气门传动组零件

图 3-41　配气机构的基本组成

二、配气机构的形式和气门间隙

1. 配气机构的形式

（1）按气门的布置形式。配气机构按气门的布置形式可分为气门侧置式和气门顶置式，如图 3-42 所示。

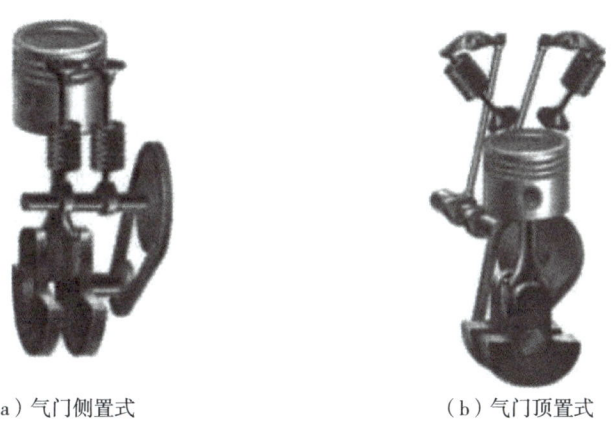

(a) 气门侧置式　　　　　　(b) 气门顶置式

图 3-42　配汽机构按气门布置形式分

（2）按曲轴和凸轮轴之间的传动方式。配气机构按曲轴和凸轮轴之间的传动方式可分为齿轮传动式、链传动式和同步带传动式，如图 3-43 所示。

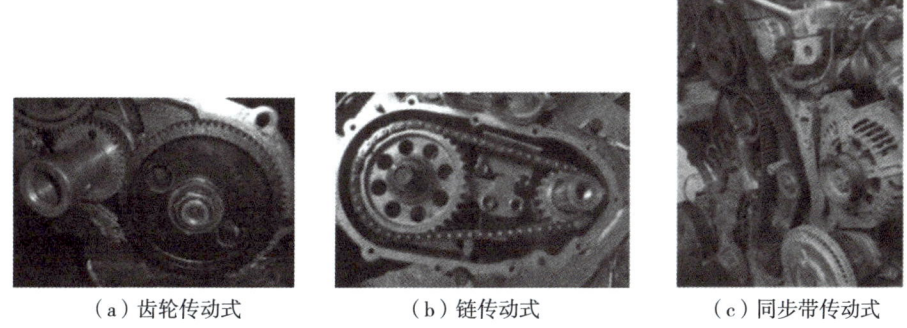

(a) 齿轮传动式　　　　(b) 链传动式　　　　(c) 同步带传动式

图 3-43　配气机构按曲轴和凸轮轴之间的传动方式分

（3）按每气缸气门数目。配气机构按每气缸气门数目可分为二气门式、四气门式和五气门式，如图 3-44 所示。

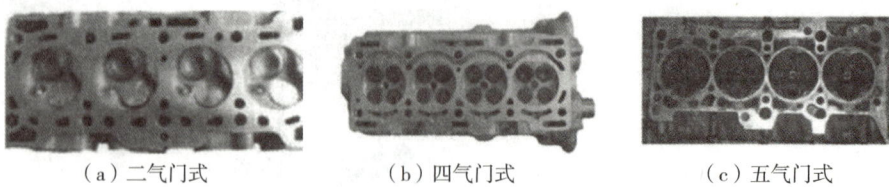

(a) 二气门式　　　　(b) 四气门式　　　　(c) 五气门式

图 3-44　配气机构按每气缸气门数分

按凸轮轴的布置位置配气机构按凸轮轴的布置位置可分为凸轮轴下置式、凸轮轴中置式和凸轮轴上置式，如图 3-45 所示。

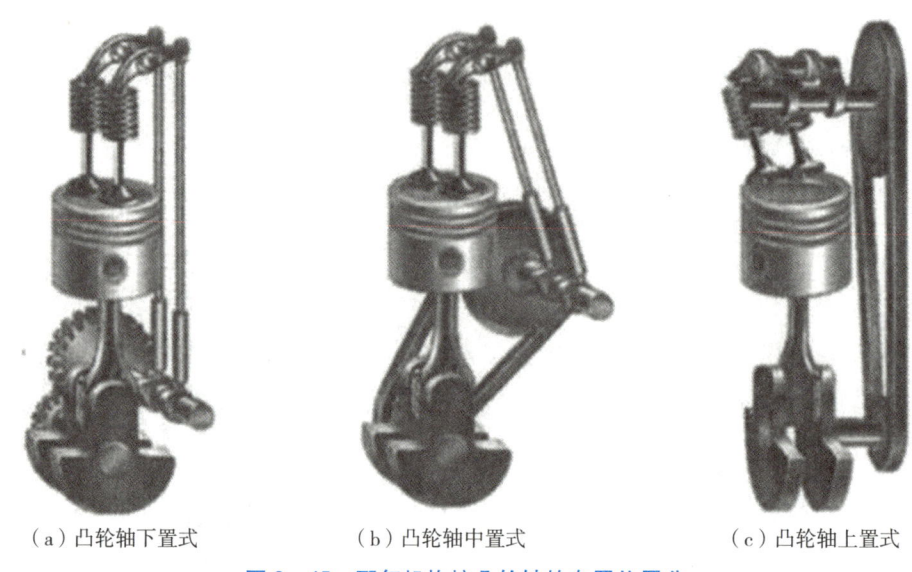

(a) 凸轮轴下置式　　　　(b) 凸轮轴中置式　　　　(c) 凸轮轴上置式

图 3-45　配气机构按凸轮轴的布置位置分

2. 气门间隙

发动机处于冷态且气门关闭时，气门与操纵机构之间的预留空隙定义为气门间隙。如图 3-46 所示。该间隙的设置主要补偿配气机构零件因热膨胀产生的形变，采用液压挺杆的发动机因能自动调节间隙，故无须预留气门间隙。由于排气门工作温度较高，其间隙范围通常为 0.30~0.35mm；进气门工作温度较低，间隙范围一般为 0.25~0.30mm。若气门间隙过小，将导致气门密封不严，引发漏气现象，造成发动机功率下降；若间隙过大，则会使进排气门开启相位滞后且关闭提前，缩短进排气通道的有效作用时间，降低气门升程，破坏原设计配气相位，最终导致发动机因进气量不足、排气不彻底而功率下降。

图 3-46　气门间隙

三、配气机构的主要零部件

1. 气门

气门由头部和杆部两部分组成,如图 3-47 所示。头部用来封闭气缸的进排气通道,杆部主要为气门的运动进行导向。

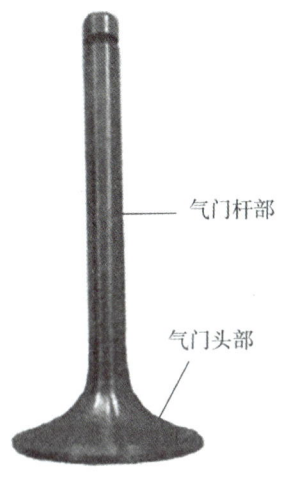

图 3-47 气门的构造

气门分为进气门和排气门两种。气门头部形状一般有平顶、凹形顶和球面顶等,如图 3-48 所示。平顶制造方便,吸热面积小,进、排气门都可采用,使用最多;凹形顶头部与杆部的过渡部分为流线型,可减少进气阻力,适用于进气门;球面顶强度高,排气阻力小,废气的清除效果好,适用于排气门。

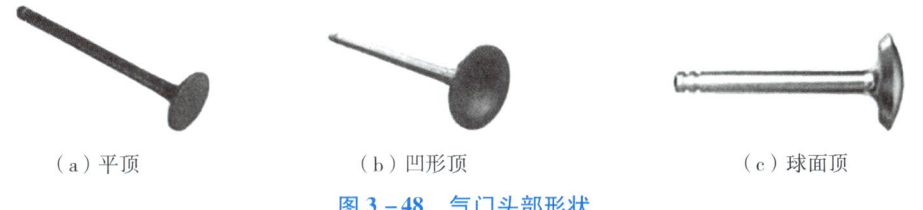

(a)平顶　　　　　　(b)凹形顶　　　　　　(c)球面顶

图 3-48 气门头部形状

气门头部与气门座接触的工作面是与杆身同心的锥面。通常将这一锥面与气门顶平面的夹角称为气门锥角,如图 3-49 所示。气门锥角一般做成45°,有的发动机进气门锥角也可采用 30°。这是考虑到在气门升程相同的情况下,气门锥角较小时,气流通过断面较大,进气阻力较小。排气门因热负荷大,一般采用45°锥角,以加强散热,避免受热变形。气门头的边缘应保持一定的厚度,一般为 1~3mm,以防止工作中冲击损坏和被高温烧蚀。为了密封和增强传热,气门与气门座圈的密封锥面必须严密贴合。为此,两者要配对研磨,研磨之后不能互换。气门杆呈圆柱形,在气门导管中往复运动,表面经热处理后磨外圆,以保证与导管的配合精度。

图 3-49　气门锥角

2. 气门导管

气门导管的作用是对气门的运动进行导向，保证气门进行直线往复运动，使气门与气门座或气门座圈能正确贴合，如图 3-50 所示。此外，其还将气门杆承受的热量部分地传递给气缸盖。

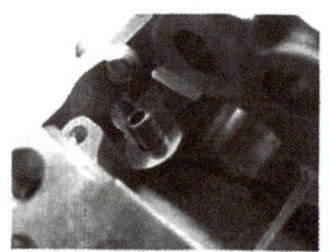 

图 3-50　气门导管

气门导管内孔与气门杆之间为间隙配合，为防止润滑油从气门导管与气门杆的间隙中漏入燃烧室，在气门导管的上端安装有气门油封，如图 3-51 所示。气门油封损坏易造成发动机烧机油。

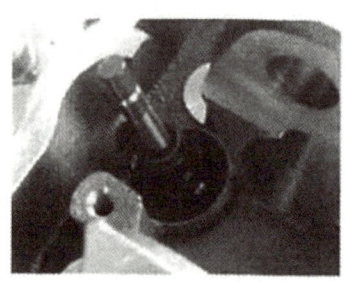 

图 3-51　气门油封

3. 气门座

气门座的作用是与气门配合，使气缸密封。多数发动机的气门座单独制成座圈，然后压装到燃烧室内的进排气道口处，如图 3-52 所示。气门座圈与座孔应有足够的过盈配合量，过盈量一般为 0.075~0.125mm，以防止发动机工作时气门座脱落。气门座圈应采用在工作温度下塑性变形较小而硬度较高的合金材料，一般采用合金铸铁、球墨铸铁，也有采用合金钢的。通常座圈的硬度比气门工作面硬度稍低一些。

图 3-52 气门座圈

为保证气门与气门座可靠密封，气门座上加工有与气门相适应的锥面，气门座的锥面由三部分组成，45°（或30°）锥面是与气门密封锥面配合的工作面，15°锥面和75°锥面是用来修正工作面位置和宽度的，如图 3-53 所示。

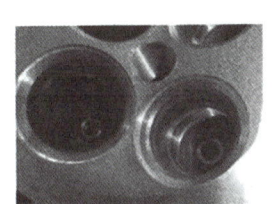
（a）气门座实物图

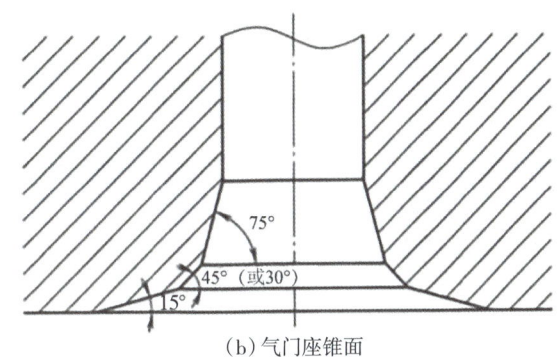
（b）气门座锥面

图 3-53 气门座的结构

4. 气门弹簧

气门弹簧的作用是使气门关闭并与气门座压紧，同时还可在气门开启或关闭过程中，使气门传动组零件紧密连接，防止因惯性力分离而产生异响。

气门弹簧为圆柱螺旋弹簧，弹簧两端磨平，装配后弹簧一端支承在气缸盖上，另一端靠气门弹簧座和锁片或锁销与气门杆定位。气门弹簧的类型有等螺距弹簧、变螺距弹簧和双弹簧，如图 3-54 所示。

（a）等螺距弹簧

（b）变螺距弹簧

（c）双弹簧（左为内弹簧，右为外弹簧）

图 3-54 气门弹簧的类型

等螺距弹簧是最简单的一种，但使用中容易因振动而折断。变螺距弹簧各圈之间的螺距不等，安装时螺距较小的一端应朝向气缸盖。采用内外两个双气门弹簧时，两弹簧的旋向应相反，以防止工作时一个弹簧卡入另一个弹簧中，一般内弹簧弹力比外弹簧弹力小。

5. 凸轮轴

凸轮轴作为气门传动组中最主要的零件，用来驱动和控制各缸气门的开启和关闭，使其符合发动机的工作次序、配气相位及气门开度的变化等要求。凸轮轴由凸轮（包括进、排气凸轮）和凸轮轴轴颈等构成，如图3-55所示。凸轮轴多用优质钢模锻造而成，并经表面高频感应淬火或渗碳淬火处理，也可用合金铸铁或球墨铸铁铸造。

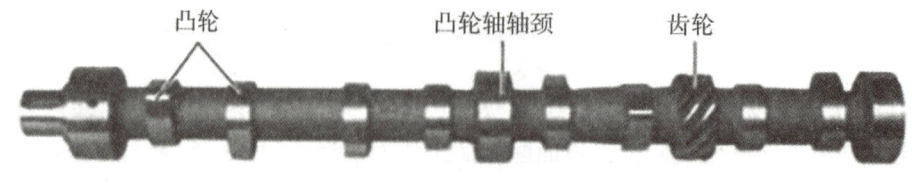

图3-55 凸轮轴的构造

直列发动机凸轮轴上各同名凸轮的布置如图3-56所示。

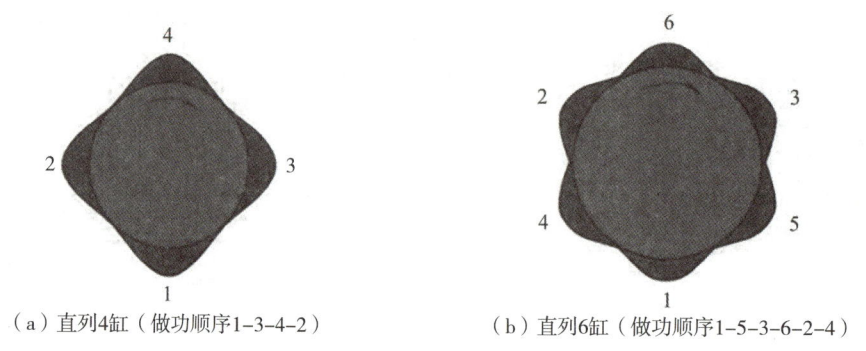

（a）直列4缸（做功顺序1-3-4-2）　　（b）直列6缸（做功顺序1-5-3-6-2-4）

图3-56 直列发动机凸轮轴上各同名凸轮的布置

直列4缸发动机完成一个工作循环，曲轴需旋转720°，各缸按照1-3-4-2的顺序依次做功。在这个过程中，每个气缸都要经历进气、压缩、做功、排气四个冲程。为了保证各缸工作的顺利进行，凸轮轴上同名凸轮（进气凸轮或排气凸轮）的布置需要精确对应各缸的工作阶段。当1缸处于进气冲程时，1缸的进气凸轮会驱动进气门打开，使新鲜混合气进入气缸；当3缸准备进气时，3缸的进气凸轮发挥作用。同名凸轮之间的夹角和位置关系是根据发动机的发火间隔角来设计的。直列4缸发动机的发火间隔角为720°÷4 = 180°曲轴转角，这意味着每隔180°曲轴转角就有一个气缸做功。因此，同名凸轮之间的夹角也以此为基础进行调整，确保各缸在正确的时间进行进气和排气操作，避免气门与活塞运动发生干涉，保证进气充分和排气顺畅。

直列6缸发动机完成一个工作循环，曲轴同样需要旋转720°，各缸按照1-5-3-6-2-4的顺序做功。与直列4缸发动机相比，直列6缸发动机由于气缸数量增加，工作更加平稳，但对凸轮轴同名凸轮布置的要求也更为复杂。其发火间隔角为720°÷6 = 120°曲轴转角，即每隔120°曲轴转角就有一个气缸做功。凸轮轴上同名凸轮的布置要紧密围绕这一做功顺序和发火间隔角进行设计，保证各缸在不同时刻的进气和排气过程准确无误。比如，当1缸处于做功冲程时，5缸可能处于压缩冲程，3缸处于进气冲程等，相应的进气门和排气门需要按照设计的时间开启或关闭，确保发动机的正常运转。

发动机结构形式不同，凸轮轴的根数也不同。如图3-57所示的发动机只装有一根凸轮轴，这根凸轮轴上既有进气凸轮，又有排气凸轮。

（a）凸轮轴安装前

（b）凸轮轴、摇臂轴安装后

图 3-57 单凸轮轴发动机

如图 3-58 所示的发动机装有两根凸轮轴，一根为进气凸轮轴，另一根为排气凸轮轴。

图 3-58 双凸轮轴发动机

为了防止凸轮轴在工作中产生轴向窜动，同时又能承受斜齿轮产生的轴向力，凸轮轴必须有轴向定位装置。如图 3-59（a）所示，该凸轮轴采用止推片实现凸轮轴轴向定位，其止推片用螺钉固定在气缸盖上。如图 3-59（b）所示为采用凸轮轴轴颈两侧面定位的凸轮轴。

挺柱可分为普通挺柱和液力挺柱两种，其作用是与凸轮轴直接接触，将凸轮的推力传递给推杆或气门。

（a）用止推片实现凸轮轴轴向定位

（b）用凸轮轴轴颈两侧面定位

图 3-59 凸轮轴轴向定位

6. 挺柱

（1）普通挺柱的结构。常见普通挺柱的结构如图 3-60 所示。在发动机工作时挺柱底部与凸轮接触，为使挺柱底部磨损均匀，挺柱底部的工作面制成球面。普通挺柱内孔的底部也制成球面，它与推杆下端的球面接触，以减少磨损。

(a)菌形　　　　　　　(b)筒形　　　　　　　(c)滚轮式

图 3-60　普通挺柱的结构

(2) 液力挺柱的结构。液力挺柱的结构如图 3-61 所示。液压缸外圆与挺柱体内导向孔配合，内孔则与柱塞配合，两者都有相对运动。液压缸底部装有一个补偿弹簧，把球阀压在柱塞的阀座上，补偿弹簧还可以使挺柱顶面和凸轮轮廓线保持紧密接触，以消除气门间隙。当球阀关闭柱塞中间孔时可将柱塞分成两个油腔，柱塞上部为低压油腔，柱塞下部为高压油腔。当球阀开启后，柱塞上下成为一个油腔。

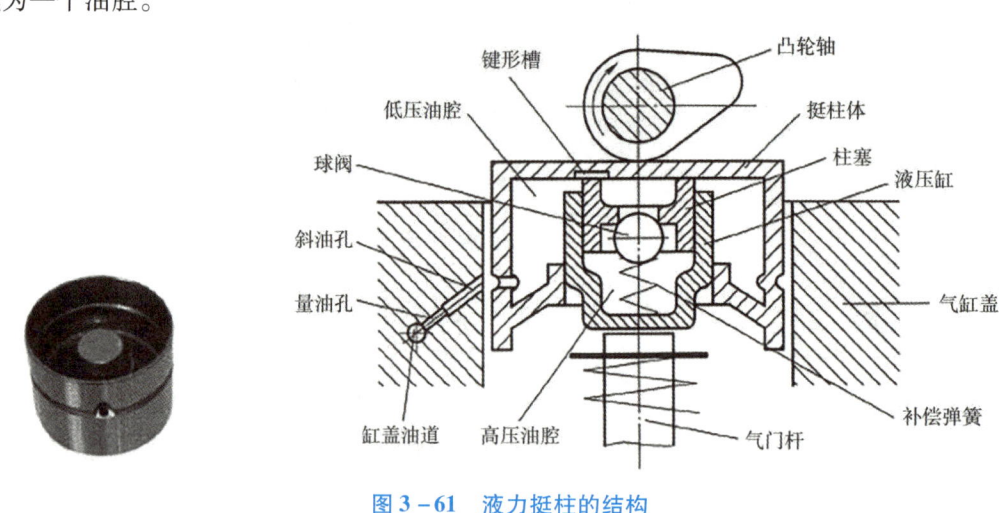

图 3-61　液力挺柱的结构

液力挺柱的工作过程如图 3-62 所示。

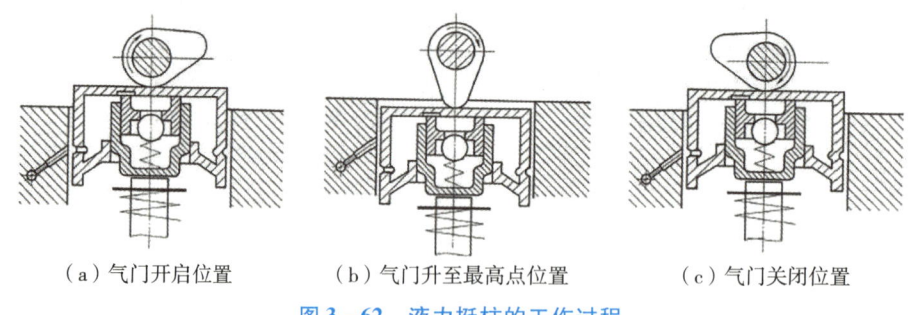

(a)气门开启位置　　　(b)气门升至最高点位置　　　(c)气门关闭位置

图 3-62　液力挺柱的工作过程

①气门开启。当凸轮轴等操纵机构驱动挺柱体圆筒的环形油槽与缸盖上斜油孔对齐时，润滑系统压力油依次通过量油孔、斜油孔和环形油槽注入挺柱低压油腔。挺柱背面的键形油槽设计使润滑油持续导入柱塞上方低压区，此时缸盖主油道与液力挺柱低压油腔实现油路贯通。在油压作用下，挺柱与气门形成刚性整体协同运动，气门开始开启。

②气门升起。当凸轮轴等操纵机构驱动挺柱体圆筒的环形油槽与缸盖上斜油孔对齐时，润滑系统压力油依次通过量油孔、斜油孔和环形油槽注入挺柱低压油腔。挺柱背面的键形油槽设计使润滑油持续导入柱塞上方低压区，此时缸盖主油道与液力挺柱低压油腔实现油路贯通。在油压作用下，挺柱与气门形成刚性整体协同运动，气门开始开启。

③气门关闭。当挺柱组件运动至下止点后反向上行时，气门弹簧压力和凸轮基圆轮廓共同作用维持高压油腔的密封状态，球阀保持关闭。此时液力挺柱仍维持刚体特性直至气门完全关闭。油路系统随即恢复贯通，低压油腔压力油推动柱塞复位，补偿弹簧辅助开启球阀实现两腔压力平衡。在气门受热膨胀时，柱塞与油缸通过微量轴向位移实现油液补偿，确保操纵机构无间隙运行，这正是液力挺柱无须预留气门间隙的工作原理。

7. 推杆

推杆的功能是传递挺杆的作用力至摇臂，其结构形式分为实心与空心两类。该组件装设在挺杆与摇臂之间，作为配气机构中抗弯性能最薄弱的环节，须具备极高的抗弯刚度。针对承受较大动载荷的发动机，推杆设计需尽可能缩短长度，以降低受力变形风险。

图 3-63　推杆

8. 摇臂总成

摇臂总成用于转换气门操纵机构的推力方向并控制气门开启动作。该组件采用双臂不等长杠杆结构设计，长短臂长度比设定在 1.2~1.8，其中长臂端直接作用于气门。如图 3-64 所示。通过此杠杆比例特性，在既定气门升程范围内，可有效缩短推杆、挺杆等关联运动件的工作行程和加速度值，从而降低机构运行中的惯性载荷。

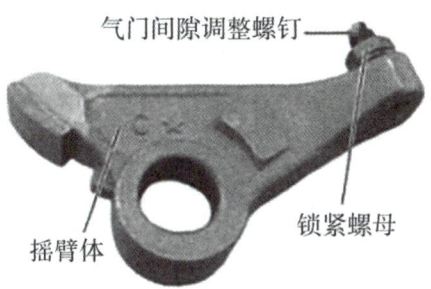

图 3-64　摇臂的结构

摇臂有普通摇臂、滚轮摇臂和三角摇臂等类型，如图 3-65 所示。

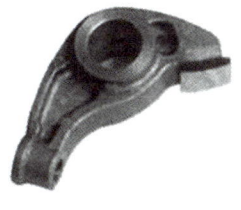
（a）普通摇臂

（b）滚轮摇臂

（c）三角摇臂

图 3-65　摇臂的类型

摇臂总成由摇臂轴、摇臂、摇臂轴支座、定位弹簧和螺栓等组成,如图3-66所示。

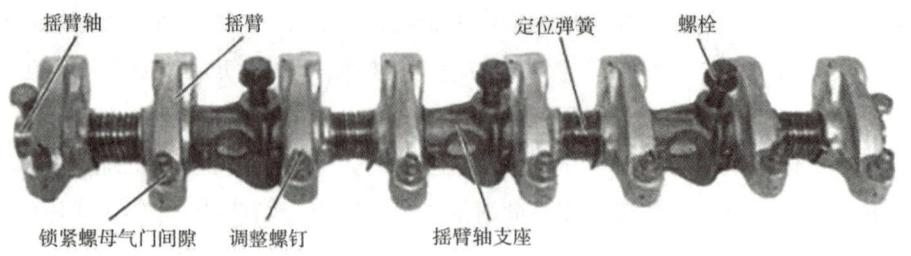

图3-66 摇臂总成的结构

摇臂空套在摇臂轴上,摇臂轴通过摇臂轴支座固定在气缸盖上。为防止摇臂轴向窜动,每两摇臂之间装有定位弹簧。摇臂轴为空心管状结构,润滑油从气缸体上的主油道经气缸体、气缸盖和支座中的油道进入摇臂轴内(该轴两端被堵死),然后经摇臂轴上的径向孔进入摇臂与轴之间进行润滑。

四、配气相位

1. 配气相位的定义

配气相位就是发动机进、排气门实际开启或关闭的时刻和开启持续时间,通常用曲轴转角来表示,称为配气相位。配气相位通常用环形图表示,称为发动机的配气相位图,如图3-67所示。

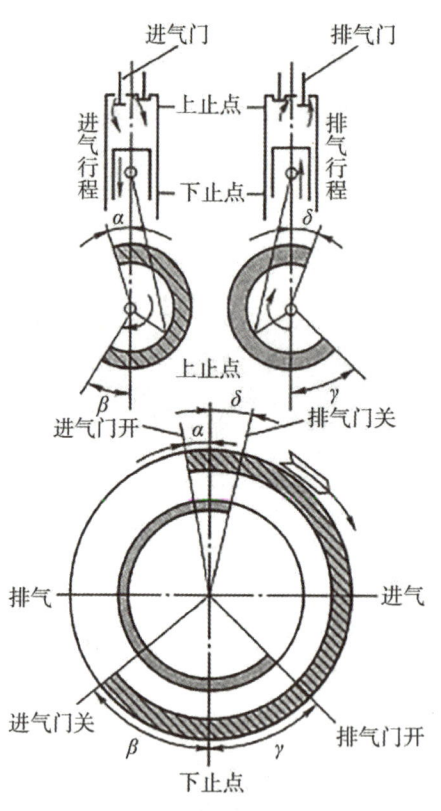

图3-67 配气相位图

2. 配气相位分析

（1）理论配气相位分析。理论上，四冲程发动机的进气门应该在活塞运动到上止点时开启，活塞运动到下止点时关闭。排气门应该在活塞运动到下止点时开启，活塞运动到上止点时关闭。

进、排气时间各占180°的曲轴转角。但实际情况并非如此，由于发动机转速很高，一个行程的时间极短，如四冲程发动机当转速为3000r/min时，一个行程时间只有0.01s，另外凸轮驱动气门开启还需要一段时间，所以气门全开的时间非常短。

如此短的时间很难做到进气充分和排气彻底。为了改善换气过程，提高发动机功率，实际上发动机的气门开启和关闭并不恰在活塞的上、下止点，而是适当地提前开启和延迟关闭一定的曲轴转角，以延长进排气时间。

（2）进气相位分析。在排气行程接近终了，活塞到达上止点之前，进气门便开始开启，从进气门开启到活塞运动到上止点所对应的曲轴转角 α 称为进气提前角。

进气门提前开启的目的是保证进气行程开始时进气门达到最大开度，以减小进气阻力，使新鲜空气能顺利进入气缸。

进气行程活塞到达下止点后，再向上运动一段时间，进气门才关闭。从进气行程活塞下止点到进气门关闭所对应的曲轴转角 β 称为进气延迟角。

进气门延迟关闭的目的是活塞到达下止点时，气缸内的压力仍低于大气压力，并且气流有一定的惯性，此时仍可以利用压力差和气流惯性继续进气。

进气门持续开启时间内的曲轴转角为 $\alpha + 180° + \beta$。一般进气提前角 α 为 $10° \sim 30°$，进气延迟角 β 为 $40° \sim 80°$。

（3）排气相位分析。在做功行程接近终了，活塞到达下止点之前，排气门便开始开启。从排气门开启到活塞运动到下止点所对应的曲轴转角 γ 称为排气提前角。

排气门提前开启的目的是当做功行程活塞运动到接近下止点时，气缸内还有 $0.30 \sim 0.50$MPa 的压力，此压力对做功已经没有太大的作用，但仍比大气压力高，可利用此压力使气缸内的废气快速地自由排出。高温废气的迅速排出，可以防止发动机过热。

排气行程活塞运动到上止点后，再向下运动一段时间，排气门才关闭。从活塞运动到上止点到排气门关闭所对应的曲轴转角 δ 称为排气延迟角。

排气门延迟关闭的目的是由于活塞运动到上止点时，气缸内残余废气压力仍高于大气压，并且排气时气流有一定的惯性，仍可利用压力差和气流惯性继续把废气排放得更干净。

排气门持续开启的时间内曲轴转角为 $\gamma + 180° + \delta$，一般排气提前角 γ 为 $40° \sim 80°$，排气延迟角 δ 为 $10° \sim 30°$。

（4）气门叠开与气门叠开角。由于进气门在上止点前开启，排气门在上止点后才关闭，出现了在同一段时间内进、排气门同时开启的现象，此现象称为气门叠开。进、排气门同时开启的曲轴转角 $\alpha + \delta$ 称为气门叠开角。

由于新鲜空气和废气的流动惯性都比较大，只要气门重叠角设计得适当，就不会出现废气倒流入进气管或新鲜气体随废气流出的现象。

五、可变气门正时技术

1. 可变气门正时和升程电子控制系统（VTEC）

VTEC 全称是可变气门正时和升程电子控制系统，它是在一根凸轮轴上设计两种不同定时和升程的凸轮，并用油压进行切换的装置。其主要组成部分为主摇臂、中间摇臂、副摇臂、高速凸轮、低速凸轮和用于连接三个摇臂的同步活塞等，如图 3-68 所示。

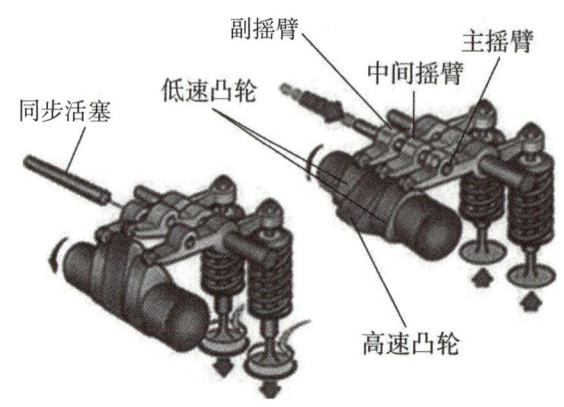

图 3-68　VTEC 的结构

当发动机处于低转速或低负荷工作时，三个摇臂之间无任何连接，两个低速凸轮驱动主、副摇臂分别顶动两个进气门，此时中间摇臂不顶动气门，在摇臂轴上做无效的运动，如图 3-69（a）所示。

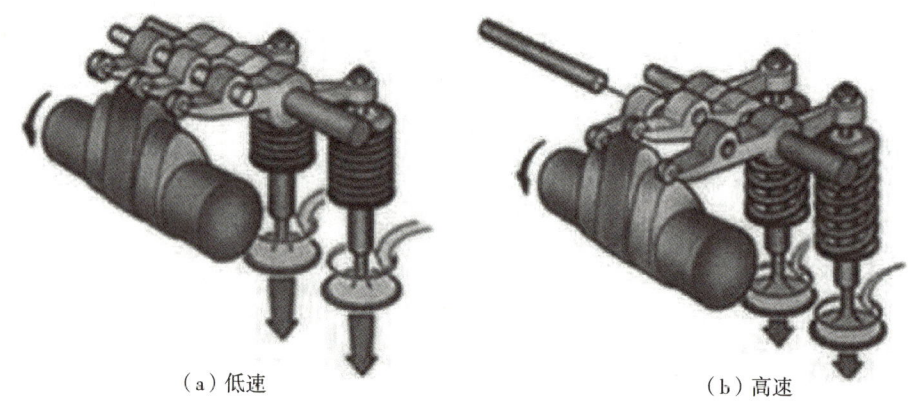

（a）低速　　　　　　　　　　　　（b）高速

图 3-69　VTEC 的工作原理

当转速升高时，活塞在油压的作用下移动，把三个摇臂连接成一体，此时主、副摇臂不受低速凸轮的作用，在中间摇臂的带动下都由高速凸轮驱动，从而获得发动机较大功率时相应的配气相位和气门升程，如图 3-69（b）所示。

2. 发动机可变气门正时技术（VVT）

VVT 全称是发动机可变气门正时技术，其工作原理是根据发动机的运行情况，调整进排气量、气门开合时间和角度，使进入的空气量达到最佳值，提高燃烧效率。

VVT 系统主要由 VVT 相位器（包括内转子、外转子、带轮）、VVT 电磁阀、发动机转速传感器、凸轮轴位置传感器和发动机 ECU 等组成，如图 3-70 所示。

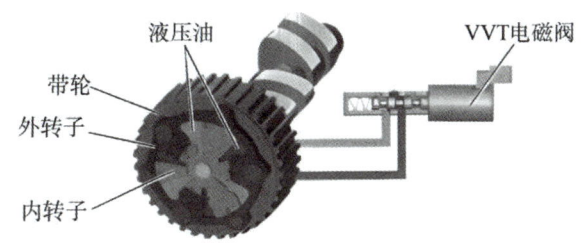

图 3-70　VVT 系统的结构

VVT 相位器有两个液压室，一个气门正时提前室和一个气门正时延迟室。VVT 控制阀是一个三位五通阀，VVT 控制阀关闭时，主油道与相位器延迟室接通，相位器提前室和提前室泄油道接通；VVT 控制阀打开时，主油道与相位器提前室接通，相位器延迟室和延迟室泄油道接通；VVT 控制阀处于中间位置时，相位器提前室和延迟室处于保压状态，如图 3-71 所示。

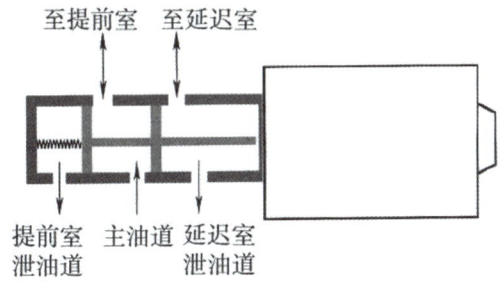

图 3-71　VVT 控制阀

VVT 系统的工作原理如下：

（1）气门正时提前。发动机 ECU 控制 VVT 控制阀关闭时，液压油由 VVT 控制阀进入 VVT 相位器的提前室，延迟室的油压通过 VVT 控制阀泄压，VVT 相位器的内转子在液压油的推动下带动进气凸轮轴顺时针旋转，如图 3-72（a）所示。

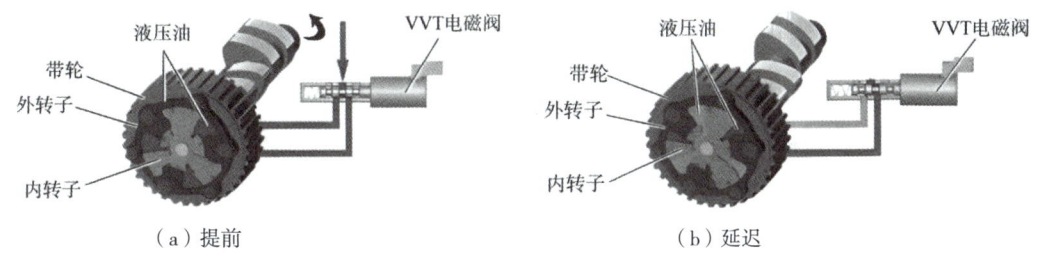

图 3-72　VVT 系统的工作原理

（2）气门正时延迟。发动机 ECU 控制 VVT 控制阀打开时，液压油由 VVT 控制阀进入 VVT 相位器的延迟室，提前室的油压通过 VVT 控制阀泄压，VVT 相位器的内转子在液压油的推动下带动进气凸轮轴逆时针旋转，如图 3-72（b）所示。

（3）气门正时保持。当气门正时达到发动机的工作要求时，VVT 控制阀处于中间位置，关闭提前室和延迟室的油道，保持油压，从而保持气门正时状态。

项目四 燃油供给系统

工作页 燃油供给系统认知与操作

任务描述

(1) 能描述燃油供给系统的基本组成和工作原理。
(2) 能识别燃油供给系统的主要部件并说明其功能。
(3) 能进行燃油供给系统的日常检查和维护操作。

任务准备

(1) 知识准备：

燃油供给系统的基本概念和重要性，燃油供给系统的主要部件及其功能，燃油供给系统的工作原理。

(2) 设备准备：

燃油供给系统模型或实物，拆装工具（如扳手、螺丝刀等），燃油压力表、喷油器测试仪等检测工具。

任务步骤

(1) 认知燃油供给系统。
(2) 拆装燃油供给系统部件。
(3) 检查与维护燃油供给系统。
(4) 故障排查与模拟。

任务评价

任务评价内容及标准见下表。

序号	项目	操作内容	分值	评分标准	得分
1	准备	清理工位，准备工具和设备	5	酌情扣分	
2	认知	正确识别燃油供给系统部件并说明其功能	20	每个部件5分，视情扣分	
3	拆装	正确拆装燃油供给系统部件，操作规范	30	操作规范，无损坏，视情扣分	
4	检查与维护	正确进行燃油供给系统检查，记录准确	20	检查项目完整，记录准确，视情扣分	
5	故障排查	准确判断故障并提出可行性解决方案	15	判断准确，方案可行，视情扣分	
6	安全文明	无安全隐患，操作文明，保持工作场所整洁	5	未达标扣1~5分	
7	结束	清洁场地，归位工具和设备	5	清洁不彻底扣1~5分，未做扣5分	
		总分		100	

任务一　汽油机燃油供给系统

一、汽油机燃油供给系统的功用和组成

汽油机燃油供给系统的核心作用，在于依据发动机不同运行工况的需求，为其供应数量精准、清洁且雾化良好的汽油。与此同时，让汽油与适量空气充分混合，形成浓度最佳的可燃混合气。此外，该系统还需储存一定量汽油，确保汽车拥有足够的续驶里程。

在现代四冲程汽油发动机领域，电控汽油喷射系统 EFI（Electronic Fuel Injection）应用极为广泛。常见类型有两种：一种是多点、顺序、进气道喷射系统 PFI [Port Fuel Injected（system）]，喷射压力在 0.3~0.5MPa；另一种是缸内喷射系统 GDI（Gasoline Direct Injection），其喷射压力高达 5~10MPa，目前采用该系统的发动机数量呈上升趋势。电控汽油喷射系统的组成结构如图 4-1 所示。

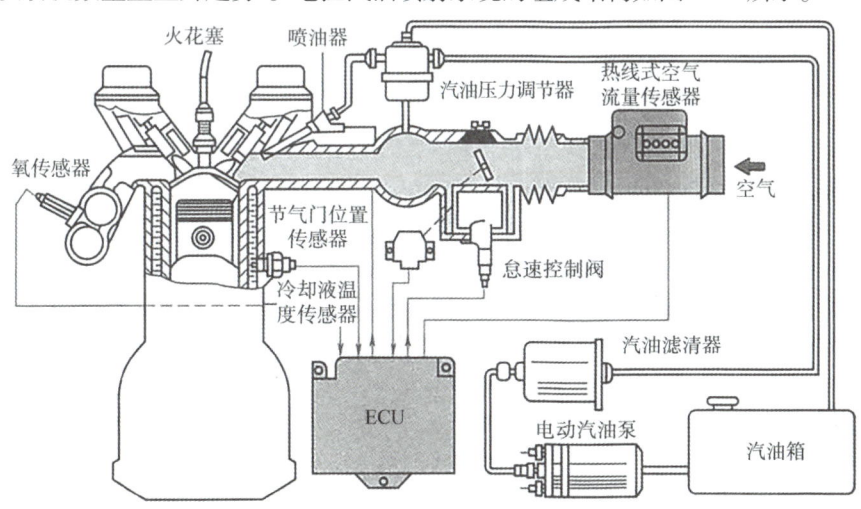

图 4-1　电控汽油喷射系统的组成结构

二、电控汽油喷射（EFI）系统的工作原理

电控汽油喷射系统以电控单元（ECU）作为控制核心。借助安装在发动机上的各类传感器，系统能够实时采集发动机的各项运行参数。随后，ECU 依据预先存储在内部的控制程序，精确调控喷油器的喷油量，确保发动机在各种工况下，都能获得空燃比最佳的可燃混合气。

该系统主要由汽油供给、空气供给、电子控制三大装置组成：

（1）汽油供给装置（Fuel Supply Device）：汽油供给系统由汽油箱、电动汽油泵、汽油滤清器、汽油分配管、喷油器、燃油压力调节器和输油管道等组成（见图4-2），电动汽油泵从油箱中抽取汽油，并将其压力提升至 0.35MPa 左右。汽油经过汽油滤清器过滤杂质后，被输送到汽油分配管。汽油分配管与各缸进气歧管上的喷油器相连通。在汽油分配管的末端，设有汽油压力调节器，它的作用是维持喷油油压稳定。

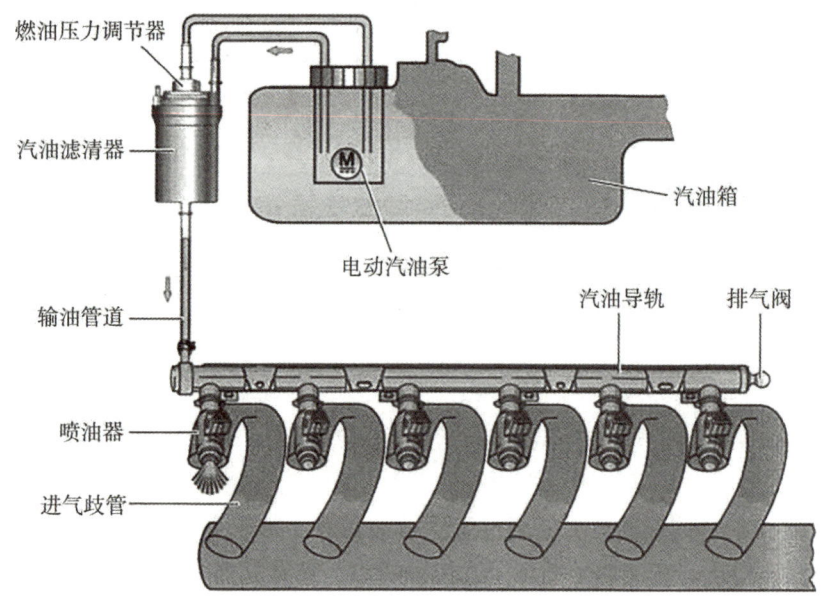

图4-2　汽油供给系统

（2）空气供给装置（Air Supply Device）：空气供给系统主要由空气滤清器、空气流量传感器、进气总管及进气歧管等组成，如图4-3所示。驾驶员通过踩踏加速踏板，操控节气门来调节发动机的进气量。空气流量传感器负责测量进气量，并将进气量的变化转化为电信号，传输给电控单元。节气门开度越大，进入发动机的空气量就越多，反之则越少。

项目四 燃油供给系统 | 04

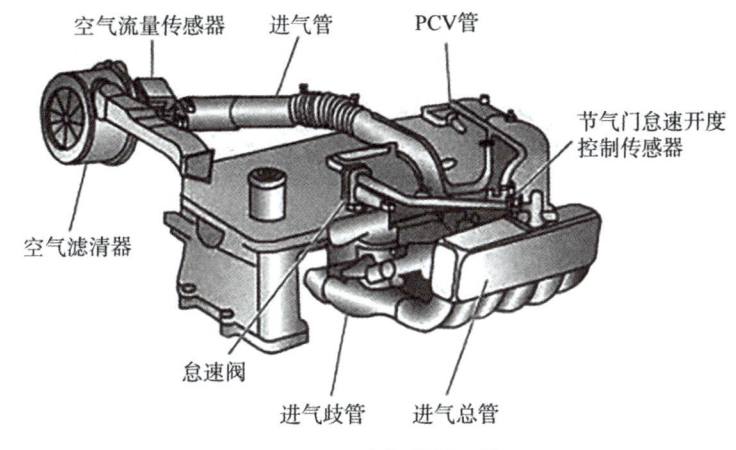

图 4-3 空气供给系统

（3）电子控制装置（Electronic Control Device）：电子控制系统由各种传感器、电控单元（ECU）及执行器组成，如图 4-4 所示。电控单元依据进气量和发动机转速，计算出基本喷油量。同时，综合考虑发动机温度、进气温度、节气门位置、爆燃状况等运行信息，对基本喷油量进行修正，得出最佳喷油量。通过控制喷油器的喷油持续时间，实现对喷油量的精准控制。此外，电控单元还借助曲轴位置传感器和凸轮轴位置传感器的信号，确定各缸喷油器的喷油时刻。

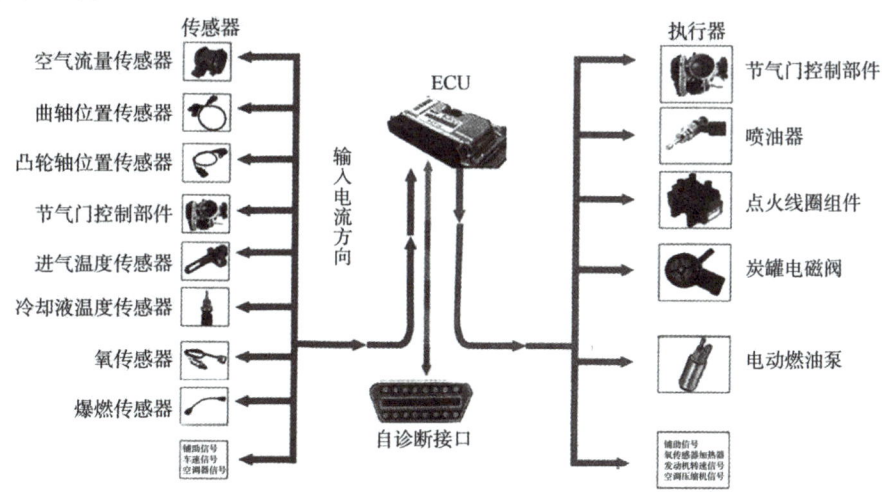

图 4-4 电子控制系统的组成

由于电控汽油喷射式发动机能够在任意工况下，以精准的供油量、适宜的喷油时间，提供最佳空燃比的可燃混合气，加之喷油器采用雾状喷油，使汽油雾化更充分，混合气燃烧更完全。这不仅让发动机具备出色的动力性和经济性，有效降低了污染物排放，还减轻了发动机的振动，显著提升了汽车的加速性能。

三、可燃混合气的形成

电控单元根据各种传感器及开关传来的发动机工况信号，确定精确的喷油量和喷油时刻，由喷油器以一定压力和喷射角度将燃油喷入进气道或气缸内，雾化后蒸发成气态，与由空气流量传感器计量的空气混合，形成可燃混合气。

四、可燃混合气浓度的表示方法

可燃混合气中空气与燃油的比例称为可燃混合气浓度,通常用空燃比和过量空气系数表示。

1. 空燃比

可燃混合气中空气质量与燃油质量之比为空燃比(Air Fuel Ratio),记作 α,即:

$$\alpha = 空气质量 \div 燃油质量$$

按照化学反应方程式的当量关系可知,1kg 汽油完全燃烧所需的空气质量(化学计量空气质量)约为 14.7kg。显然,α = 14.7 为理论混合气;α < 14.7 为浓混合气;α > 14.7 为稀混合气。

2. 过量空气系数

燃烧 1kg 燃油实际供给的空气质量与完全燃烧 1kg 燃油的化学计量空气质量之比称为过量空气系数(Excess Air Ratio),记作 φ_α,即:

φ_α = 燃烧 1kg 燃油实际供给的空气质量 ÷ 完全燃烧 1kg 燃油的化学计量空气质量

φ_α = 1 为理论混合气;φ_α < 1 为浓混合气体;φ_α > 1 为稀混合气体。α 与 φ_α 的数值对应关系见表 4-1。

表 4-1　α 与 φ_α 的数值对应关系

φ_α	0.6	0.7	0.8	0.9	1.0	1.1	1.2	1.3	1.4
α	8.9	10.4	11.8	13.3	14.7	16.3	17.8	19.2	20.7

五、发动机工况对可燃混合气成分的要求

发动机工况,即发动机的工作状态。汽车行驶时,载荷、车速以及路况处于频繁变化中,这致使汽车发动机呈现出两大特点:其一,工况变化范围极为广泛,负荷可在 0~100% 变动,转速能从最低稳定转速攀升至最高转速,且负荷与转速的变化具有连续性,并无明显界限;其二,在汽车行驶的多数时段,发动机处于中等负荷工况。具体而言,乘用车发动机负荷通常在 40%~60%,商用车则为 70%~80%。

不同发动机工况对可燃混合气有着不同要求,具体如下:

冷起动工况:发动机冷起动(Cold Start)时,由于温度较低,汽油难以蒸发气化,且起动转速低,仅为 50~100r/min,空气在进气道内流速缓慢,导致汽油雾化效果欠佳。如此一来,进入气缸的可燃混合气中汽油蒸气含量过少,混合气过稀,无法着火燃烧。为确保发动机顺利起动,需供给 φ_α = 0.2~0.6 的极浓混合气。

怠速工况:怠速(Idle)指发动机在对外无功率输出状态下的最低转速。当前,汽油机怠速转速一般在 700~900r/min。怠速时,节气门近乎关闭,进入气缸的空气量极少,残余废气量相对增加,混合气被严重稀释,燃烧速度减缓,甚至可能熄火。因此,需供给 φ_α = 0.6~0.8 的浓混合气,以抵消废气的稀释影响。

小负荷工况:小负荷(Low Load)工况下,节气门开度在 25% 以内。随着进入气缸的混合气数量增多,汽油雾化与蒸发条件得到改善,残余废气对混合气的稀释作用有所减弱。此时,应供给 φ_α = 0.7~0.9 的较浓混合气。

中等负荷工况：中等负荷（Medium Load）工况时，节气门开度处于25%~85%。由于发动机大部分时间处于中等负荷运行，所以需供给$\varphi_\alpha=1.05$~1.15的经济混合气，以保障发动机具备良好的燃油经济性。从小负荷过渡到中等负荷，随着负荷增大，节气门逐渐开大，可燃混合气逐渐变稀。

大负荷和全负荷工况：发动机处于大负荷（Heavy Load）或全负荷（Full Load）工况时，节气门接近或达到全开状态。此时，需要发动机输出最大功率，以克服较大的外界阻力或实现加速行驶。为此，应供给$\varphi_\alpha=0.85$~0.95的功率混合气。当从中等负荷转入大负荷时，可燃混合气会由经济混合气加浓为功率混合气。

加速工况：驾驶员猛踩加速踏板，节气门会突然开大。此时，尽管空气流量迅速增加，但因汽油密度远大于空气密度，汽油流动惯性更大，致使汽油流量的增加滞后于空气流量。此外，节气门开大导致进气歧管压力升高，不利于汽油气化。所以，节气门突然开大时，混合气会瞬时变稀。为避免这一现象，确保汽车拥有良好的加速性能（Acceleration），在节气门突然开大、空气流量迅速增加的同时，需额外供给一定量汽油，使变稀的混合气重新加浓。

六、电子控制式汽油喷射系统的主要零部件

1. 电动汽油泵

电动汽油泵的安装位置主要有两种，即安装在供油管路中或安装在汽油箱内，其作用是将汽油增压，并源源不断地泵入供油管道。电动汽油泵[见图4-5（a）]有的是作为独立的部件固定在汽油箱内，而有的汽油泵则与燃油传感器组合在一起，如图4-5（b）所示。

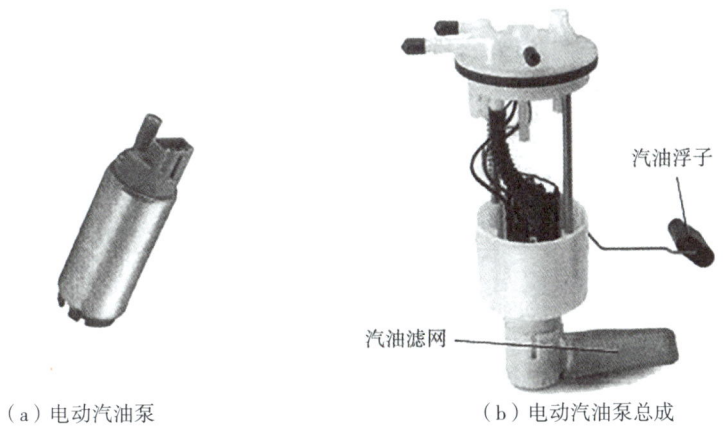

（a）电动汽油泵　　　　　（b）电动汽油泵总成

图4-5　电动汽油泵

2. 汽油箱

汽油箱（见图4-6）的作用是存储汽油。汽油箱由钢板或高分子高密度聚乙烯塑料制成。塑料油箱重量轻、强度高、密封性好、可制成任意形状。汽油箱的上部有加油口和加油口盖，油箱内还装有集滤器、浮子、油面指示表传感器、放油螺塞等。汽油箱内通常有挡油板以减轻汽车行驶时汽油的振荡。

图 4-6　汽油箱

3. 汽油滤清器

汽油滤清器的功能是去除汽油中的杂质与水分，降低燃油压力调节器等零部件发生故障的概率。按照滤清方式的不同，汽油滤清器分为沉淀式和过滤式。图 4-7 是过滤式汽油滤清器，在安装过滤式汽油滤清器时，需注意其方向性，确保安装正确。

图 4-7　过滤式汽油滤清器

4. 空气滤清器

空气滤清器负责分离空气中的尘土和砂粒，为发动机供应充足的清洁空气，借此降低气缸、活塞以及活塞环等零件的磨损。如图 4-8 所示，空气滤清器由滤芯和壳体等构成。在现代汽车发动机中，配备纸质滤芯的空气滤清器十分普遍。

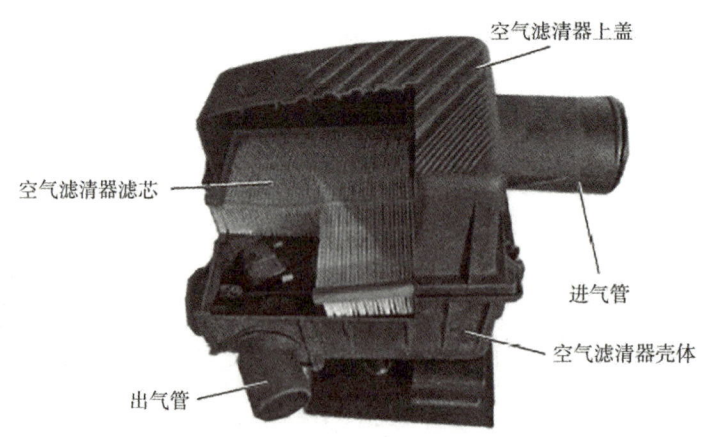

图 4-8　空气滤清器的结构

5. 进排气装置

（1）进排气管的作用。进气管负责将可燃混合气（针对进气管喷射发动机而言）或纯空气（直喷发动机）分送至各个气缸。对于多缸发动机，确保各缸进气量均匀一致至关重要。排气管则承担着将燃烧产生的废气，经由排气消声器排放到大气中的任务。

（2）进排气管的构造。发动机进气管由进气主管和进气歧管等组成，其结构如图4-9所示。当前，进气歧管多采用塑料材质。塑料进气歧管不仅成本较低、重量较轻，而且管内壁较为光滑，能有效降低空气流动阻力，提升发动机性能。

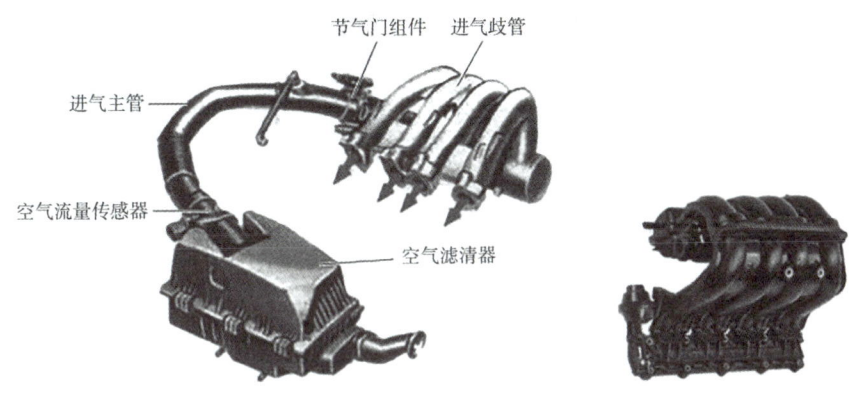

图4-9 发动机进气管

排气系统主要包括排气歧管、排气管和排气消声器，如图4-10所示。现在排气管材料主要使用的是不锈钢，或分段式地采用不锈钢和渗铝管。

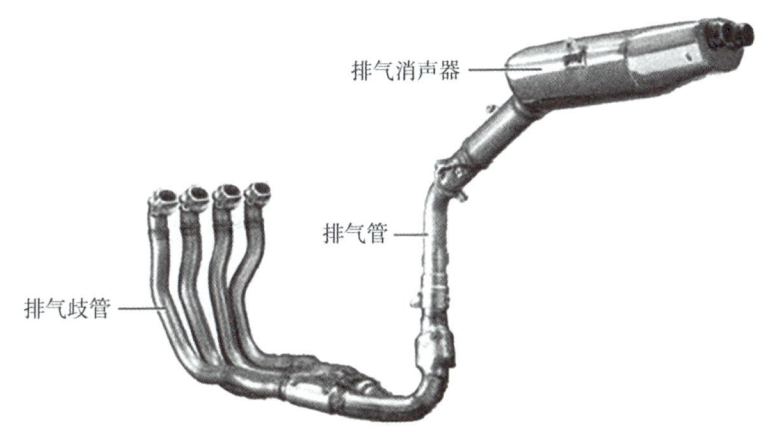

图4-10 排气系统的结构

为了避免排气干扰，排气歧管基本都采用等长设计，如图4-11所示。

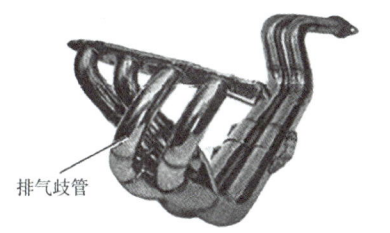 

图4-11 排气歧管

6. 排气消声器

排气消声器的作用就是通过逐渐降低排气压力和衰减排气压力的脉动来削减排气噪声。排气消声器一般由外壳、多孔管和隔板组成，如图 4-12 所示。隔板在外壳内隔成几个尺寸不同的滤声室。

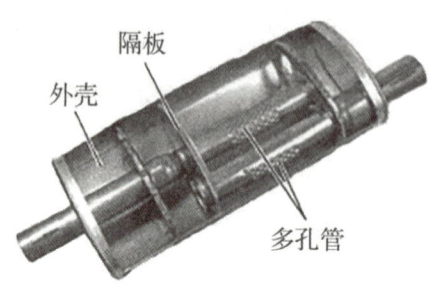
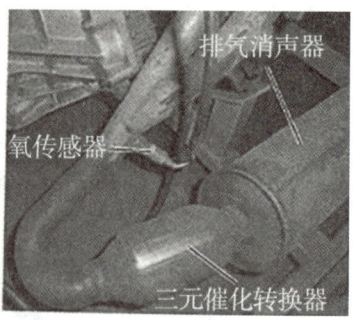

图 4-12　排气消声器

7. 喷油器

喷油器安装在发动机上的位置，如图 4-13 所示。喷油器的作用就是定时喷油和断油，提高汽油雾化质量。对于缸外喷射的汽油发动机而言，喷油器将汽油喷到发动机的进气歧管中，如图 4-14（a）所示。对于缸内喷射的汽油发动机而言，喷油器将汽油直接喷入气缸内部，如图 4-14（b）所示。

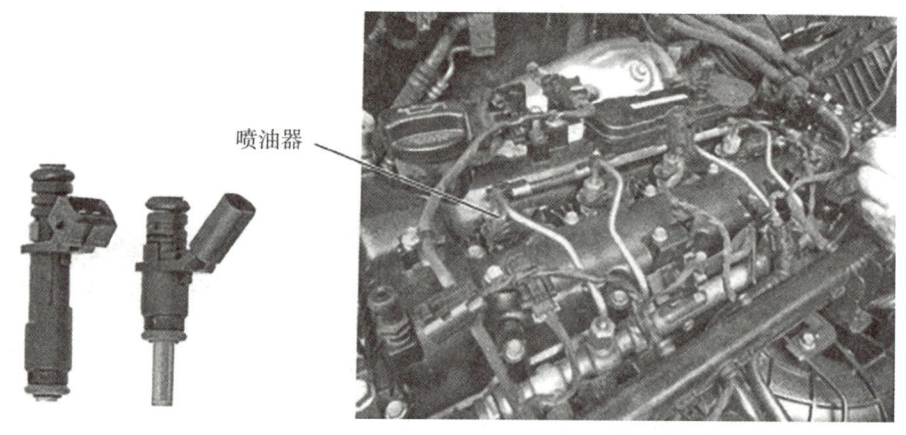

图 4-13　喷油器

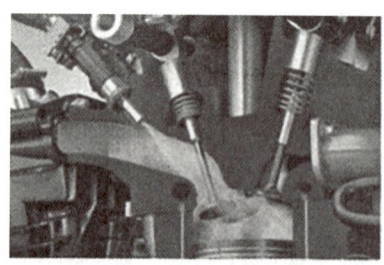

（a）进气歧管喷射　　　　　　　　　　（b）缸内喷射

图 4-14　喷油器的安装位置

现在大多数燃油喷射系统都采用顺序喷射方式，如图 4-15 所示。顺序喷射方式也称为独立喷射方式,喷油器按各缸的工作顺序,依次把汽油喷入各进气歧管或气缸。顺序喷射可使每一个气缸都有一个较佳的喷油时刻和进气效率,这对提高混合气质量大有益处,其能够提高燃油经济性,减少有害物的排放。

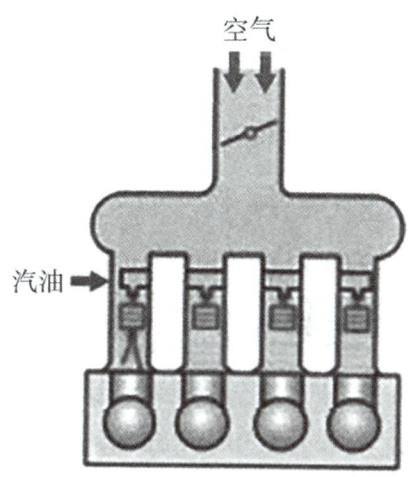

图 4-15 顺序喷射

喷油器主要由电磁线圈、弹簧、针阀和衔铁等组成,如图 4-16 所示。

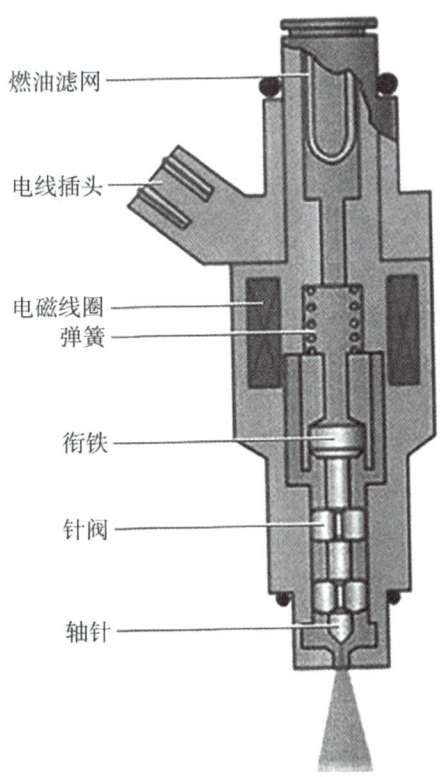

图 4-16 喷油器的组成

当电磁线圈通电时,产生电磁力将衔铁与针阀吸起,燃油通过轴针头部的环形间隙喷出。ECU 通过电脉中的宽度控制喷油器每次开启的时间,从而控制喷油量。一般喷油器每次开启的时间为

2~10ms，针阀升程为 0.5mm 左右。

8. 燃油压力调节器

燃油压力调节器就是用来让喷油器喷孔内燃油压力保持一定的装置，其安装位置有以下两种：

一种是安装在汽油滤清器上，如图 4-17 所示。汽油压力被由弹簧拉紧的膜片阀调节到恒定值，多余汽油回流到汽油箱。另一种是安装在燃油分配管的一端，它通过调节供油系统的燃油压力，使系统油压与进气歧管压力之差保持恒定，如图 4-18 所示。

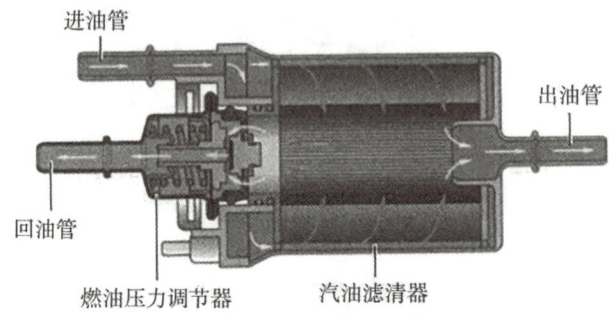

图 4-17 燃油压力调节器位置一

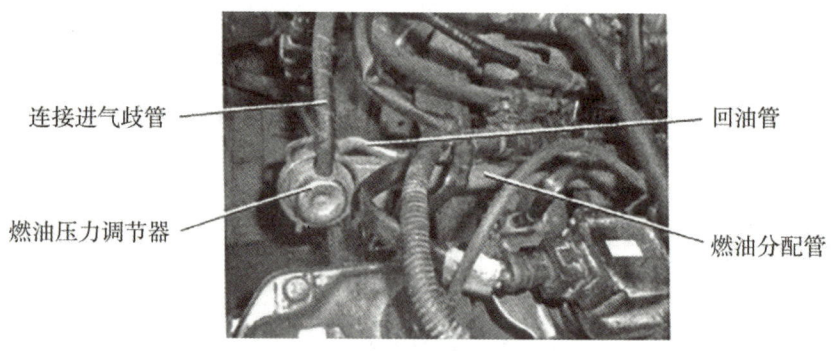

图 4-18 燃油压力调节器位置二

9. 传感器

（1）空气流量传感器。在 L 形汽油喷射系统中，空气流量传感器采用直接测量式，也叫空气流量计。部分传感器配有四根线，这类未安装进气温度传感器；而五根线的传感器则装有进气温度传感器。通常，该传感器安装在空气滤清器和进气总管之间，结构可参考图 4-19。其主要功能是把吸入的空气流量转换成电信号，传输给 ECU，此信号是确定喷油嘴喷油量的关键依据之一。常见的空气流量传感器有热线式和热膜式两种。

 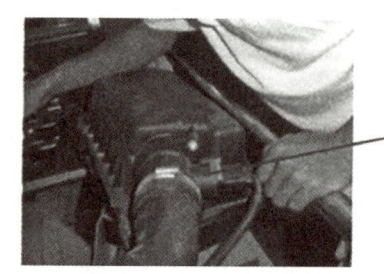

图 4-19 空气流量传感器

(2) 进气歧管压力传感器。在 D 形汽油喷射系统中，进气歧管压力传感器使用间接测量式，安装于发动机进气歧管上，如图 4-20 所示。该传感器用于检测节气门后方进气歧管内的绝对压力，能根据发动机的转速和负荷，感知进气歧管内绝对压力的变化，并将其转换为信号电压，传输给 ECU。ECU 依据接收到的信号电压高低，调控基本喷油量。

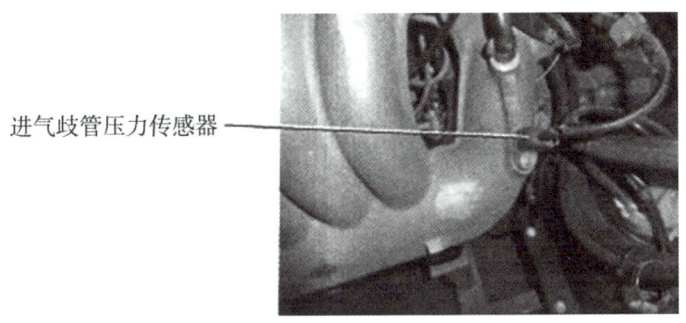

图 4-20　进气歧管压力传感器

(3) 氧传感器。氧传感器安装在排气总管上，如图 4-21 所示。它的作用是检测排气中的氧含量，并向 ECU 反馈信号，ECU 根据这一反馈，控制喷油器增加或减少喷油量，将混合气的空燃比控制在理论值附近。目前，应用最广泛的是氧化锆型氧传感器。由于这类传感器需在温度超过 300℃ 时才能正常工作，因此常用的是加热型氧化锆氧传感器，如图 4-22 所示。

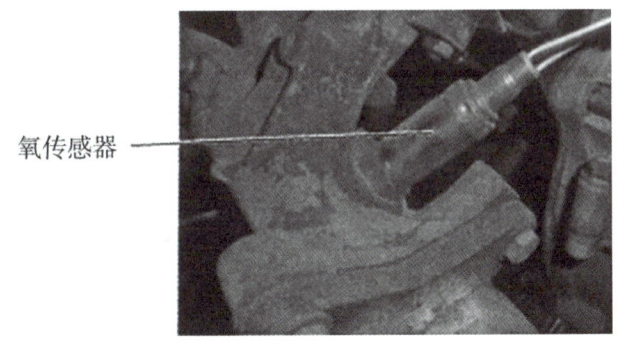

图 4-21　氧传感器

图 4-22　加热型氧化锆氧传感器

部分汽车配备两个氧传感器，一个安装在三元催化转换器前，另一个安装在三元催化转换器后，布局如图 4-23 所示。三元催化转换器前的氧传感器，主要用于检测发动机不同工况下的空燃比，ECU 根据该信号对喷油量进行修正。三元催化转换器后的氧传感器，主要用于检测三元催化转换器的工作状态，即其转化率。通过对比前后氧传感器的数据，便能判断三元催化转换器是否正常工作。正常情况下，前氧传感器的信号高于后氧传感器，若两个传感器信号相同，就表明三元催化转换器已失效。

图 4-23　安装两个氧传感器的发动机

（4）进气温度传感器。进气温度传感器一般安装在进气管上，或集成于空气流量传感器内部，具体位置如图 4-24 所示。该传感器用于检测发动机的进气温度，并将温度信息转换为电压信号，传输给 ECU。这一信号作为喷油和点火的修正信号，与空气流量传感器协同工作。通过检测空气温度的变化确定空气密度，从而帮助获取更为精确的空气流量数据。

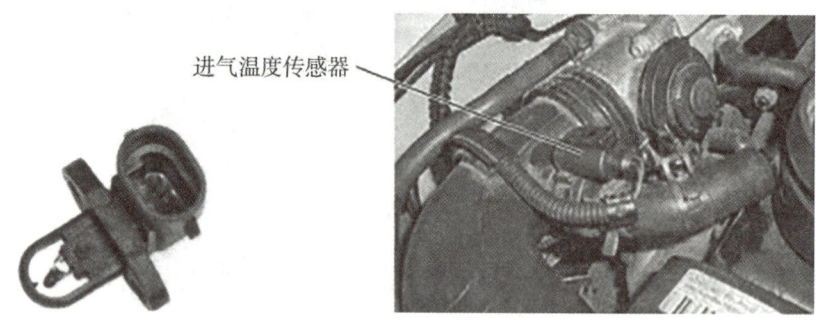

图 4-24　进气温度传感器

（5）冷却液温度传感器。冷却液温度传感器，也叫水温传感器，安装在气缸体（或气缸盖）的水套上或冷却液管路之中，与冷却液直接接触，其安装位置如图 4-25 所示。此传感器负责检测发动机冷却液的温度，并将温度信号传递给 ECU，同样作为喷油和点火的修正信号。其内部装有负温度系数热敏电阻，工作原理与进气温度传感器一致。

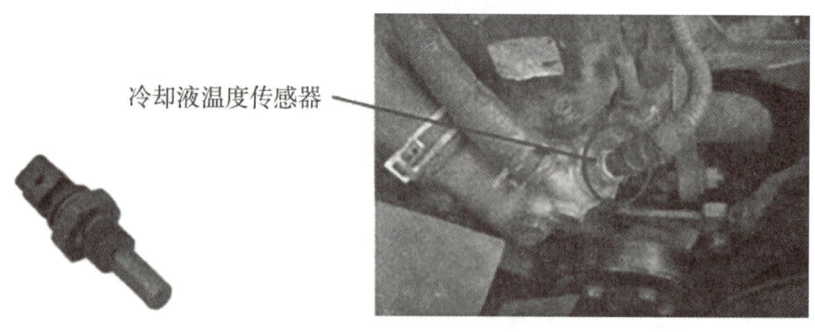

图 4-25　冷却液温度传感器

（6）节气门位置传感器。节气门位置传感器，又被称作节气门开度传感器，安装在节气门体上，如图 4-26 所示。该传感器将节气门（俗称油门）开度大小转换为电信号，传输给发动机 ECU。ECU 依据这一信号判断发动机工况，进而对喷油量进行修正，或实施断油控制。

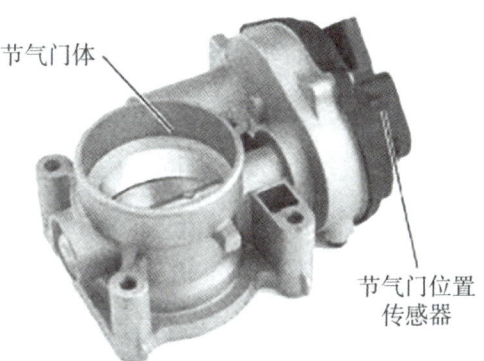

图 4-26　节气门位置传感器

（7）曲轴位置传感器。曲轴位置传感器，也叫转速传感器，通常安装在曲轴前端或飞轮壳上，安装示意可参考图 4-27。它主要用于检测曲轴转角、发动机转速以及活塞上止点位置。在工作过程中，通常需要与凸轮轴位置传感器配合，共同确定基本点火时刻。

 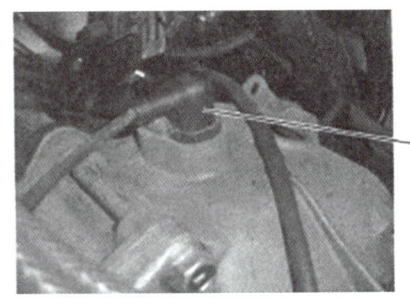

图 4-27　曲轴位置传感器

（8）凸轮轴位置传感器。凸轮轴位置传感器，也被称为气缸识别传感器，安装在凸轮轴前端，正对第 1 缸进气凸轮的位置，具体可见图 4-28。该传感器采集配气凸轮轴的位置信号，并输入至 ECU，以便 ECU 识别第 1 缸的压缩上止点，实现顺序喷油控制、点火时刻控制以及爆燃控制。此外，在发动机启动时，凸轮轴位置信号还用于识别第一次点火时刻。凸轮轴位置传感器主要有光电式和磁感应式两种类型。

图 4-28　凸轮轴位置传感器

(9) 爆燃传感器。爆燃传感器又称为爆震传感器，一般安装在气缸体或气缸盖上，爆燃传感器的作用是检测发动机是否产生爆燃，并将爆燃信号传递给 ECU，ECU 接收到爆燃信号后，按预定的控制程序将点火提前角稍微减小。爆燃信号消失后，再将点火提前角逐渐增大。

七、汽油发动机稀薄燃烧技术与缸内直喷技术

汽油发动机稀薄燃烧技术的前提是发动机采用缸内直喷技术，缸内直喷技术是将高压汽油直接喷入气缸内部，其喷油器直接安装在燃烧室上方，而且喷油压力更高，喷射控制更加精确，缸内直喷如图 4-29 所示。

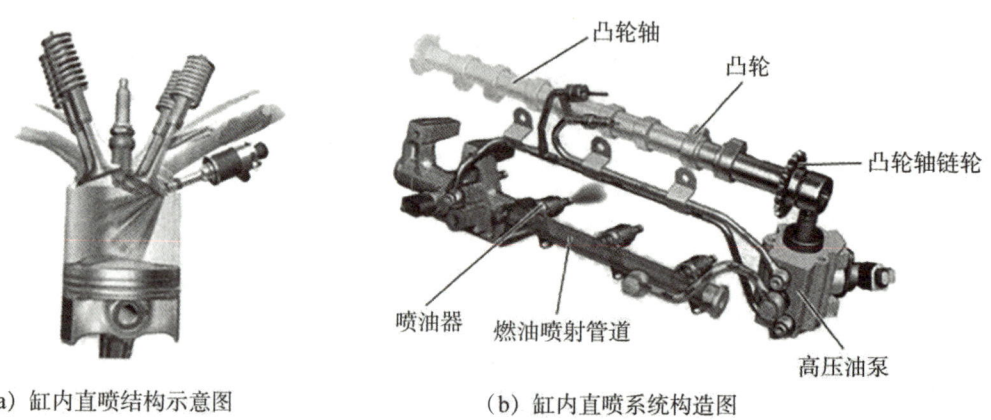

(a) 缸内直喷结构示意图　　(b) 缸内直喷系统构造图

图 4-29　缸内直喷

有了缸内直喷技术，稀薄燃烧技术才能得以实现，所谓稀薄燃烧指的是空燃比远远大于 14.7 的稀薄混合气仍能顺利点燃。稀薄燃烧发动机就是可燃混合气中的汽油含量低，汽油与空气之比达 1∶25 以上的发动机。稀薄燃烧技术的最大特点就是燃烧效率高，具有较高的经济性和环保性，同时还可以提升发动机的功率输出。在稀薄燃烧的条件下，由于可燃混合气点火比理论空燃比条件下困难，爆燃也就更不容易发生，因此可以采用较高的压缩比设计提高热能转换效率，再加上汽油能在过量的空气中充分燃烧，所以在这些条件的支持下能大大提高汽油的燃烧率。

任务二　柴油机燃油供给系统

一、柴油机可燃混合气的形成特点与要求

柴油机运行时，进气行程中进入气缸的是纯净空气。在压缩行程即将结束时，喷油器将柴油喷入燃烧室。喷油过程仅持续 15°~35° 曲轴转角，油气混合时间极为短暂。为形成优质可燃混合气，需满足以下要求：

(1) 燃油系统与燃烧室需实现良好匹配。燃烧室的形状应能促使空气产生运动，提升混合气的质量。

(2) 需配备专门系统，将柴油加压至足够压力。

(3) 喷油器需具备最佳喷油时刻与喷油持续时间。喷注的雾化质量，以及在燃烧室内的分布，

应符合燃烧规律的要求。

二、燃烧室

柴油机可燃混合气的形成与燃烧，主要在燃烧室内进行，因此燃烧室的形状，对可燃混合气的形成和燃烧有着直接影响。

1. 直喷式燃烧室

现代电控柴油发动机广泛采用直喷式燃烧室（Direct Injection Chamber）。该燃烧室由气缸盖底平面、活塞顶内的凹坑，以及气缸壁围成，其大部分空间位于活塞顶部。活塞顶凹坑形状多样，包括浅盆形、W形、四角形、花瓣形、哑铃形等。在此类燃烧室中，喷油器直接向燃烧室内喷射柴油，通过油束形状与燃烧室形状的合理匹配，以及空气的涡流运动，快速形成可燃混合气。

2. 缩口型低排放直喷式燃烧室

从经济性考量，车用柴油机燃烧室直喷化已成为发展趋势。实现直喷化的关键在于，解决直喷式燃烧室混合气形成速率与发动机转速的适配问题。缩口型低排放直喷式燃烧室融合了传统直喷式燃烧室和涡流室燃烧室的优势，结构如图4-30所示。其主要结构特征为，将燃烧室底部改为中央凸起的双涡流型，通过缩口增强燃烧室内的挤流强度，且挤流强度会随转速升高而增强。这种结构能够有效组织燃烧室内的气流运动，与喷射系统参数实现优化匹配，在维持柴油机动力性和经济性基本稳定的同时，显著改善其排放特性。

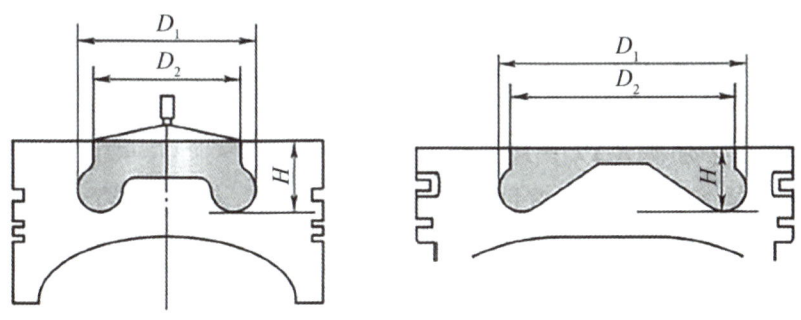

图4-30　缩口型低排放直喷式燃烧室

气缸直径小于120mm的中小型柴油机转速较高，通常采用深坑型燃烧室（深度H值较大）。这样在转速升高时，可增强燃烧室内的压缩挤流强度，加快混合气的形成与扩散燃烧速度。而气缸直径大于120mm的大型柴油机转速较低，多采用浅坑型燃烧室（H值较小）。

三、柴油机燃油系统类型

自1897年德国狄塞尔发明首台柴油机后，柴油机燃油系统历经诸多变革。从机械喷射迈向电控喷射，控制模式从位置式、时间式发展到时间压力式，最高喷射压力也从传统的20~24MPa大幅提升至200MPa以上。依据控制方法，柴油机燃油系统可分为如图4-30所示的三种类型。

机械式喷射系统（Mechanical Fule Injection System）：驾驶人操控加速踏板，或借助机械离心式调速器，通过控制喷油泵油门拉杆的位置，实现对喷油量的调节。喷射时刻则由喷油泵驱动凸轮轴上不同安装角度的凸轮把控，并依靠机械离心式（或液压式）喷油提前器，调节发动机在不同转速

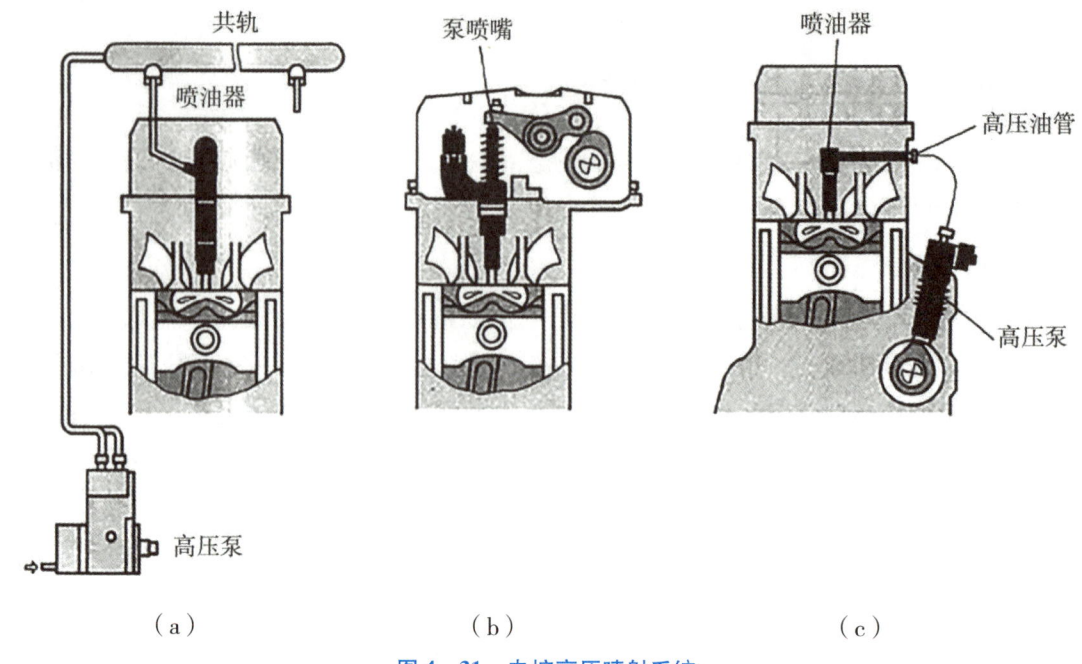

图 4-31 电控高压喷射系统

下的供油时刻。喷油压力由供油速率和喷油器弹簧力决定。按结构特点,机械式喷射系统又分为直列泵和分配泵。不过,该系统已不再应用于车用柴油机的生产。

电控位置式喷射系统（Electric Control Position Injection System）：此系统基于机械式喷射系统改进而来,将机械离心式调速器和供油提前器,替换为步进电动机或比例阀控制的自动控制装置,实现了供油时刻和调速特性的自动化控制。根据结构特征,电控位置式喷射系统可分为 VE 型分配泵和直列型电控泵（TICS）。

电控时间式喷射系统（Electric Control Time Injection System）：相比前两种系统,该系统喷射压力显著提高,达到 80～220MPa,控制方法也有根本性改变。按结构特点,又可分为单体泵和泵喷嘴：

单体泵（Unit Pump System，UPS）：如图 4-31（c）所示,每个气缸单独配置喷油泵,喷油器和喷油泵之间连接短高压油管。通过控制单体泵出口端高频电磁阀的通电时长和通电时刻,精准控制喷油量和喷油时刻。单体泵结构简单,经久耐用,对油品适应性强。

泵喷嘴（Unit Injector System，UIS）：如图 4-31（b）所示,泵喷嘴取消了喷油泵和喷油器间的高压油管,各缸独立配置。由于喷油泵与喷油器间距小,供油规律直接反映在喷油规律上。喷射时刻和喷油量,通过泵和喷嘴间油道上高频电磁阀的通电时刻和时长进行控制。该系统高压密封端面少,易于实现高压喷射。但因喷油泵和喷油器一体化且倒置在气缸盖上,需要专门驱动机构,致使驱动机构较为复杂。

电控时间压力式喷射系统［电控高压共轨（Common Rail System，CRS）］：如图 4-31（a）所示,在高压泵和喷油器间设有较长高压油管,并配置蓄压室（共轨）,喷油泵和喷油器可独立控制。喷油泵负责控制共轨中的目标压力,而喷射正时和喷油量则通过控制喷油器的通电时刻和通电时长来实现。这种喷射方式控制灵活,调控空间大。

四、电控柴油喷射系统

电控柴油喷射系统由传感器、电控单元（ECU）和执行机构构成。传感器负责收集转速、温度、压力、流量，以及加速踏板位置等信号，并将这些实时检测到的信号传输至计算机。ECU 将传感器传来的信号与自身储存的参数值进行对比和运算，从而确定柴油机的最佳运行参数。执行机构依据这些最佳参数，对喷油压力、喷油量、喷油时间以及喷油规律实施精准控制，确保柴油机始终处于最佳工作状态。

（一）电控单体泵柴油喷射系统

1. 电控单体泵柴油喷射系统的组成

车用柴油机上采用的电控单体泵柴油喷射系统 UPS（Unit Pump System），主要由柴油箱、手油泵、柴油滤清器、输油泵、单体泵、限压阀、喷油器、高低压油管、传感器、ECU 等组成（见图4-32）。手油泵的功用是柴油机起动之前排除柴油系统中的空气，保证工作时正常供油；输油泵和限压阀配合保证向单体泵供给一定压力和流量的柴油；2 个柴油滤清器保证向单体泵供给清洁的柴油，各缸单体泵与喷油器通过高压油管相连（见图4-33）。电控组合泵系统如图4-34所示。

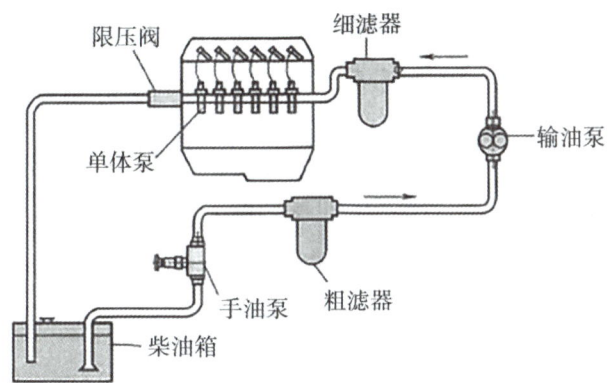

图 4-32　电控单体泵柴油喷射系统

图 4-33　单体泵与喷油器通过高压油管相连

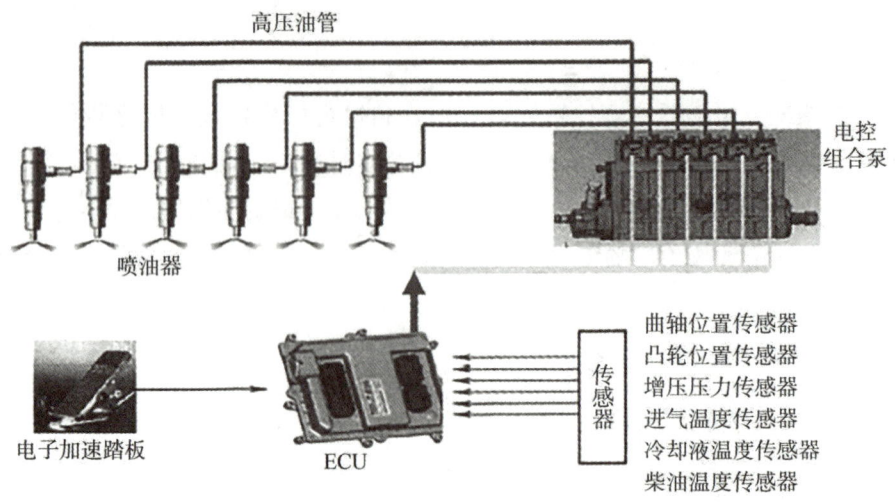

图 4-34　电控组合泵

2. 单体泵结构及工作原理

单体泵的结构如图 4-34 所示，主要由挺柱、柱塞弹簧、柱塞、泵体、高频电磁阀、阀芯等部件组成。阀芯与电磁阀铁心固定连接，安装在柱塞顶端的出口端，负责控制供油。

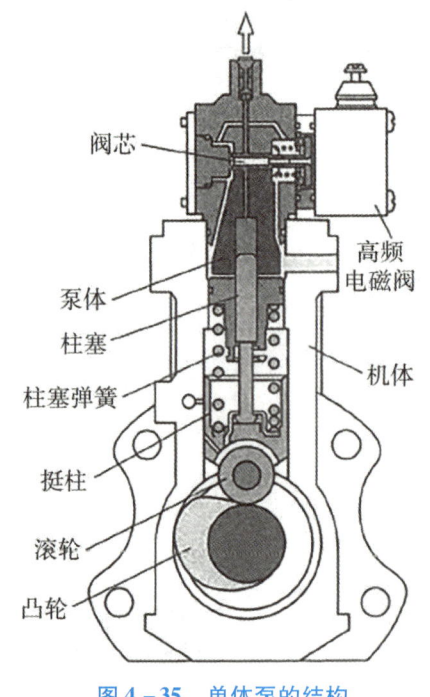

图 4-35　单体泵的结构

单体泵的工作过程，可分为以下四个阶段：

吸油过程：柴油机运转时，凸轮转过凸起位置，柱塞向下移动。此时，高频电磁阀处于关闭（OFF）状态，阀芯打开低压油腔，低压油腔内的燃油流入柱塞室。

预压油过程：凸轮推动柱塞向上移动，若高频电磁阀仍处于关闭（OFF）状态，阀芯继续打开低压油腔，部分燃油会流回低压油腔。

泵油过程：柱塞持续上移，在特定时刻，发动机电控单元（ECU）控制高频电磁阀开启

(ON)。电磁阀吸引铁心,与铁心固定的阀芯随即关闭柱塞顶端的低压油腔,同时打开高压油管。随着柱塞上移,柱塞室内的燃油被压入高压油管,并输送至喷油器。当喷油器一端的油压超过其起动压力时,喷油器针阀升起,喷油过程开始。喷油量由电磁阀的通电持续时间决定。

泄压过程:柱塞继续向上移动,当高频电磁阀关闭(OFF)时,电磁阀铁心在弹簧力作用下复位,阀芯打开低压油腔。此时,高压油管内的燃油,以及柱塞继续上移推送的燃油,都通过阀芯回流到低压油腔,高压油腔压力迅速下降,喷油器停止喷射。

3. 喷油器结构及工作原理

喷油器依据柴油机混合气的形成特点,将燃料喷射雾化成细微油滴,并确保喷注与燃烧室空间相互匹配。

喷油器的开启压力对燃烧过程影响显著。若压力过大,喷油器会在超出规定的低压条件下供油,导致混合气形成过程恶化,燃烧不充分,进而影响柴油机性能。不同发动机所需的开启压力存在差异,常用喷油器的开启压力一般为 23~25MPa。

现代电控柴油发动机广泛采用孔式喷油器,其结构如图 4-36 所示,主要由喷油器体、调压装置和喷油嘴组成。其中,喷油嘴由针阀和针阀体构成一对精密偶件,二者配合间隙极小,仅为 0.002~0.004mm。这对偶件在精加工后需进行配对研磨,使用过程中不能相互替换。

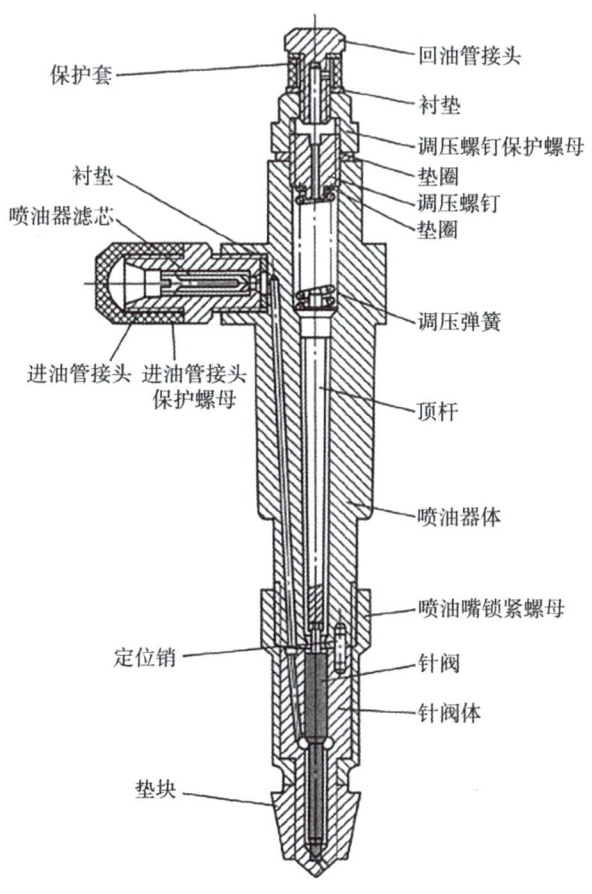

图 4-36 孔式喷油器

喷油嘴通过拧紧螺母与喷油器体固定连接。为保证结合面的密封性，针阀体的上端面和喷油器体的下端面都经过精细研磨。调压弹簧的预紧力通过顶杆作用于针阀，使针阀紧紧压在针阀体内的密封锥面上，实现喷油嘴的关闭。调压弹簧的预紧力可通过调压螺钉进行调节。针阀的上锥面被称作承压锥面（Pressure Cone），用于承受油压产生的轴向推力，促使针阀升起。针阀下端的锥面为密封锥面（Sealing Cone），与针阀体内的密封锥面相互配合，实现喷油器内腔的密封。这两个密封锥面在精加工后同样要进行配对研磨，以确保配合精度。孔式喷油器的喷油嘴头部加工有1个或多个喷孔，根据喷孔数量，有单孔喷油器（1个喷孔）、双孔喷油器（2个喷孔）和多孔喷油器（3个及以上喷孔）之分。

柴油机工作时，喷油泵输出的高压柴油经高压油管输送至喷油器，依次通过进油管接头、喷油器滤芯，以及喷油器体和针阀体内的油道（见图4-36），进入油嘴内的压力室（见图4-37）。油压作用在针阀的承压锥面上，产生向上的推力。当该推力超过调压弹簧的预紧力时，针阀升起，喷孔打开，高压柴油经喷孔喷入燃烧室。针阀升起的最大高度，即针阀升程，由喷油器体（或接合座）的下端面限制。当喷油泵停止供油时，喷油嘴压力室内的油压迅速下降，针阀在调压弹簧的作用下迅速回落，关闭喷孔，喷油过程结束。

在喷油器工作过程中，会有少量柴油从针阀与针阀体配合表面的间隙中漏出。这些柴油沿顶杆周围的缝隙上升，最终通过回油管接头进入回油管，流回柴油滤清器。这部分漏出的柴油在流经针阀偶件时，能够对偶件起到润滑作用。

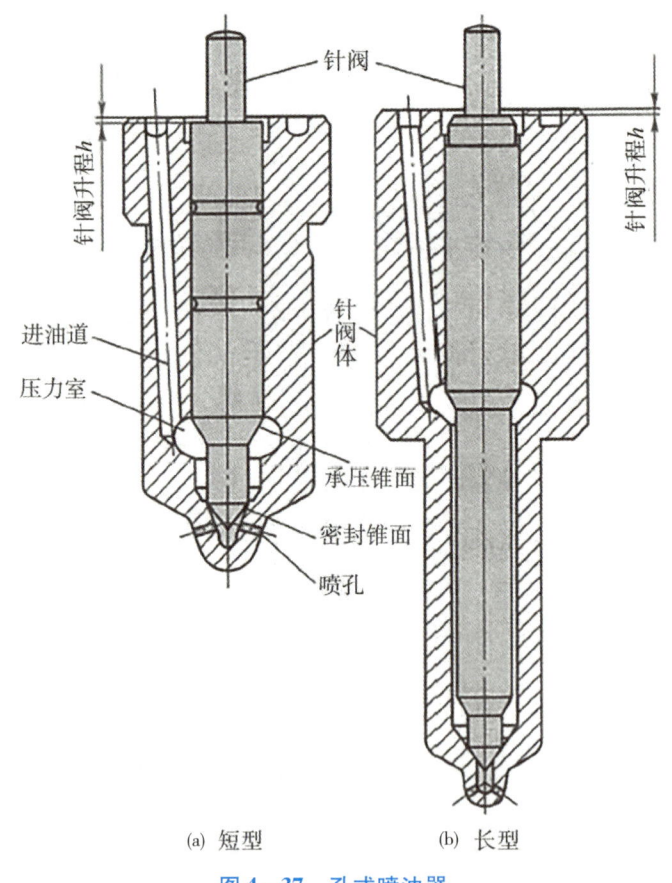

图4-37 孔式喷油器

（二）电控泵喷嘴柴油喷射系统

1. 电控泵喷嘴系统的组成

电控泵喷嘴系统 UIS（Unit Injector System）（见图 4-38）主要由泵喷嘴体、电磁控制阀、驱动机构以及辅助系统组成。泵喷嘴就是将喷油泵和喷油器做成一体；电磁控制阀由电磁线圈、衔铁以及控制阀构成；驱动机构由顶置凸轮轴和摇臂等构成，通过曲轴传动直接驱动柱塞泵；辅助系统包括柴油箱、手动泵、滤清器以及溢流阀等。

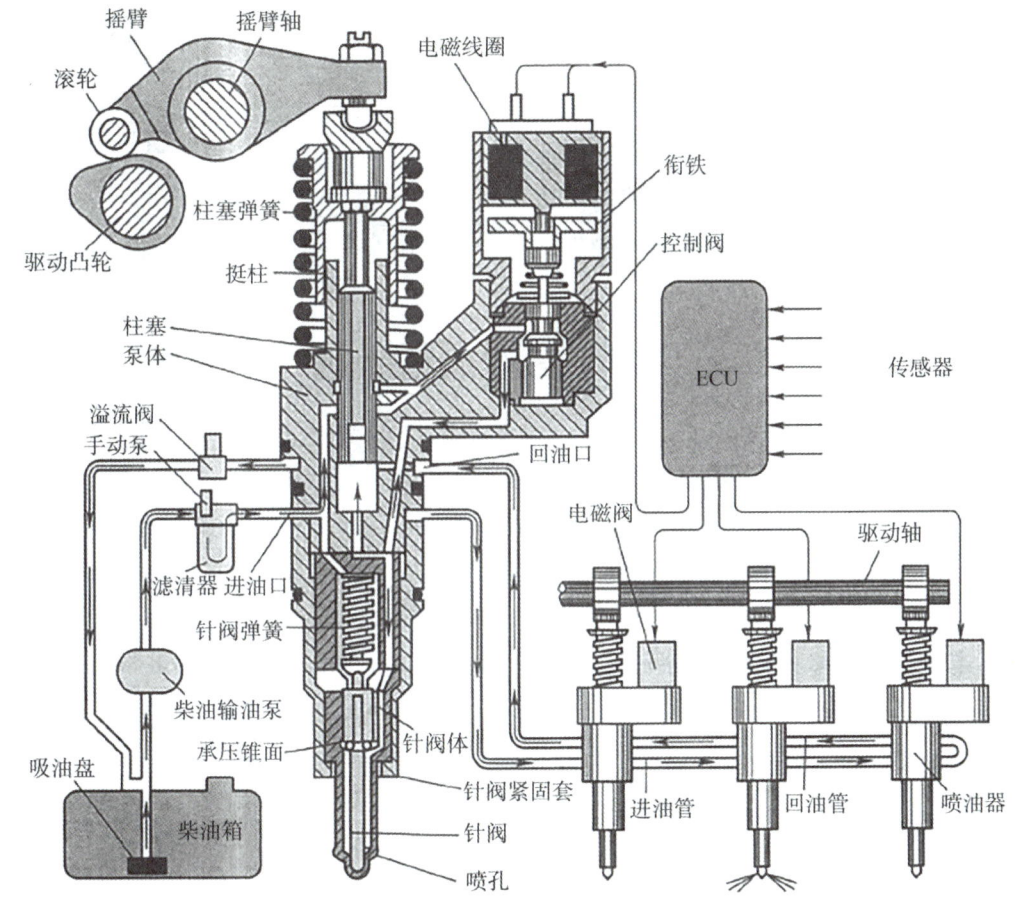

图 4-38 DDEC 型泵嘴系统

2. 电控泵喷嘴系统的工作原理

电控泵喷嘴系统的工作原理可参考图 4-39，其工作过程分为以下四个阶段：

吸油过程 [见图 4-38（a）]：当凸轮在基圆位置工作时，柱塞在自身弹簧的作用下向上移动。此时，电磁阀处于关闭状态，控制阀保持开启，燃油从低压油路经控制阀流入柱塞腔。

预压油过程 [见图 4-38（b）]：凸轮克服柱塞弹簧力，推动柱塞向下运动。若此时电磁阀依然关闭，控制阀也保持开启，柱塞腔中的燃油在柱塞推动下，经控制阀回流，喷油器不会进行喷射。

泵油过程 [见图 4-38（c）]：柱塞持续向下运动，当到达某一时刻，电磁阀被接通。在电磁阀磁场力的作用下，衔铁被吸引，控制阀随即关闭。柱塞腔内的燃油在柱塞推动下，快速传导至喷油针阀承压锥面，油压迅速建立。当油压超过喷油器的启喷压力时，针阀升起，喷油过程开始。

泄压过程［见图 4-38（d）］：柱塞继续向下运动，关闭电磁阀后，电磁阀的磁场力消失。衔铁在其弹簧力的作用下复位，控制阀重新开启，柱塞腔内的高压油经控制阀迅速泄压，喷油器停止喷射。

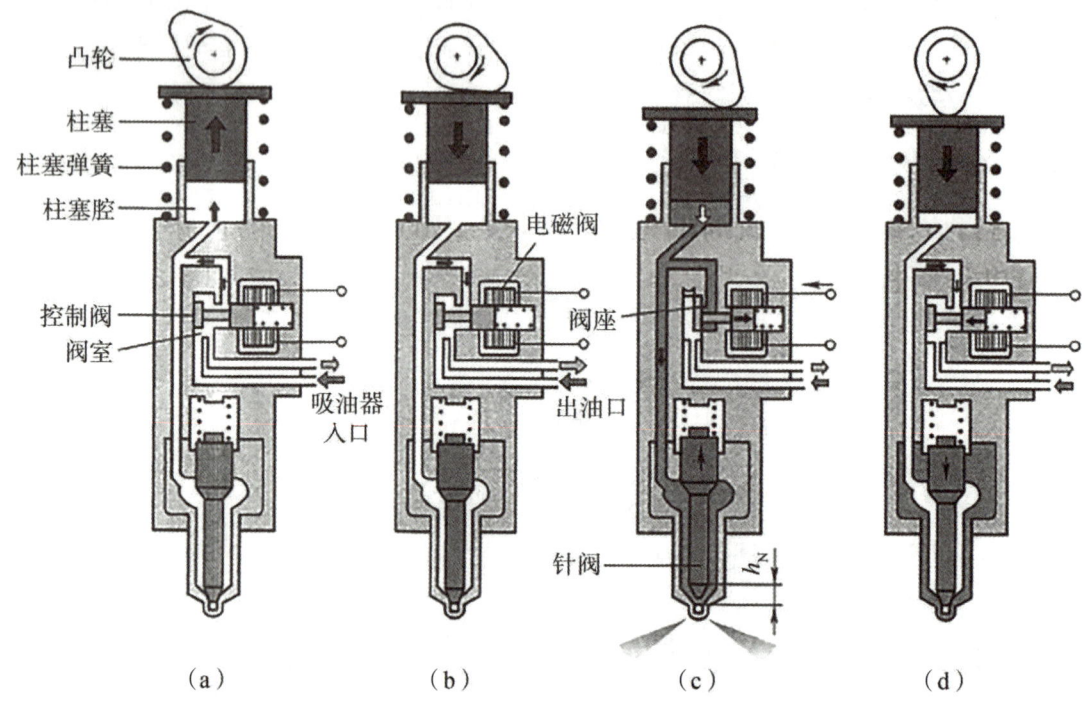

图 4-39 泵喷嘴系统的工作原理

（三）电控高压共轨柴油喷射系统

电控高压共轨柴油喷射系统通过各种传感器和开关检测发动机的实际运行状态，由 ECU 根据预先设计的计算程序进行计算和处理后，对喷油量、喷油时间、喷油压力和喷油率等进行最佳控制，如图 4-40 所示为电控共轨系统控制框图。

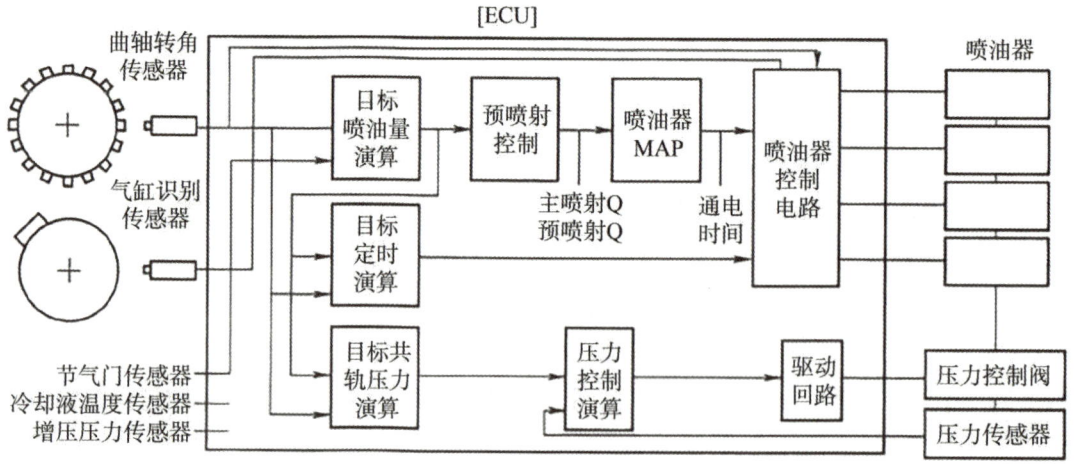

图 4-40 电控共轨系统控制框图

相较于上述由凸轮轴驱动的单体泵和泵喷嘴系统，高压共轨（Common Rail System）电控柴油喷射系统具有以下显著特点：

压力产生与喷射过程分离：该系统采用电磁阀控制喷油器，取代机械喷油器，通过时间控制方式精准调控喷油器的喷射时刻与喷射量。借助油压传感器反馈共轨压力，并利用电磁阀调节高压喷油泵的供油压力，实现喷油压力和喷油速率的柔性控制。

共轨供油优势突出：高压共轨系统以共轨方式供油，喷射压力波动较小，各喷油器之间相互影响微弱，能够对喷油量和喷射压力进行精确控制。

控制灵活度高：系统配备的高频电磁阀响应速度快，控制极为灵活，喷射压力控制范围广，便于实现预喷射、后喷射等多段喷射模式。

1. 博世 BOSCH CR 型高压共轨系统

博世 BOSCH CR 型高压共轨系统（见图 4-41）主要由低压油路、高压油路、控制系统等组成。低压油路由油箱、两级滤清器、电动柴油泵等组成。其功用是将柴油从油箱泵出，并滤除其中的杂质和水分，输送至高压油泵，其油压的大小是由电动柴油泵建立起来的。

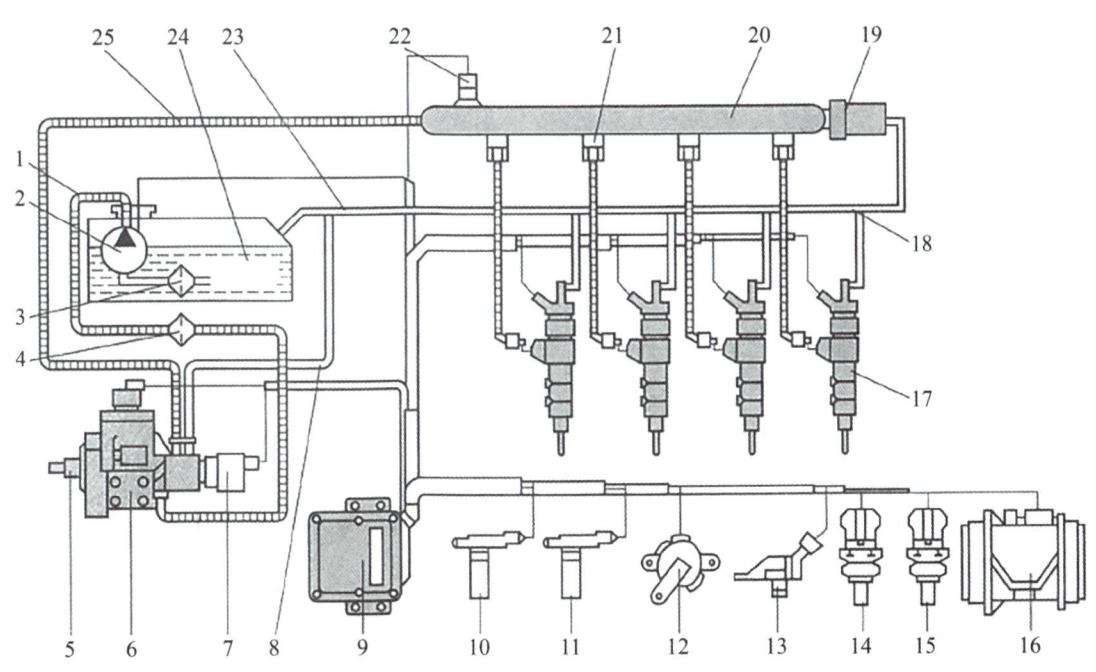

图 4-41 高压共轨电控柴油喷射系统的基本组成

1—低压油管 2—电动柴油泵 3—柴油集滤器 4—柴油滤清器 5—凸轮轴 6—高压供油泵 7—电控油压控制阀 8—高压泵回油管 9—电控单元 10—凸轮轴位置传感器 11—曲轴位置传感器 12—加速踏板传感器 13—增压压力和大气压力传感器 14—冷却液温度传感器 15—进气温度传感器 16—空气流感传感器 17—电控喷油器 18—电控喷油器回油路 19—限压阀 20—高压共轨管 21—流量限制阀 22—共轨压力传感器 23—系统回油管 24—油箱 25—高压油管

高压油路主要由高压油泵、高压油管、共轨管、喷油器等组成；控制系统由电控单元、各种传感器等组成。

柴油机工作时，电动柴油泵不断将柴油从柴油箱中泵出，供入高压油泵，高压油泵将柴油加压并泵入共轨管中。若油压传感器检测到共轨管内柴油压力过低或过高时，电控单元发出指令，调节共轨管内的柴油量，使其压力保持恒定。当柴油机的某缸需要喷油时，电控单元发出指令，该缸喷油器的电磁阀动作,使其喷油。

(1)电动柴油泵。电动柴油泵的功用是向高压泵提供具有一定压力(一般为250kPa)和数量(最大供油量为3L/min)的柴油。其结构原理与电控汽油喷射系统基本相同。

(2)高压油泵。博世 BOSCH CR 型高压共轨喷射系统的径向三柱塞式高压油泵主要由偏心轮、柱塞组件、进油阀、出油阀,壳体和油道等组成,其轴向剖面结构如图4-42(a)所示。高压泵由偏心轮驱动,在泵内径向设有三套柱塞组件,柱塞相互间隔120°排列,如图4-42(b)所示。偏心轮驱动平面与柱塞垫块之间的接触形式为面接触,比传统的凸轮与滚轮之间为线接触形式的接触应力要小得多,有利于柴油升压和延长使用寿命。高压泵驱动轴每旋转一转有三个供油行程,所以出油量大,油压均匀稳定。高压柴油是靠柱塞在泵体里往复运动中的压缩过程产生的,电磁阀的开闭由电控单元输出脉冲信号控制。

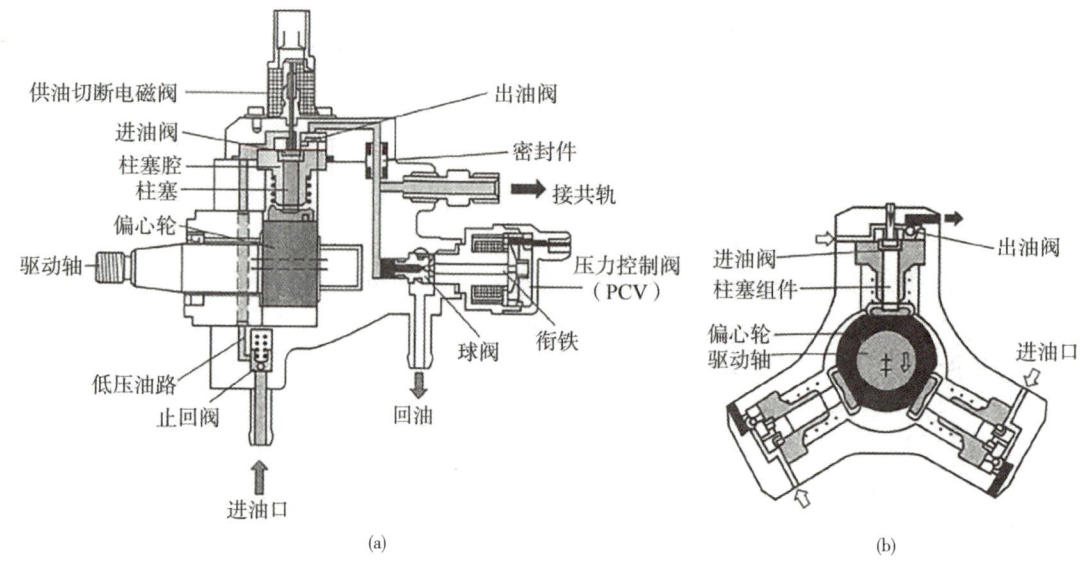

图4-42 径向三柱塞式高压油泵

工作时,从电动柴油泵来的柴油流过单向阀,一部分经节流小孔流向偏心轮室供润滑冷却用,另一部分经低压通道输送到进油阀处。当柴油机转动时,高压泵按一定速比随柴油机一同旋转。高压泵转动时,偏心轮便使柱塞径向移动。

当柱塞下行时,柱塞腔容积增大,压力降低,使进油阀打开,低压柴油由进油阀进入柱塞腔。

当柱塞上行时,柱塞腔容积减小,压力增大,使进油阀关闭,柴油被压缩而压力升高。当柱塞上行行程增大,使柱塞腔内压力高于共轨中的柴油压力时,出油阀打开,柱塞腔内的高压柴油便在压力控制阀PCV的控制下,经高压油管供入共轨管中。

(3)压力控制阀(Pressure Control Valve,PCV)(见图4-43)。主要由电磁线圈、衔铁、球阀和复位弹簧等组成。球阀焊接在衔铁一端,衔铁周围有柴油流过,保证衔铁润滑和线圈散热。PCV调节油压的原理是调节高压泵供入共轨管内的柴油量。供油量越大,柴油压力越高;反之,供油量越小,柴油压力越低。如果不计高压管路的油压损失,则共轨管内的柴油压力等于高压泵高压接头出口处的柴油压力。

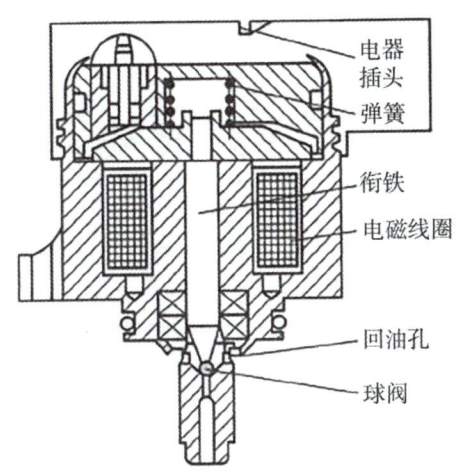

图 4-43 压力控制阀

（4）共轨组件

在共轨上连接有高压柴油入口接头、共轨压力传感器、限压阀和流量限制阀等，这些部件与共轨一起组成的总成称为共轨组件，如图 4-44 所示。其中，限压阀和流量限制阀为安全装置，防止供油系统部件发生故障，导致共轨柴油压力过高而损坏机件或高压柴油泄漏。

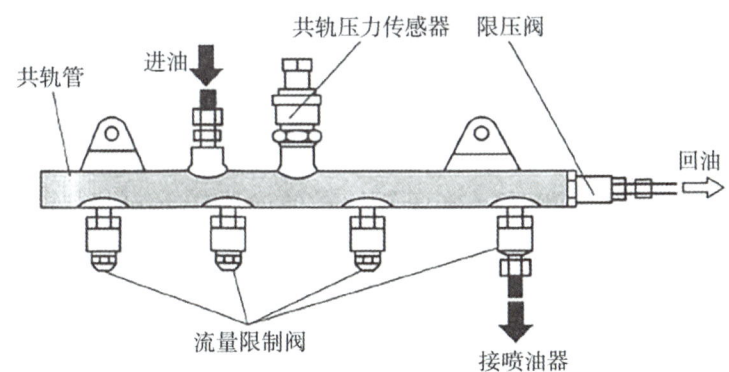

图 4-44 共轨组件

共轨能够储存定量且具有特定压力的柴油，发挥两大关键作用：一是确保柴油机在启动和怠速阶段，柴油能迅速升压，满足这两种工况对柴油压力的要求；二是借助柴油液体的可压缩性，降低电控喷油器阀门开闭以及高压泵工作时引发的油压波动。

限压阀相当于安全阀，连接在共轨与低压回油管之间，用于限制共轨管内柴油的最高压力。一旦共轨中的柴油压力超出限压阀的设定值，限压阀便会打开，溢流泄压，避免供油系统受损。

流量限制阀安装在共轨与喷油器的高压油管之间，当喷油器及其高压管出现泄漏时，流量限制阀会关闭高压油路，停止供油，防止柴油持续泄漏。

共轨油压传感器安装于共轨之上，用于检测共轨管内的柴油压力。目前，电阻应变计式压力传感器在共轨油压传感器中应用普遍。

（5）二位二通电磁阀式喷油器

二位二通电磁阀式喷油器（见图 4-45）主要由电磁阀线圈、衔铁、出油孔、柱塞、壳体、柱塞弹簧及针阀偶件等组成。柱塞套上设置进油孔和回油孔，回油孔通过电磁阀来控制。

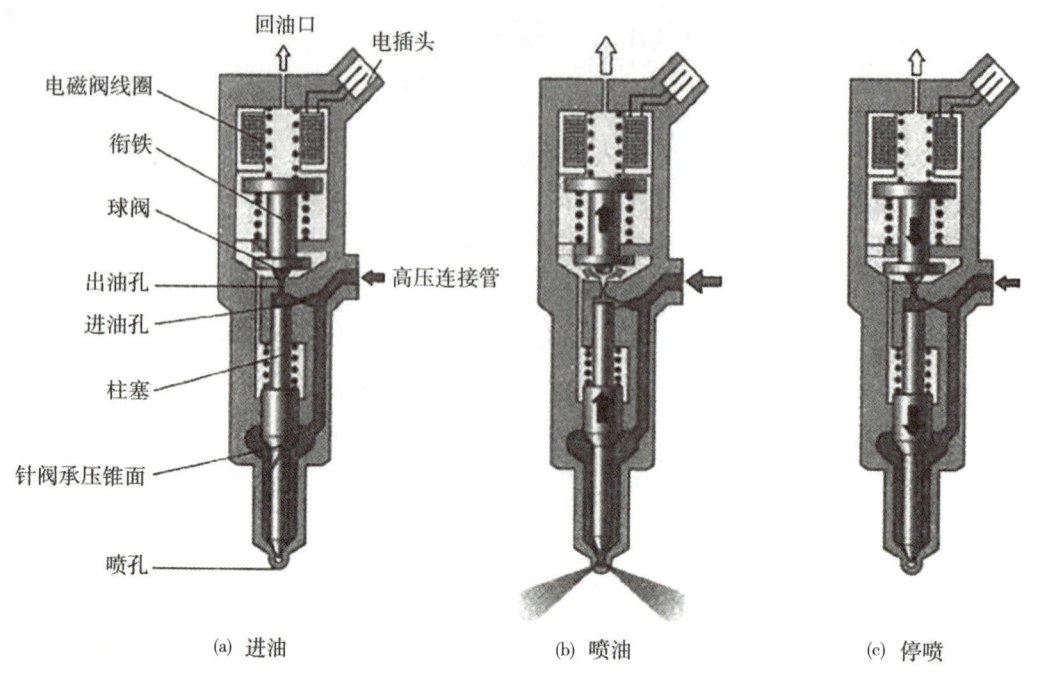

(a) 进油　　　(b) 喷油　　　(c) 停喷

图 4-45　二位二通电磁阀式喷油器

进油过程：来自共轨的高压柴油从喷油器入口进入喷油器体后，分成两路流动：一路直接流入针阀的承压锥面环槽，另一路则通过壳体上的进油孔，进入柱塞顶部的柱塞腔。当电磁阀处于关闭状态时，回油阀在衔铁复位弹簧力的作用下，落至阀座，将回油孔关闭。此时，柱塞顶部的柴油压力与针阀承压锥面上的柴油压力保持一致，在柱塞弹簧的作用下，针阀落至阀座，喷油器不会喷油。

喷油过程：发动机电控单元（ECU）依据预设程序以及内存中的脉谱（MAP）图，控制电磁阀接通。在电磁阀产生的磁场力作用下，衔铁被吸引，回油阀打开，柱塞腔内的高压柴油经回油孔迅速泄压。此时，作用在针阀承压锥面上的推力，大于柱塞腔顶部的压力与柱塞弹簧力之和，从而推动针阀迅速升起，喷油过程开始。

停喷过程：经过预先设定的喷射脉宽后，电磁阀重新关闭，回油阀再次落至阀座，柱塞腔内迅速建立起与针阀承压锥面推力相当的油压。在柱塞弹簧的作用下，针阀落至阀座，喷射过程结束。

喷油量由喷油器针阀的开启持续时间决定，即取决于针阀的通电脉宽长度；喷射时刻则由电磁阀的通电时刻决定。

2. 压电式高压共轨系统

这种高压共轨喷射系统除了喷油器外，其余部分与上述电磁阀式电控喷油器的高压共轨系统基本相同。

奥迪 A6 3.0L TDI 柴油机压电式共轨系统如图 4-46 所示，是博世公司开发的第三代高压共轨喷射系统。该系统配有一个由同步带驱动的高压泵，左右气缸各有一条分配共轨，喷油压力可提高到 160MPa，最重要的改进就是采用压电晶体式喷油器（Piezoelectric Crystal Injector），柴油喷射采用压电效应（Piezo-Effect）。

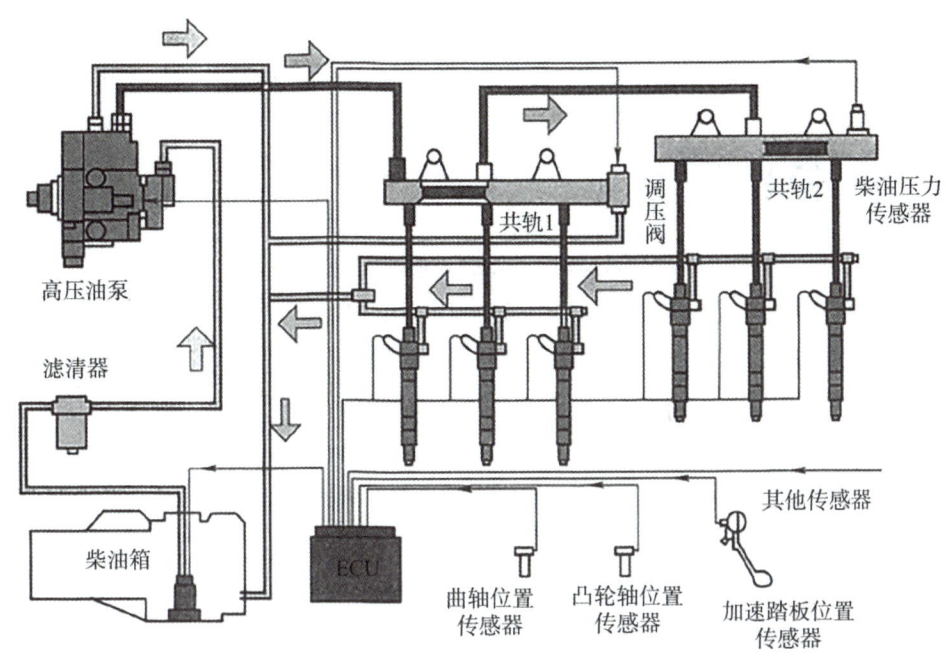

图 4-46　奥迪 A6 3.0L TDI 柴油机压电式共轨系统

压电喷油器的结构如图 4-47 所示，主要由针阀偶件、控制阀、液力放大器和压电发生器等部件构成。压电发生器由多层压电薄片堆叠而成，也叫压电晶体堆。由于压电晶体的应变极小，以 20mm 厚的压电晶体为例，其变形量仅约 20μm，因此需借助液力放大器放大压电驱动器的位移。压电喷油器的工作原理与电磁阀式喷油器较为相似。

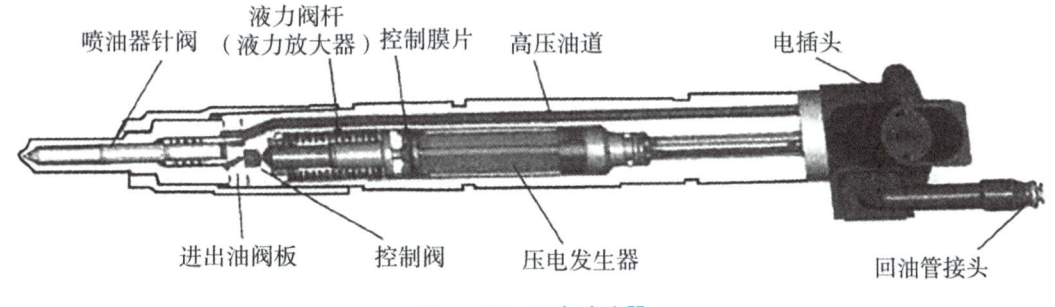

图 4-47　压电喷油器

不喷油状态：来自共轨的高压柴油进入喷油器体后分为两路：一路经喷油器体内油道，流入喷油器承压锥面环槽，作用于针阀承压锥面上；另一路通过节流孔，进入液力放大器液压活塞顶部的压油腔内。当喷油器的压电发生器未通电时，控制阀处于关闭状态，此时压油腔内的油压与液压活塞弹簧力的合力，大于作用在针阀承压锥面上的推力，针阀落座，喷油器不喷油。

喷油过程：当压电发生器接通电源，压电晶体堆发生伸长变形，该变形量经液力放大器放大后，推动控制阀开启一定升程，确保有足够大的流通面积。此时，压油腔内的高压油迅速泄压，针阀承压锥面上的推力大于液压活塞弹簧力与压油腔内油压之和，针阀快速开启，喷油器开始喷油。

停喷过程：当压电发生器再次断电，压电晶体的变形量恢复，控制阀随之关闭，喷油器的喷油过程结束。喷油时刻和喷油量，由压电发生器的通电时刻和通电持续时间决定。

项目五
起动系统和点火系统

工作页　发动机起动系统

任务描述

（1）知道发动机起动系统的作用及组成。
（2）能识别发动机起动系统的零部件。
（3）能积极主动参与任务，能与小组成员团结协作，能执行实训室"6S"规定。

任务准备

（1）知识准备：
完成发动机起动系统的学习。
（2）设备准备：
汽车、发动机起动系统零部件、演示课件（或操作视频）。

任务步骤

（1）教师演示或播放视频：发动机起动系统。
（2）学生学习发动机起动系统，并完成下表填写。

任务名称			日期	
第（ ）组成员				
实训内容				
发动机起动系统		作用		
		组成		
		零部件		

任务评价

任务评价内容及标准见下表。

任务评价内容及标准

序号	项目	操作内容	分值	评分标准	得分
1	准备	清理工位	5 分	酌情扣分	
2	发动机起动系统	填写作用	10 分	视情扣分	
		填写组成	20 分	酌情扣分	
		识别零部件	40 分	视情扣分	
3	完成时间	40min	10 分	超时 1~5min 扣 1~5 分 超时 5min 以上扣 10 分	
4	安全文明	无安全隐患，无不文明操作	5 分	未达标扣 1~5 分	
5	结束	工作场地清洁	10 分	清洁不彻底扣 1~10 分， 未做扣 10 分	
	总分		100 分		

工作页　汽油发动机点火系统

任务目的描述

（1）知道汽油发动机点火系统的作用及组成。
（2）能识别汽油发动机点火系统的零部件。
（3）能积极主动参与任务，能与小组成员团结协作，能执行实训室"6S"规定。

任务准备

（1）知识准备：
完成汽油发动机点火系统的学习。
（2）设备准备：
汽车、汽油发动机点火系统零部件、演示课件（或操作视频）。

任务步骤

（1）教师演示或播放视频：汽油发动机点火系统。

（2）学生学习汽油发动机点火系统，并完成下表填写。

任务名称		日期	
第（ ）组成员			
实训内容			
汽油发动机点火系统	作用		
	组成		
	零部件		

任务评价

任务评价内容及标准见下表。

任务评价内容及标准

序号	项目	操作内容	分值	评分标准	得分
1	准备	清理工位	5分	酌情扣分	
2	汽油发动机点火系统	填写作用	10分	视情扣分	
		填写组成	20分	每个组成4分	
		识别零部件	40分	视情扣分	
3	完成时间	40min	10分	超时1～5min扣1～5分 超时5min以上扣10分	
4	安全文明	无安全隐患，无不文明操作	5分	未达标扣1～5分	
5	结束	工作场地清洁	10分	清洁不彻底扣1～10分，未做扣10分	
总分			100分		

任务一　起动系统

要让发动机从静止状态进入工作状态，首先需要借助外力转动发动机的曲轴。曲轴转动带动活塞进行往复运动，随后气缸内的可燃混合气燃烧膨胀，产生的能量推动活塞向下运动，进而带动曲轴旋转。至此，发动机便可自行运转，工作循环也能自动持续进行。从曲轴在外力作用下开始转动，到发动机能够自动以怠速稳定运转的整个过程，被称作发动机的起动。而用于完成这一起动过程的装置，就是发动机的起动系统。

一、起动方式

目前，电动机起动是发动机最为常用的起动方式。在这一过程中，电动机作为机械动力源，当电动机轴上的齿轮与发动机飞轮边缘的齿圈相互啮合时，动力便会传递至飞轮和曲轴，促使它们旋转。电动机以蓄电池作为电源，在点火开关和起动继电器的控制下，起动机将蓄电池的电能转化为机械能，带动发动机飞轮齿圈，进而使曲轴转动，最终完成发动机的起动。这种起动方式被称为电力起动。因其高效可靠，电力起动在当下汽车领域得到了极为广泛的应用。

二、起动系统的组成

起动系统由蓄电池、起动机、点火开关等组成，如图 5-1 所示。

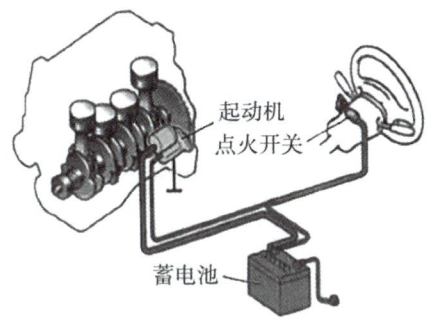

图 5-1 起动系统的组成

三、起动原理

起动系统工作过程如图 5-2 所示。发动机起动时，接通点火开关，起动机电路随即通电。此时，起动机电磁开关内的吸引线圈和保持线圈通电，产生强大磁力，吸引铁心向左移动。在铁心移动的过程中，带动驱动杠杆绕销轴转动，推动齿轮向外移动，实现与飞轮齿圈的啮合。

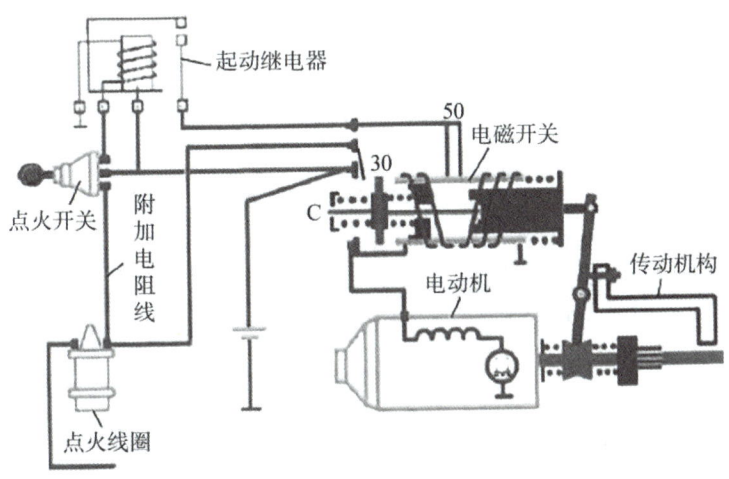

图 5-2 起动系统工作示意图

与此同时，吸引线圈的电流流经电动机绕组，电枢开始转动，齿轮在旋转过程中向外移出，有效降低了与飞轮齿圈啮合时的冲击。当铁心移动到特定位置，使短路开关闭合，短路电路便会接通，吸引线圈被短路，不再发挥作用。此时，保持线圈产生的磁力，足以维持铁心处于开关吸合的状态，确保系统持续稳定工作。

四、起动系统的主要零部件

1. 起动机

起动机通常由直流电动机、传动机构以及控制机构组成，具体结构如图5-3所示。

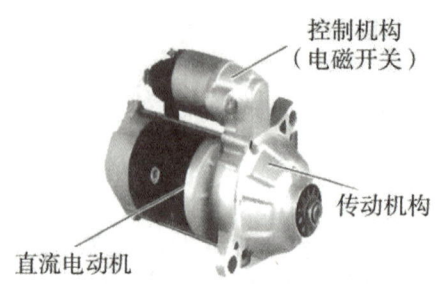

图5-3 起动机的组成

直流电动机：该部件的功能是产生转矩。

传动机构（啮合机构）：在发动机起动阶段，传动机构促使起动机驱动齿轮与飞轮齿环顺利啮合，将起动机转矩传输至发动机曲轴；发动机起动后，驱动齿轮能够打滑，并与飞轮齿环自动脱离。

控制机构（电磁开关）：控制机构负责接通和切断起动机与蓄电池之间的电路。在部分汽车上，它还具备接入和隔除点火线圈附加电阻的功能。

2. 直流电动机

直流电动机多采用串激直流电动机，其特性是在低速运转时可输出较大转矩，且随着转速的升高，转矩 r 逐渐减小，这一特性与发动机的起动需求高度契合。它基于通电导线在磁场中受力旋转的原理产生转矩。

直流电动机主要由电枢、磁极、电刷与电刷架等部件组成，结构如图5-4所示。

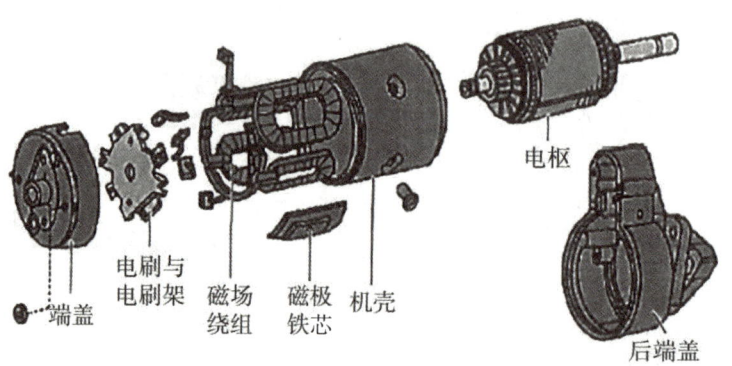

图5-4 直流电动机的结构

电枢：电枢属于直流电动机的旋转部件，包含电枢轴、换向器、电枢铁心以及电枢绕组。为获取足够转矩，流经电枢绕组的电流通常在200～600A，因此电枢绕组采用较粗的矩形裸铜线绕制。电枢绕组各线圈的端头均焊接在换向器片上，借助换向器和电刷，将蓄电池的电流引入。换向器由换向片和云母片叠压而成。

磁极：磁极数量一般为4个，两对磁极相对交错地安装在电动机定子内壳上，由低碳钢板制成的机壳也是磁路的组成部分。部分起动机采用6个磁极。

电刷与电刷架：电刷架一般为框式结构，其中正极电刷架与端盖绝缘固定，负极电刷架则直接搭铁。电刷安置在电刷架中，由铜粉与石墨粉压制而成，呈棕红色。电刷架上安装有弹性良好的盘形弹簧。

3. 传动机构

起动机的传动机构是起动机的关键组成部分，结构如图5-5所示，主要包含单向离合器和拨叉两部分。

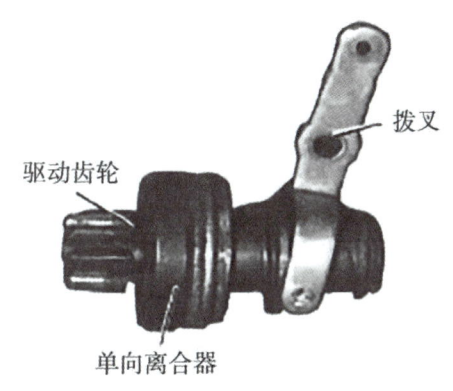

图5-5 传动机构

单向离合器：该部件负责将电动机产生的电磁转矩传递给发动机，以实现发动机的启动。并且，在发动机成功启动后，离合器能够自动打滑，防止起动机因过载而损坏。常见的单向离合器类型有滚柱式离合器、摩擦片式离合器和弹簧式离合器。

拨叉：拨叉的作用是推动离合器沿轴向移动，实现驱动齿轮与飞轮齿圈的啮合和脱离。当发动机启动时，点火开关接通，线圈通电产生电磁力，吸引铁心，铁心带动拨叉转动，拨叉头推动离合器，使驱动齿轮与飞轮齿圈啮合。发动机启动后，断开点火开关，线圈断电，电磁力消失，在回位弹簧的作用下，铁心退回，拨叉随之返回，拨叉头将处于打滑状态的离合器拨回，驱动齿轮与飞轮齿圈脱离。

4. 控制机构

（1）作用

控制机构负责管控起动机主电路的通断，同时操控传动叉动作，实现驱动齿轮的移出与退回。

（2）结构

电磁操纵式（Electromagnetic Control Type）控制机构在现代汽车中得到广泛应用，具体结构如图5-6中的画线框内部分。该控制机构主要由电动机开关和电磁线圈构成，驾驶人通过开关控制电磁线圈，进而操控活动铁心。多数起动机的电磁线圈由保持线圈和吸拉线圈组成。

主开关由主接线柱和接触盘组成，黄铜套上绕有绕向相同的吸拉线圈和保持线圈。在主电路未接通时，吸拉线圈与电动机电枢绕组串联。保持线圈一端搭铁，另一端与吸拉线圈接在同一接线柱上。黄铜套内装有活动铁心和挡铁，活动铁心后端与拨叉上端相连，挡铁固定不动，其中心孔穿有推杆，推杆端部的接触盘用于接通起动机主电路。拨叉通过销钉支撑在起动机上，下端插入单向离合器的移动衬套。

(3) 工作原理及电路

未启动阶段：发动机未启动时，起动机轴端的驱动齿轮与发动机飞轮齿圈处于分离状态。

启动过程：驾驶人拨动起动开关后，吸拉线圈和保持线圈通电，此时的电路为：

路径一：蓄电池正极→接线柱2→电流表→总开关→起动按钮→接线柱1→吸拉线圈→接线柱3→电动机→搭铁。

路径二：蓄电池正极→接线柱2→电流表→总开关→起动按钮→接线柱1→保持线圈→搭铁。

吸拉线圈（Pull Coil）和保持线圈（Hold Coil）在各自铁心中产生同向磁场，吸引活动铁心向挡铁移动。活动铁心推动接触盘右移，使其与接线柱2、3接触，接通主开关。此时，吸拉线圈被短路，电磁开关依靠保持线圈的吸力维持工作位置。蓄电池和发电机的电流流入电动机励磁线圈和电枢，电动机开始转动。同时，活动铁心带动传动叉上端右移，下端左摆，推动单向离合器左移，使驱动齿轮与飞轮上的起动齿圈啮合，电动机带动发动机曲轴转动，启动发动机。这一阶段的电路为：

路径一：蓄电池正极→接线柱2→电流表→总开关→起动按钮→接线柱1→保持线圈→搭铁。

路径二：蓄电池正极→接线柱2→接触盘→接线柱3→电动机→搭铁。

启动后阶段：发动机启动后，虽然转速较低，但由于起动齿圈齿数远多于驱动齿轮（约16:1），发动机可能带动电动机超速运转，损坏起动电动机。此时，单向离合器使驱动齿轮打滑。驾驶人松开起动按钮瞬间，吸拉线圈和保持线圈串联，两线圈产生的磁通方向相反，相互抵消。活动铁心在复位弹簧作用下迅速回位，驱动齿轮退出啮合。接触盘在其右端小弹簧作用下脱离接触，主开关断开，切断起动机主电路，起动机停止运转。单向离合器被弹簧弹回右侧，带动驱动齿轮与飞轮起动齿圈脱离。

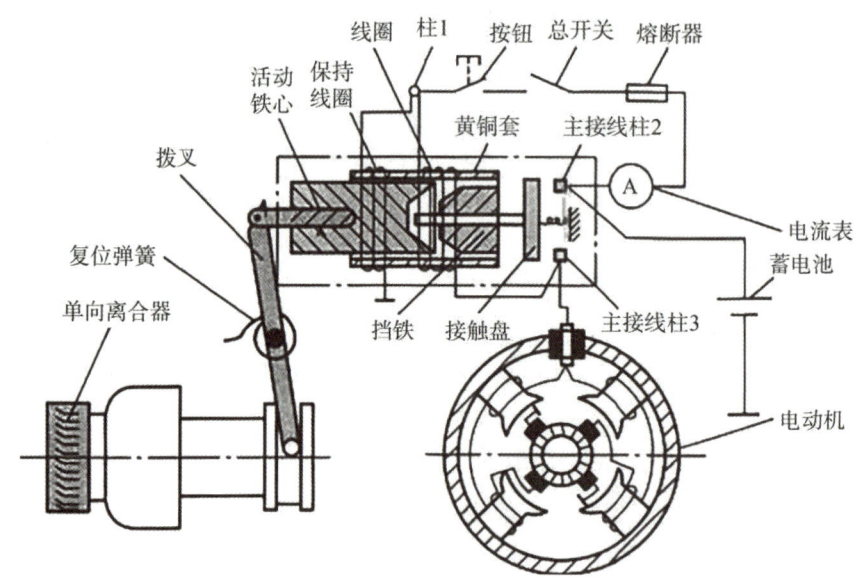

图5-6　电磁操纵式控制机构结构示意图

5. 减速起动机

减速起动机指的是在起动机的电枢轴与驱动小齿轮之间安装了齿轮减速器的起动机。当采用小型、高速、低转矩的起动机时，可借助安装在电动机轴上的齿轮减速器，降低电动机转速后再驱动飞轮。相较于同功率的普通起动机，减速起动机具有体积小、重量轻、驱动转矩大的优势。

实训——起动系统

一、仪器设备及工具准备

（1）设备：起动机若干。
（2）工具：常用拆装工具若干。

二、任务实施内容

认知汽车起动系统。

三、操作步骤

1. 分解起动机

（1）拆下电磁开关固定螺钉，取下电磁开关总成。

（2）拆下电动机夹紧螺栓和换向器端盖固定螺钉，取下换向器端盖。

(3) 适当移动电刷架位置,以便检测电刷弹簧压力,拆下电刷总成。

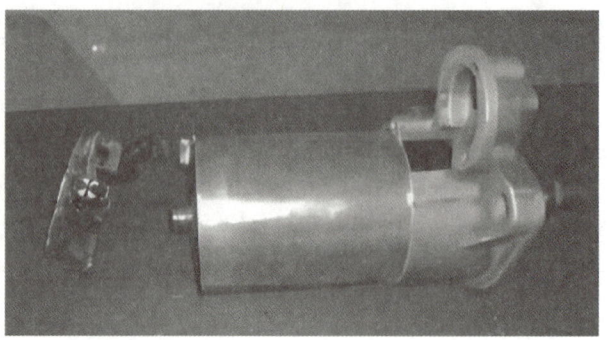

(4) 拆下电磁线圈与电动机壳体总成。

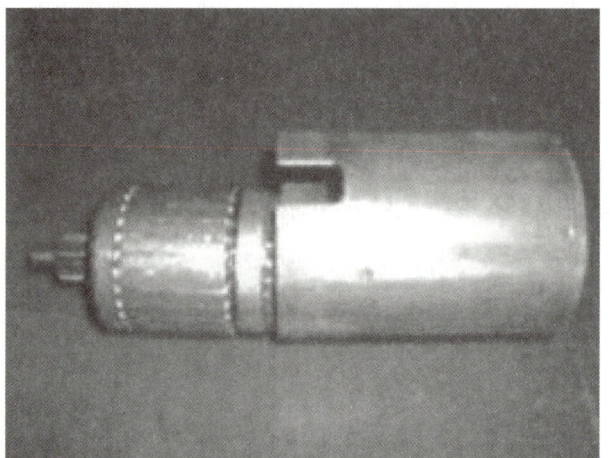

(5) 拆下拨叉支点螺栓,取下拨叉、电枢总成和离合器

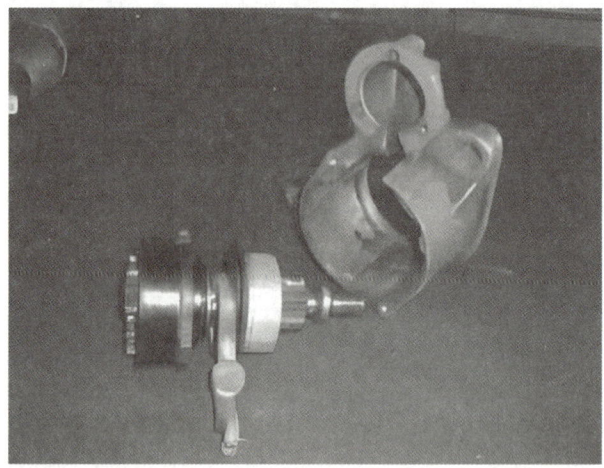

(6) 拆下电枢轴上的限位卡簧,将电枢总成与离合器分离。

2. 装复起动机

安装顺序与分解顺序相反。

任务二　点火系统

一、点火系统的作用

点火系统的作用是将汽车的低压电变为高压电，并适时送到点火气缸火花塞，击穿火花塞间隙，点燃混合气，使发动机做功。

二、点火系统的分类

1. 依据组成和产生高压电方式的差异

依据组成和产生高压电方式的差异，汽车点火系统可分为以下四种类型：

（1）传统点火系统

该系统以蓄电池和发电机作为电源，借助点火线圈和断电器，将 6V、12V 或 24V 的低压直流电转化为高压电。随后，高压电经分电器分配至各缸火花塞，使火花塞两电极间产生电火花，进而点燃可燃混合气。然而，传统蓄电池点火系统存在高压电输出较低、高速工况下工作不稳定，且使用期间需频繁检查与维护等弊端，目前已被淘汰。

（2）电子点火系统

同样以蓄电池和发电机为电源，这类点火系统通过点火线圈以及由半导体器件（晶体管）构成的点火控制器，将低压电转换为高压电。高压电经分电器分配至各缸火花塞，在火花塞两电极间形成电火花，点燃混合气。依据点火信号产生方式的不同，电子点火系统又可细分为触点式和无触点式。

（3）微型计算机控制点火系统

该系统也被称作数字式点火系统。其同样以蓄电池和发电机作为电源，利用点火线圈将低压电转变为高压电，再由分电器将高压电分送到各缸火花塞。区别在于，微型计算机控制系统会依据各类传感器反馈的发动机工况信息，发出点火控制信号，精准调控点火时刻，点燃混合气。此外，该系统还能省去分电器，由微型计算机控制系统直接将高压电分配至各缸。

（4）磁电机点火系统

磁电机点火系统无须额外的低压电源，磁电机自身就能直接产生高压电。相较于传统蓄电池点火系统，磁电机点火系统在发动机中、高转速区间，能够产生更高的高压电，工作更为可靠。但在发动机低转速时，产生的高压电较低，不利于发动机启动。因此，该系统主要应用于在高速、满负荷工况下运行的赛车发动机，部分无蓄电池的摩托车发动机，以及大功率柴油发动机。

2. 按蓄能方式分类

（1）电感蓄能式点火系统：在产生高压电之前，这类点火系统通过点火线圈建立磁场，以此储存点火所需能量。目前，绝大多数汽车都采用这一类型的点火系统。

（2）电容储能式点火系统：该系统在产生高压电前，从电源获取能量，并以蓄能电容建立电场的方式储存点火能量。由于其特性，多应用于高转速发动机，如赛车的发动机。

3. 按每缸火花塞数目分类

（1）单火花塞点火系统：每个气缸仅安装一个火花塞，因布局简洁，这种点火方式在当下应用广泛。

（2）双火花塞点火系统：每个气缸安装两个火花塞，分别位于进气侧（前火花塞）和排气侧（后火花塞），且两个火花塞与燃烧室中心的距离相等。双火花塞点火系统点火可靠性高，火焰传播速度快，能提升发动机热效率，改善排放性能，在稀燃发动机和二冲程发动机上应用较多。

4. 按点火开关起动方式分类

（1）钥匙起动式点火系统：使用钥匙作为点火起动开关，将点火钥匙插入并旋转至 START 挡位，就能启动汽车。

（2）无钥匙点火系统：启动发动机时，无须插入车钥匙，直接按压点火按钮或拧动点火旋钮，即可启动汽车。

（3）指纹识别式点火系统：借助指纹识别系统，依据活体人体的指纹特征，控制汽车点火系统的开启与关闭。该系统在原有开关上嵌入指纹模块，启动时输入指纹就能点火，无须使用钥匙。

三、微机控制点火系统的组成及工作原理

微机控制点火系统主要由传感器、发动机电控单元（ECU）以及点火执行器构成。

1. 传感器

系统配备多种传感器，涵盖凸轮轴/曲轴位置传感器、空气流量传感器或进气歧管压力传感器、节气门位置传感器、冷却液温度传感器、爆燃传感器等。这些传感器为系统提供关键信息。

2. 发动机电控单元（ECU）

ECU 会按照自身存储的程序，对各传感器输入的信息进行运算、分析和判断，之后输出指令，对相关执行器的动作进行控制，以此实现对发动机工作的快速、精准且自动化的控制。

3. 点火执行器

点火执行器包含点火模块、大功率晶体管、点火线圈、分电器和火花塞。如图 5-7 所示，发

动机运转时,ECU 接收传感器传来的信号,依据存储器中的程序和数据,确定出最佳点火提前角和通电时间,并向点火器发送指令。

点火控制器依照接收到的指令,控制点火线圈一次电路的导通与切断。当一次电路导通时,电流流经点火线圈,点火线圈以磁场的形式储存点火能量。当一次电路被切断,点火线圈二次侧会感应出极高的电动势,该电动势经分电器或直接传输至工作气缸的火花塞。火花塞产生电火花,点燃气缸内的可燃混合气。

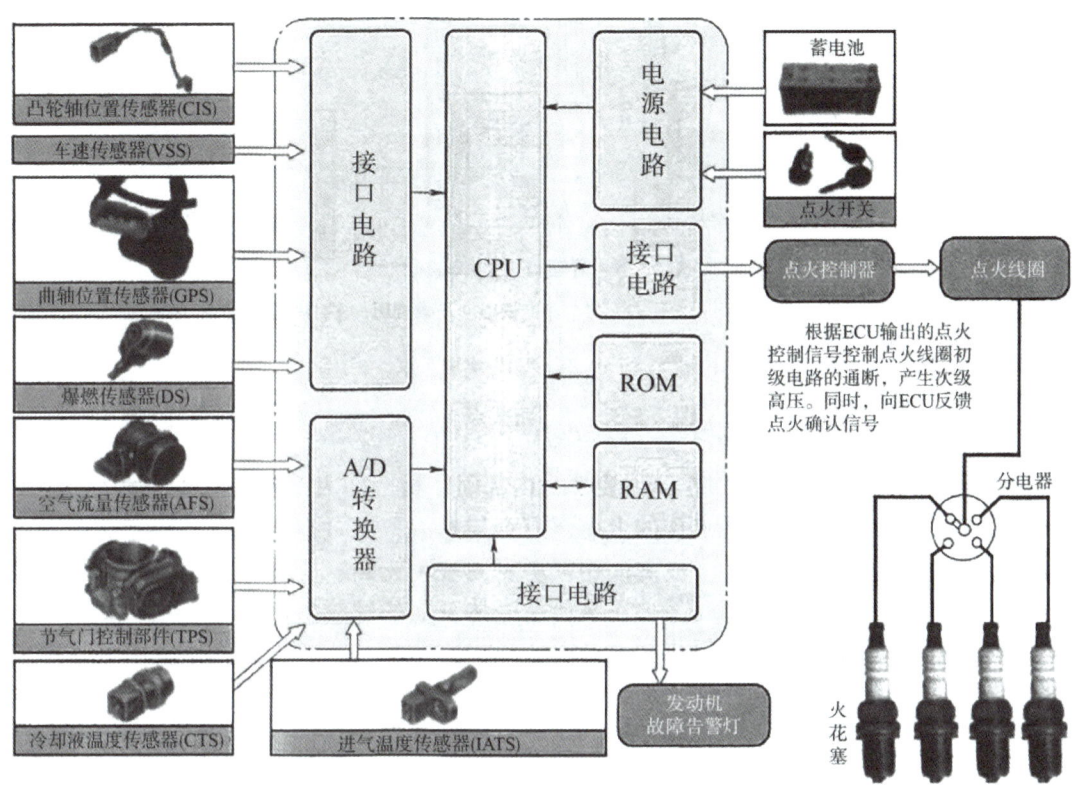

图 5-7 微机控制点火系统的组成及工作原理

四、点火系统主要零部件

1. 点火线圈

点火线圈由初级绕组、次级绕组和铁心等部分构成,其工作原理是通过控制初级绕组的电流通断,在次级绕组中感应出高压电,为点火提供能量。依据磁路结构形式的差异,点火线圈可分为开磁路式和闭磁路式两种类型。

开磁路式点火线圈:开磁路式点火线圈结构可参照图 5-8。其中心是由硅钢片叠成的铁心,铁心外部套有绝缘纸板套管,套管上缠绕着次级线圈。次级线圈采用直径为 0.06~0.10mm 的漆包线,匝数在 1000~23000 匝。初级绕组则使用直径为 0.5~1.0mm 的高强度漆包线,绕在次级绕组外侧,便于散热,匝数一般为 230~370 匝。绕组绕制完成后,会在真空中浸以石蜡和松香的混合物,增强绝缘性能。在绕组与外壳之间装有导磁钢套,底部设有瓷质绝缘支座,上部配有绝缘盖,外壳内填充沥青等绝缘物,进一步提升绝缘效果,防止潮气侵入。

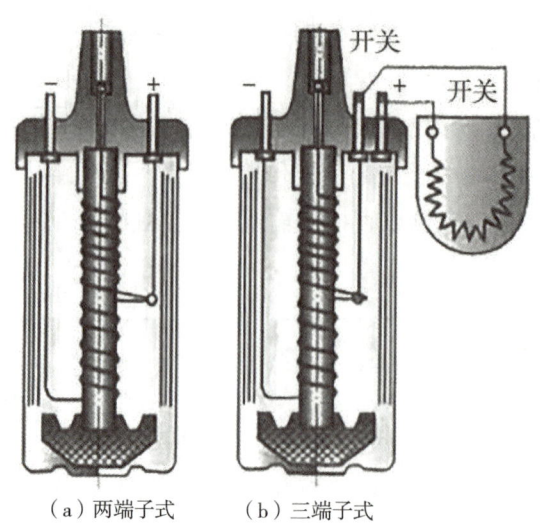

(a) 两端子式　　(b) 三端子式

图 5-8　开磁路式点火线圈

闭磁路式点火线圈：闭磁路式点火线圈在"口"字形或"日"字形铁心内绕有初级绕组，初级绕组外侧缠绕次级绕组。由于初级绕组产生的磁通在铁心中形成闭合磁路，因此被称为闭磁路式点火线圈，其结构如图 5-9 所示。相较于开磁路式点火线圈，闭磁路式点火线圈漏磁少、转换效率高，凭借这些优势，已在点火系统中得到广泛应用。

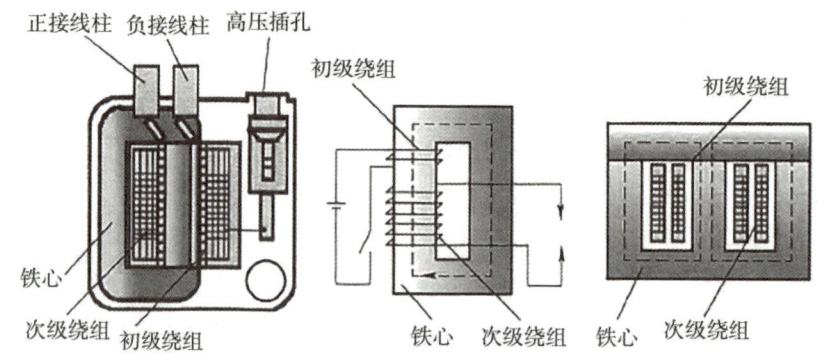

图 5-9　闭磁路式点火线圈

2. 火花塞

火花塞的工作环境极为恶劣，长期承受高温、高压，以及燃烧产物的强烈腐蚀。因此，火花塞必须具备足够的强度，能够承受冲击性高压电，适应剧烈的温度变化，拥有良好的热特性，并能有效抵抗燃气的腐蚀。

火花塞的结构如图 5-10 所示。火花塞主体由钢质壳体构成，壳体内固定着氧化铝陶瓷绝缘体，这一设计确保了中心电极与侧电极之间具备足够的绝缘性。绝缘体孔的上部安装有金属螺杆，金属螺杆通过接线螺母与高压导线实现连接，下部则安装中心电极。在金属螺杆与中心电极之间，采用导电密封玻璃进行密封。

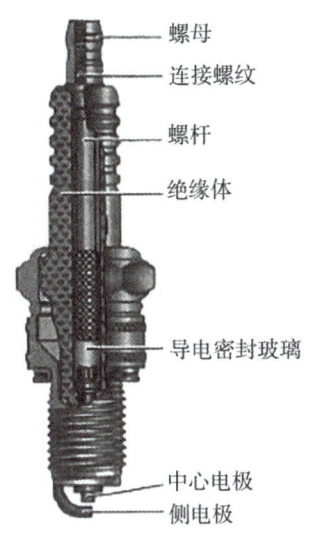

图 5-10 火花塞的结构

中心电极由镍锰合金制成，该合金具有出色的耐高温、耐腐蚀和导电性能。火花塞通过壳体下部的螺纹旋入气缸盖，在旋紧过程中，密封垫圈受压变形，保障了壳体与气缸盖之间的良好密封。

由于不同发动机对火花塞的要求存在差异，为了满足这些多样化的需求，便产生了多种类型的火花塞，相关类型如图 5-11 所示。

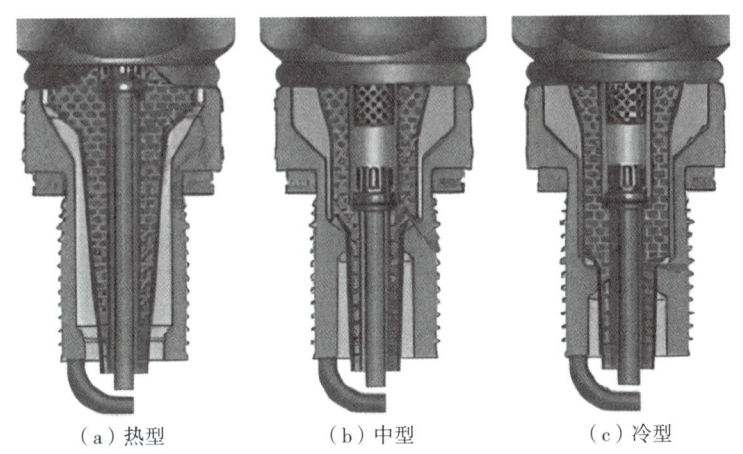

图 5-11 火花塞的不同类型

3. 凸轮轴/曲轴位置传感器

凸轮轴/曲轴位置传感器负责向发动机电控单元（ECU）提供曲轴转角基准位置信号，即 1 缸压缩上止点信号。这一信号是燃油喷射控制和点火控制的关键主控信号。

依据工作原理，凸轮轴/曲轴位置传感器可分为电磁式、霍尔式、光电式三种类型。它们通常安装在曲轴、凸轮轴、飞轮或分电器部位。在实际应用中，凸轮轴传感器和曲轴传感器既可以安装在一起，也能分开安装。

4. 爆燃传感器

爆燃传感器的作用是检测发动机燃烧过程中是否发生爆燃，并将爆燃信号反馈给发动机 ECU，作为修正点火提前角的重要依据。

爆燃传感器一般安装在气缸体侧面或火花塞座孔上，主要有电感式和压电式两种类型：

（1）电感式爆燃传感器

其工作基于电磁感应原理，当传感器的固有振动频率与发动机爆燃时的振动频率一致时，传感器输出的信号电压达到最大值，借此检测发动机爆燃情况，具体结构可参考图 5-12。

图 5-12　电感式爆燃传感器

（2）压电式爆燃传感器

共振型：利用压电效应检测发动机爆燃。发动机爆燃时，振子与发动机产生共振，压电元件输出的信号电压显著增大，便于测量。

非共振型：与共振型不同，非共振型内部没有震荡片，但设有配重块，配重块以一定预紧压力压在压电元件上。发动机爆燃时，配重块会产生与振动加速度成正比的交变力，并作用于压电元件，压电元件将压力信号转换为电信号，传输给 ECU。

火花塞座金属垫型：该类型传感器安装在火花塞垫圈处，每缸配备一个，能够根据各缸的燃烧压力，直接检测各缸的爆燃信息，并将其转换为电信号输送给 ECU。

5. 点火提前与爆燃控制

点火提前，指的是在气缸活塞尚未到达压缩上止点时，火花塞便提前点火。从火花塞点火的瞬间，到气缸活塞抵达压缩上止点，这期间曲轴所转过的角度，被称作点火提前角。

在发动机电控单元（ECU）内，预先存储了发动机在各种工况下的最佳点火提前角数据。车辆行驶过程中，发动机 ECU 主要依据发动机转速、节气门开度、进气量等信号，来判定发动机的实时工况。同时，凸轮轴位置、爆燃传感器信号、车速、冷却液温度、进气温度以及大气压力等信号，作为修正信号，辅助 ECU 精准判定发动机工况。在确定工况后，ECU 会参照预存的点火提前角，控制点火线圈进行点火。此外，对于采用分电器点火的电控发动机，通常需人工设定一个固定的点火提前角，而动态点火提前角则由 ECU 进行调控。

如今，绝大多数电控发动机都配备了爆燃传感器。在带有爆燃传感器的电控燃油喷射系统中，能够对点火提前角实施闭环控制。

点火闭环控制，借助爆燃传感器反馈的信号，对点火提前角进行动态调整。适宜的点火提前角，能显著提升发动机的动力性能，降低油耗，并改善尾气排放。然而，若点火提前角过大，会导致发动机工作异常粗暴，引发爆燃现象。

当发动机发生爆燃时，爆燃传感器会向 ECU 发送爆燃信号。ECU 接收到该信号后，便能判定发动机已出现爆燃。此时，ECU 会逐步推迟点火时间，以消除爆燃，保护发动机。待爆燃现象消失，ECU 又会逐渐提前点火时间，使发动机获取最佳性能。通过这样循环往复的调整，确保发动机始终处于良好的工作状态。

实训——点火系统

一、仪器设备及工具准备

（1）设备：实训用车若干。
（2）工具：121 件套工具 1 套，工具车 1 个、汽车防护 5 件套 1 套。

二、实训内容

认知点火系统并拆装火花塞。

三、操作步骤

1. 拆前准备

取下发动机罩。

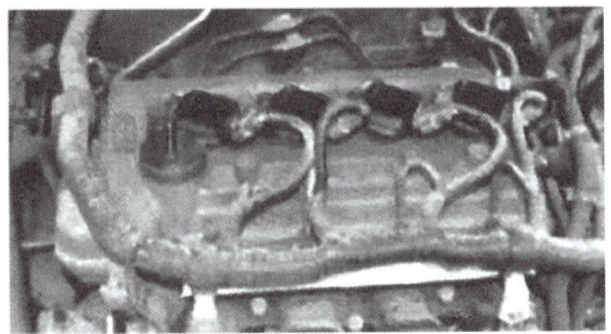

2. 拆卸火花塞

（1）清理高压线附近的油污、尘土，拧下高压线接线柱固定螺钉。

（2）取下点火线圈及高压线。

（3）拧松火花塞。

（4）用高压线头部拔出火花塞。

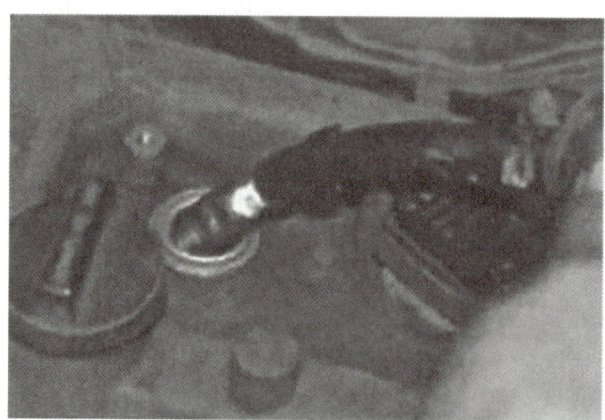

3. 安装火花塞

安装顺序与拆卸顺序相反。

项目六
润滑系统

工作页　润滑系统维护与检修

任务描述

（1）了解润滑系统的作用、组成及工作原理，能够识别润滑系统的主要零部件，掌握润滑系统的日常维护和简单故障排查方法。

（2）能描述润滑系统在发动机中的作用。

（3）能识别润滑系统的主要零部件及其功能。

（4）能进行润滑系统的日常检查和维护。

任务准备

（1）知识准备：

完成润滑系统相关理论知识的学习，了解润滑系统的基本组成和工作原理。

（2）设备准备：

汽车发动机润滑系统模型或实物，常用拆装工具（如扳手、螺丝刀等），润滑油样品及检测工具（如油质检测仪）。

任务步骤

（1）润滑系统认知，完成下表填写。

（2）润滑系统零部件拆装。

（3）润滑系统日常检查与维护。

（4）润滑系统简单故障排查。

零部件名称	功能描述	识别情况（√/×）
油底壳	储存机油	
机油泵	输送机油	
机油滤清器	过滤机油	
机油冷却器	冷却机油	

任务评价

任务评价内容及标准见下表

序号	项目	操作内容	分值	评分标准	得分
1	准备	清理工位，准备工具	5分	酌情扣分	
2	认知	填写润滑系统主要零部件识别表	20分	每个零部件5分，视情扣分	
3	拆装	正确拆装润滑系统零部件	30分	操作规范，无损坏，视情扣分	
4	检查与维护	正确进行机油液位检查和模拟更换机油	20分	步骤正确，操作规范，视情扣分	
5	故障排查	准确判断故障原因并提出解决方案	15分	判断准确，方案可行，视情扣分	
6	安全文明	无安全隐患，无不文明操作	5分	未达标扣1~5分	
7	结束	工作场地清洁，工具归位	5分	清洁不彻底扣1~5分，未做扣5分	
		总分		100分	

任务一　润滑系统概述

一、润滑系统的作用

润滑系统在发动机运行过程中，持续向各传动部件的摩擦表面供给清洁且温度适宜的足量机油。机油在摩擦界面间形成液态油膜实现流体润滑，有效降低摩擦阻力与机械功耗，控制机件磨损程度，确保发动机运行的可靠性和耐久性。

二、润滑形式分类

因发动机各传动部件工况差异，需采用差异化润滑形式：

1. 压力润滑（强制润滑）

依托机油泵建立压力循环，将机油强制输送至高负荷摩擦界面。曲轴主轴承、连杆轴承、凸轮轴轴承及摇臂轴等承受显著压力的接触面均采用此方式。

2. 飞溅润滑（非接触润滑）

利用运动件（如曲轴、连杆）搅动机油产生油雾或油滴，对暴露表面进行覆盖润滑。主要作用于气缸壁、低速滑动的活塞销以及配气机构中的凸轮、挺杆等次要承载部位。

3. 定期润滑（脂润滑）

对发动机附属低负荷装置（如水泵轴承、发电机轴承），采用定期加注润滑脂的方式进行维护，通过润滑脂的黏附特性实现长效润滑效果。

任务二 润滑系统的组成和润滑油路

一、组成

润滑系统（见图 6-1）主要包括油底壳、集滤器、机油泵及限压阀、机油滤清器及旁通阀、油道、机油冷却器、机油压力传感器和机油压力表、机油压力警告灯等。

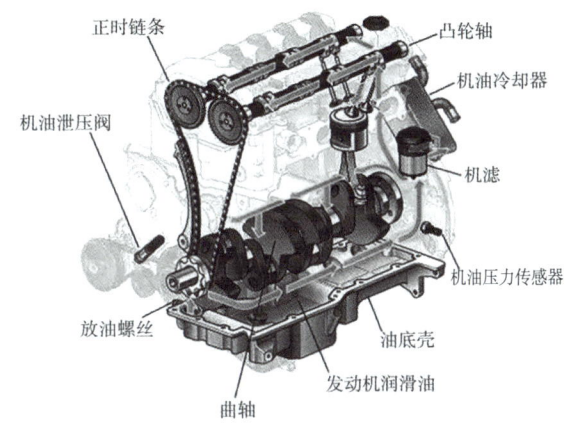

图 6-1 润滑系统

二、润滑油路

1. 普通轿车汽油发动机的润滑油路 [全流式（Fullflow）]

（1）上海桑塔纳轿车 JV 型 1.8L 汽油发动机润滑油路（见图 6-2）

油底壳→集滤器→机油泵→机油滤清器：

第一分路→主油道→主轴承→连杆轴承→活塞销喷溅至活塞。

第二分路→发动机前端第一条斜向油道→中间轴。

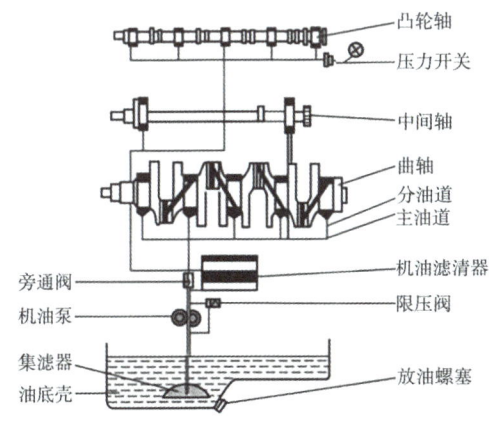 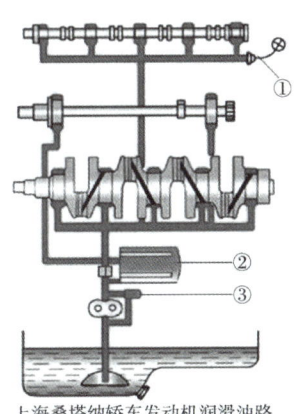

图 6-2 润滑油路

第三分路→主油道的垂直油道→凸轮轴轴径→气缸盖回油孔→曲轴箱。

(2) 报警系统

报警组件：系统通过红色闪烁警示灯与蜂鸣报警器实现双重报警功能。

机油压力监测装置：采用双阈值压力开关设计，包含低压触发开关和高压触发开关，对润滑系统压力进行实时监测。

发动机启动阶段控制逻辑：在发动机启动初期，若机油压力未建立有效值，低压开关触点保持闭合状态，立即激活油压警告灯。

低油压恢复机制：当系统压力升至31kPa以上时，低压开关触点自动复位断开，警告灯随之熄灭。特别保护策略规定，当发动机转速达到800r/min时，若机油压力仍低于31kPa，警告灯将强制点亮以提示异常。

高转速保护策略：当发动机转速超过2150r/min且机油压力超过180kPa时，高压开关触点闭合，触发警告灯高频闪烁并同步启动蜂鸣器进行声光复合报警。

滤清器状态监测：机油粗滤器内置堵塞传感器，当滤芯流通阻力超标时，直接触发警告灯报警以提示维护需求。

2. 高级轿车的油路（全流式）

如图6-3所示为马自达6轿车L3型发动机润滑油路。在此系统中，曲轴的主轴承、曲柄销、连杆轴承、凸轮轴轴颈以及轴承、平衡轴的轴径及轴承均采用压力润滑，其余部位采用飞溅润滑和润滑脂润滑。此外，还向液压可变配气机构、传动链液压张紧器及用来冷却活塞的喷油嘴供油。

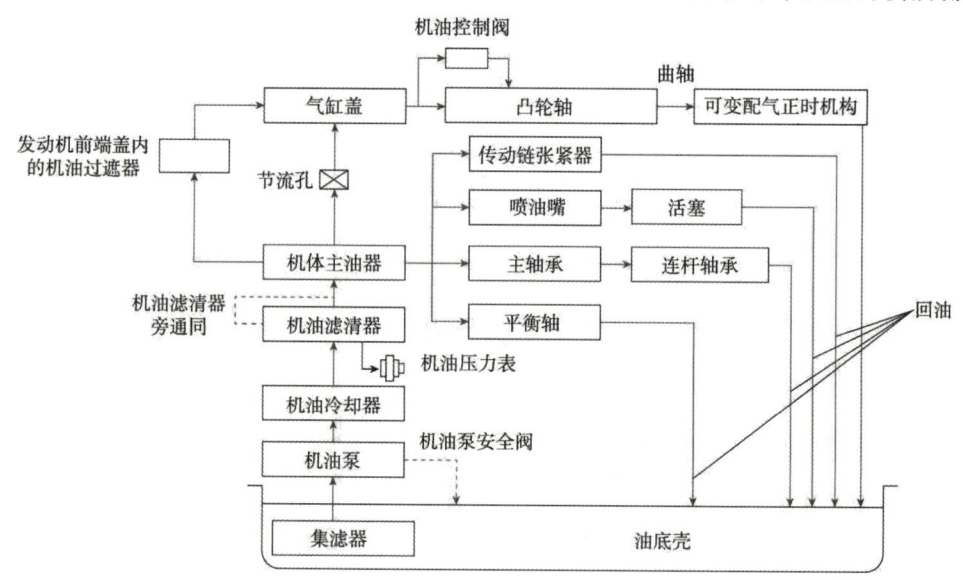

图6-3 马自达6轿车L3型发动机润滑油路

3. 东风EQ1090E货车的EQ6100汽油发动机润滑油路

发动机工作时，机油被机油泵从集滤器吸出，分两路（见图6-4）。一路，大部分的机油（占总流量的90%）进入机油粗滤器，滤去较大的机械杂质后再入主油道，执行润滑任务。另一路，较少的机油（占总流量的10%左右），经进油限压阀直接流入机油细滤器，滤去其中的较小杂质和胶质后流回油底壳。如果机油泵的出口压力低于一定值（0.1MPa），则进油限压阀不打开，以保证进入主油道的机油压力。一般在汽车行驶 50km 左右后，全部机油可以通过细滤器一次。

机油粗滤器、主油道与机油细滤器是并联的。

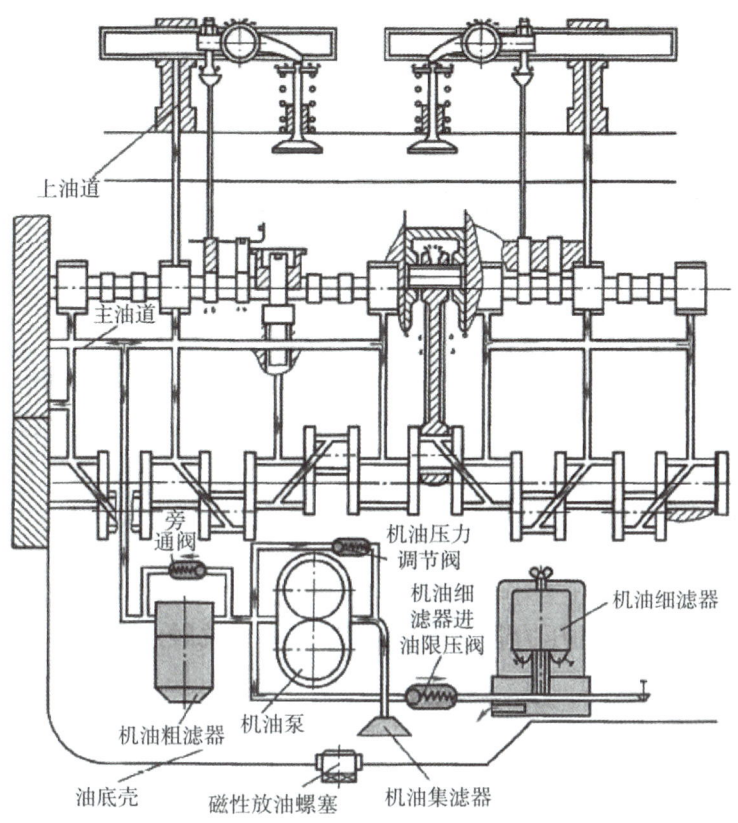

图 6-4　EQ6100 汽油发动机润滑油路

4. 柴油发动机润滑油路

因柴油机和汽油机在结构与工作条件上存在差异，二者润滑系统的组成和油路也有所不同。图 6-5 是斯太尔 WD15 系列柴油发动机的润滑油路。

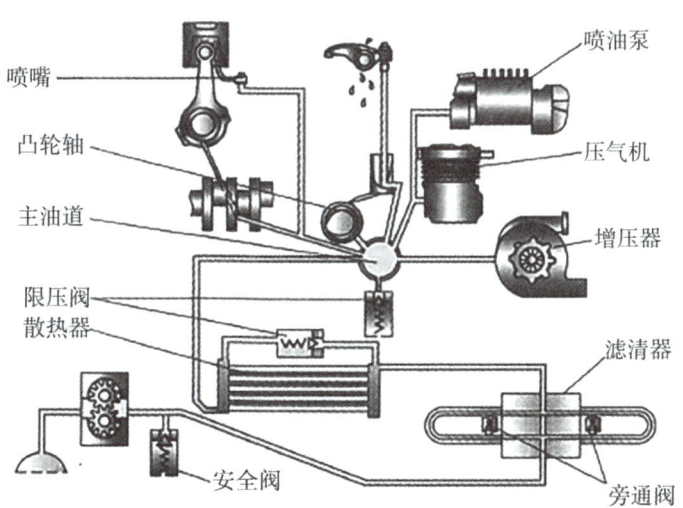

图 6-5　斯太尔 WD15 系列柴油发动机的润滑油路

与汽油机相同，柴油发动机同样会对曲轴、凸轮轴等部件进行润滑。此外，柴油发动机通常会为活塞专门设置油道，用以冷却活塞。喷油泵、调速器、增压器等部件，也都需要得到润滑。

由于这款柴油发动机配置了增压器系统，因此专门设有一条通向增压器的油路。鉴于柴油机机械负荷和热负荷较大，对润滑强度要求更高，一般都会配备机油散热器。

任务三　润滑系统主要部件的构造及工作原理

一、机油泵及限压阀结构

机油泵作为润滑系统的动力源，其核心功能在于确保发动机全转速范围内，均能向各摩擦表面持续输送符合压力与流量要求的机油。该装置通常集成于曲轴箱内部，通过曲轴、凸轮轴或专用中间轴驱动实现泵送功能。

现行汽车发动机润滑系统主要采用齿轮式与转子式机油泵架构。齿轮泵进一步细分为内啮合与外啮合两类：内啮合齿轮泵以结构紧凑、运转平稳、输出压力高的特性占据主流，适配多数发动机工况需求；外啮合齿轮泵则通过模块化设计实现高吸油真空度，兼具大流量输出与脉动抑制优势，其布局灵活性使其在安装适配性上表现突出，特别适用于空间受限或需优化油路设计的发动机舱布局。

（一）机油泵

1. 齿轮式机油泵

齿轮式机油泵分为外齿式机油泵和内齿轮式机油泵两种。

（1）外齿式机油泵。外齿式机油泵如图 6-6 所示，主要由泵体、泵盖、滤网、限压阀和主动齿轮、从动齿轮、驱动轴组成，其工作原理如图 6-7 所示。

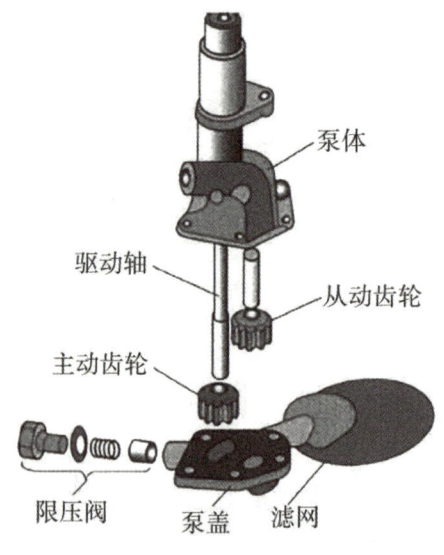

图 6-6　外齿式机油泵

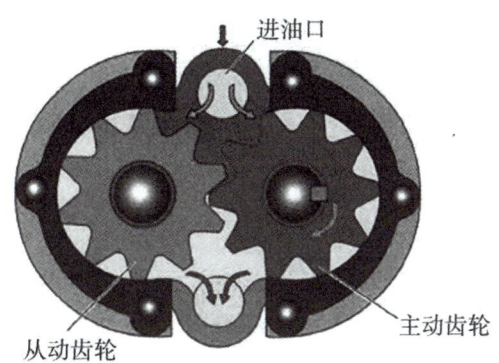

图 6-7 外齿式机油泵工作原理

机油泵的主动齿轮由凸轮轴驱动运转,从动齿轮按图示方向旋转时,进油腔容积随齿轮向脱离啮合方向转动而逐渐扩大,腔内形成负压区域,促使机油经进油道口被吸入泵腔。齿轮持续旋转过程中,齿间携带的机油被输送至出油腔区域,该区域容积因齿轮进入啮合状态而急剧减小,导致油腔内部压力升高,从而推动机油经出油道口泵入发动机润滑通道。

由于机油泵的输油量和输出压力与齿轮转速呈正相关,当发动机处于高转速工况时,泵油压力可能超出系统设计阈值。此时限压阀将自动开启,构建回流通道使部分机油重新返回进油通道,通过动态调节实现润滑系统压力与流量的稳定控制。

(2)内齿轮式机油泵。内齿轮式机油泵如图 6-8 所示,主要由泵体、主动外齿轮和从动内齿轮组成,以同方向转动,将油储存在内外齿轮间的半月块间,以产生泵油作用。

图 6-8 内齿轮式机油泵

2. 转子式机油泵

转子式机油泵的工作原理可参考图 6-9。主动内转子与从动外转子同轴装配于泵壳体内,其中主动内转子通过花键固定在驱动轴上,从动外转子依靠啮合传动在壳体内作自由回转运动,二者轴线存在预设的偏心距。从动外转子的齿廓经过精密设计,在任意旋转角度下,其齿形轮廓线与主动内转子的齿形轮廓线始终保持单齿面接触状态。

当主动内转子转动时,会带动从动外转子朝着同一方向同步旋转。进油腔与进油口相通,随着内、外转子的齿逐渐脱离啮合,进油腔容积不断增大,进而产生真空吸力,将机油吸入腔内,并输送至出油腔。在出油腔内,内、外转子的齿逐渐进入啮合状态,致使容积减小,油压升高,最终机油从出油口被压入主油道。

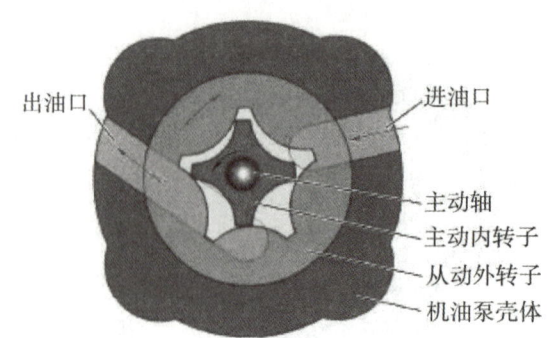

图 6-9 转子式机油泵的工作原理

凭借结构紧凑、吸油真空度高、输油量大以及供油均匀等显著优势，转子式机油泵在汽车领域得到广泛应用。

（二）限压阀

限压阀（见图 6-10）一般安装在机油泵上，包括柱塞（或球阀）、弹簧和螺塞。当主油道压力超过规定时，柱塞克服弹簧压力被顶开，限压阀打开泄去部分压力，维持主油道内的正常油压。

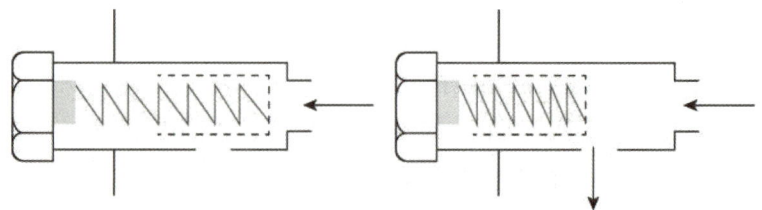

图 6-10 限压阀工作原理

二、机油滤清器

发动机运行过程中，金属磨屑、灰尘等固体杂质会混入机油，同时伴随水分渗入、积碳沉积以及高温下燃烧气体和空气中的氧气对机油的氧化作用，导致机油逐渐劣化变质。受污染的机油不仅会使运动副表面磨损加剧，还可能因油泥堆积造成润滑通道阻塞，引发局部供油不足，形成恶性循环进一步加重机件损伤。

为有效清除杂质、维持机油清洁并延长其有效使用寿命，发动机润滑系统必须配置滤清装置。典型的多级过滤体系包含集滤器、机油粗滤器和机油细滤器，通过逐级过滤实现污染物控制。不同发动机型号根据设计需求，可能采用不同结构的机油滤清器组合方案，常见的类型包括全流式滤清器（主油道机油全部经过过滤）、分流式滤清器（仅部分机油参与过滤循环）以及并流式滤清器（组合多种过滤形式），具体结构如图 6-11 所示。

1. 集滤器

集滤器安装在机油泵吸油端的上游（见图 6-12），多采用滤网设计，目的在于阻挡大颗粒杂质进入机油泵，避免其对机油泵造成损伤。当前，发动机使用的集滤器主要分为浮式集滤器和固定式集滤器。

浮式集滤器：在工作过程中，这类集滤器始终漂浮于机油液面上，使机油泵优先吸入上层相对清洁的机油。然而，油面的泡沫容易被吸入，进而降低机油压力。

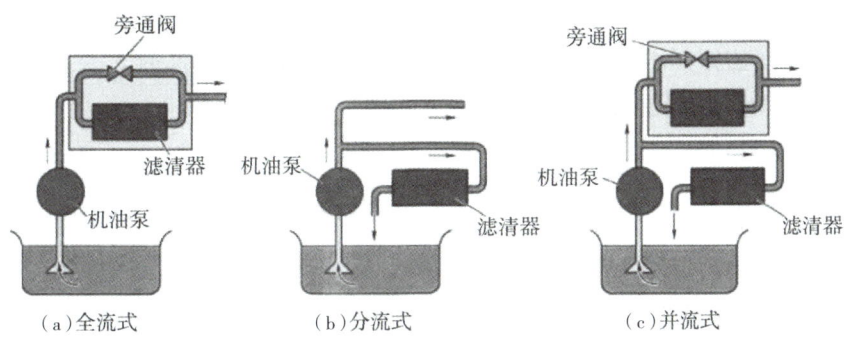

图 6-11 机油滤清方式

图 6-12 机油集滤器

固定式集滤器：它安装于机油液面之下，尽管吸入的机油清洁度略低于浮式集滤器，但其润滑效果稳定可靠。鉴于此，固定式集滤器已基本取代浮式集滤器。

2. 机油粗滤器

机油粗滤器的作用是过滤掉机油中直径在 0.05~0.10mm 的较大颗粒杂质。因其对机油流动的阻碍较小，常串联于机油泵与主油道之间，属于全流式滤清器。

依据滤芯的不同，机油粗滤器存在多种结构形式。目前，纸质滤芯在发动机粗滤器中得到广泛应用。图 6-13 为两种常见的机油粗滤器。

可更换纸质滤芯型：这类粗滤器成本较低，经济性较好。但在保养时，需对其进行拆卸清洗。

旋装式：滤芯与壳体为一体化设计，只需直接旋入滤清器上座，使用十分便捷，但成本相对较高。滤清器壳体依靠环形密封圈实现密封。

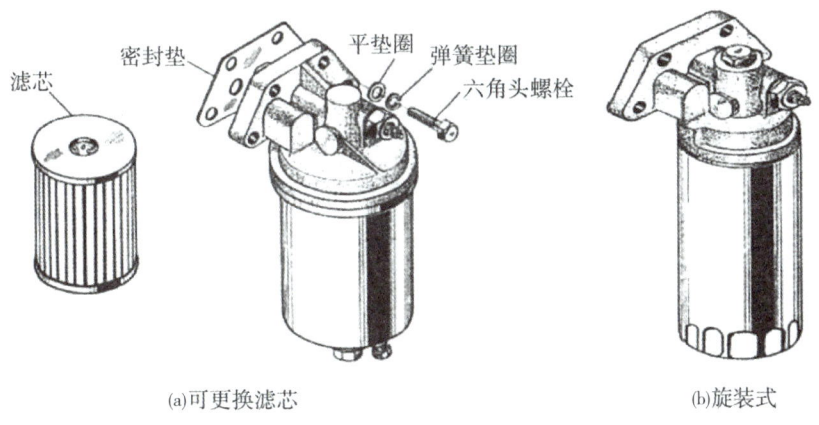

图 6-13 机油粗滤器的构造

机油从滤清器上盖的进油口流入，经过滤芯过滤后，从出油口流入主油道。当滤芯被污垢堵塞，导致滤芯内外压差达到 15~17kPa 时，旁通阀的球阀会被顶开。此时，大部分机油绕过滤芯，直接流入主油道，以确保主油道有充足的机油供应。

3. 机油细滤器

机油细滤器主要滤去机油中的细小杂质（直径在 0.001~0.05mm），其流量小阻力大，机油流量仅占机油泵流量的 10%~15%。故多数细滤器安装方法为分流式，即与主油道并联。

如 CA6110 型柴油发动机均采用离心式机油细滤器，如图 6-14 所示。

整体全流式机油滤清器如图 6-15 所示，机油滤清器串联在油路中，机油泵输出的全部机油经过滤清器滤芯（一般为整体式纸质滤芯，一次性使用），当滤芯堵塞时机油可通过旁通阀进入主油道，保证最低条件的润滑。

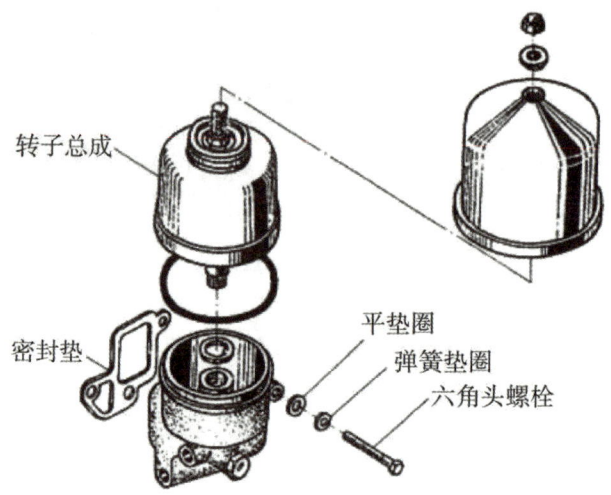

图 6-14 离心式机油细滤器

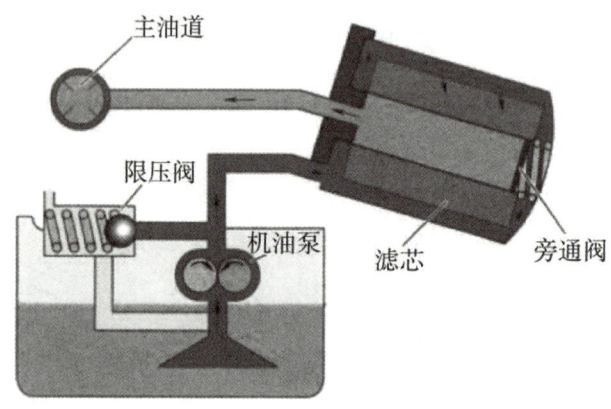

图 6-15 整体全流式机油滤清器

三、机油冷却器

机油冷却器是用来对机油进行强制冷却，以保持机油在适宜的温度范围内（70℃~80℃）工作，有风冷式和水冷式两类，用于热负荷较大的发动机。

风冷式机油冷却器（见图 6-16）与冷却系统散热器的结构相似，管和片常用导热性好的黄铜制造。其装在散热器的前面，利用风扇的风力使机油冷却。

图 6-16　风冷式机油冷却器

水冷式机油冷却器（见图 6-17）装在发动机冷却水路中，当机油温度较高时，靠冷却液降温；而在起动暖车期间，机油温度较低时，则从冷却液吸热，迅速提高机油温度。

图 6-17　水冷式机油冷却器

项目七
冷却系统

工作页　冷却系统检查与故障排查

任务描述

(1) 了解冷却系统的作用、组成及工作原理。
(2) 能够识别冷却系统的主要部件并解释其功能。
(3) 掌握冷却系统的日常检查和维护方法。

任务准备

(1) 知识准备：
复习冷却系统在发动机中的作用，理解其重要性。预习冷却系统的主要部件及其工作原理。
(2) 设备准备：
冷却系统模型或实物（包括散热器、水泵、风扇、节温器等），拆装工具（如扳手、螺丝刀、套筒等）。
冷却液检测工具（如冷却液冰点测试仪）。

任务步骤

(1) 认知冷却系统。
(2) 拆装冷却系统部件。
(3) 检查与维护冷却系统。
(4) 故障排查与模拟。

任务评价

任务评价内容及标准见下表。

序号	项目	操作内容	分值	评分标准	得分
1	准备	清理工位，准备工具和设备	5	工位整洁，工具设备齐全，得 5 分；每缺少一项或未清理工位扣 1 分	
2	认知	正确识别冷却系统部件并解释其功能	20	每个部件 5 分，能准确解释其功能得满分，部分解释不清或错误视情扣分	
3	拆装	正确拆装冷却系统部件，操作规范	30	操作规范，无损坏，步骤完整得满分；操作不当或部件损坏视情扣分	
4	检查与维护	正确进行冷却系统检查，记录准确	20	检查项目完整，记录准确得满分；检查项目遗漏或记录错误视情扣分	
5	故障排查	准确判断故障并提出可行性解决方案	15	判断准确，方案可行得满分；判断错误或方案不可行视情扣分	
6	安全文明	无安全隐患，操作文明，保持工作场所整洁	5	无安全隐患，操作规范，工作场所整洁得满分；每违反一项扣 1 分	
7	结束	清洁场地，归位工具和设备	5	场地清洁，工具设备归位得满分；未清洁场地或未归位工具设备扣 1~5 分	
		总分		100	

任务一　冷却系统概述

一、冷却系统的作用

发动机冷却系统（Cooling System）的主要功能是在各种工况下保持发动机处于适当的温度范围内（通常为 80℃ 至 90℃）。具体来说，冷却系统的作用包括：

（1）防止发动机过热。当发动机在高负荷条件下运行时，会产生大量热量。冷却系统通过循环冷却液来吸收并散发这些多余的热量，避免发动机因温度过高而导致的工作性能恶化、零件强度下降、机油变质以及加剧的磨损。

（2）防止冬季发动机过冷。在寒冷环境下，冷却系统还帮助发动机快速升温至最佳工作温度，防止由于低温导致的散热损失和摩擦损失增加，从而减少磨损，并改善排放质量。低温还会使发动机工作变得粗暴，影响驾驶体验。

（3）加速冷启动后的升温。冷却系统确保发动机在冷启动后能够迅速达到理想的工作温度，这有助于提高燃油效率，减少排放，并优化发动机的整体性能。

发动机如果过热或过冷，都会对车辆的经济性、动力性、排放性、可靠性及耐久性产生负面影响。

过热问题：会导致发动机内部零件强度降低、机油变质，加剧零件间的磨损，甚至可能导致严重的机械故障。

过冷问题：会使发动机长时间处于低温状态，增加不必要的散热和摩擦损失，导致更高的磨损率和更差的排放表现，同时也会让发动机运行变得不稳定和不顺畅。

因此，维持发动机在一个合适的温度范围内对于确保其高效、可靠地运行至关重要。冷却系统的设计和维护直接关系到发动机能否长期稳定地提供良好的性能和耐用性。

二、冷却系统的组成及工作过程

依据冷却介质差异，发动机冷却系统分为水冷与风冷两类。风冷系统通过金属散热片直接将高温部件热量传递至大气完成散热，多用于小型发动机及特定军用机型。

现代汽车发动机普遍采用强制循环式水冷系统（见图 7-1），其核心组件包括机体及缸盖内部水套、电动水泵、管带式散热器、轴流式冷却风扇、石蜡节温器、带压力盖的膨胀水箱（补偿水箱）及循环管路等。

系统运行时，水泵将散热器下储液室的低温冷却液加压，经分水管输送至气缸体水套。冷却液在流动过程中吸收缸体热量，温度上升后通过缸体顶部的出水口进入气缸盖水套，再次吸收燃烧室传导的热量。完成二次吸热的冷却液经缸盖出水口汇集至上水管，流入散热器进行热交换。在冷却风扇的强制抽风作用下，气流从散热器前部高速通过散热鳍片，将冷却液携带的热量持续带走。降温后的冷却液在散热器底部经下水管被水泵重新吸入，形成闭合循环。节温器通过感应冷却液温度自动调节大循环/小循环通路，膨胀水箱则通过压力平衡维持系统容积稳定。

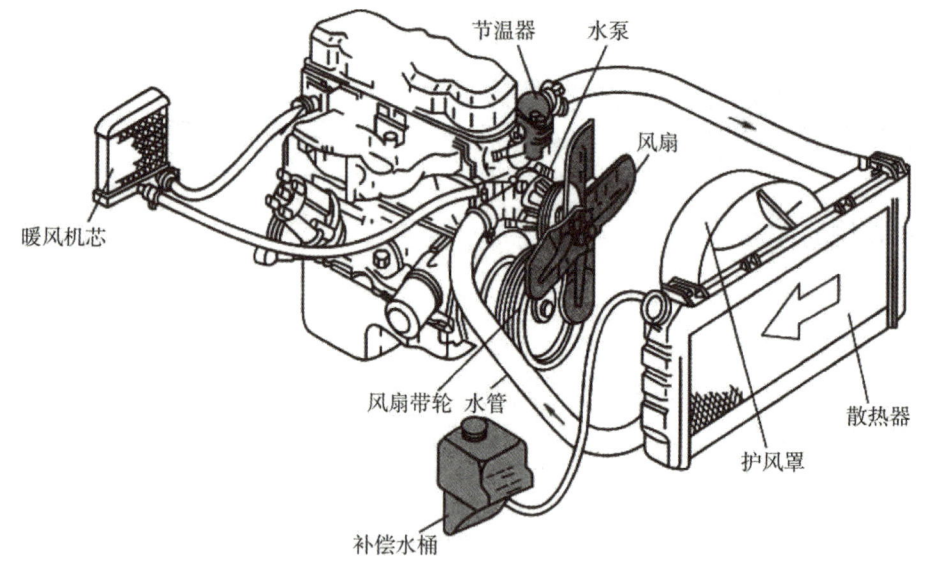

图 7-1 强制循环式水冷系统

任务二 水冷系统主要部件的构造及工作原理

一、散热器

1. 功用

散热器俗称水箱，安装在发动机前的车架横梁上，其功用是将冷却液所携带的热量散入大气中以降低冷却液温度。

2. 类型及构造

散热器主要由上、下（或左、右）贮水室、散热器芯和散热器盖等组成（见图7-2）。在上、下（或左、右）贮水室上分别装有进、出水管口，分别与发动机气缸盖上的出水管口及水泵的进水管口用软管连接。来自气缸的高温冷却液进入上（左）贮水室后，经散热器芯冷却到达下（右）贮水室，由出水软管流出，吸入水泵。在上贮水室设有加水口，冷却液由此注入整个冷却系统，用散热器盖盖住，防止冷却液溅出。

按照散热器中冷却液流动的方向可将散热器分为纵流式和横流式两种。

纵流式散热器芯竖直布置，上接进水室，下连出水室，冷却液由进水室自上而下地流过散热器芯进入出水室［见图7-2（a）］。

横流式散热器芯横向布置，左右两端分别为进、出水室，冷却液自进水室经散热器芯到出水室横向流过散热器［见图7-2（b）］。红旗轿车的横流式散热器的进出水口在一侧［见图8-2（c）］，这种结构形式由于提高了冷却液在散热器内的流速而增强了散热效果。

大多数新型轿车均采用横流式散热器，因为其可以使发动机罩的外廓较低，有利于改善车身前端的空气动力性。

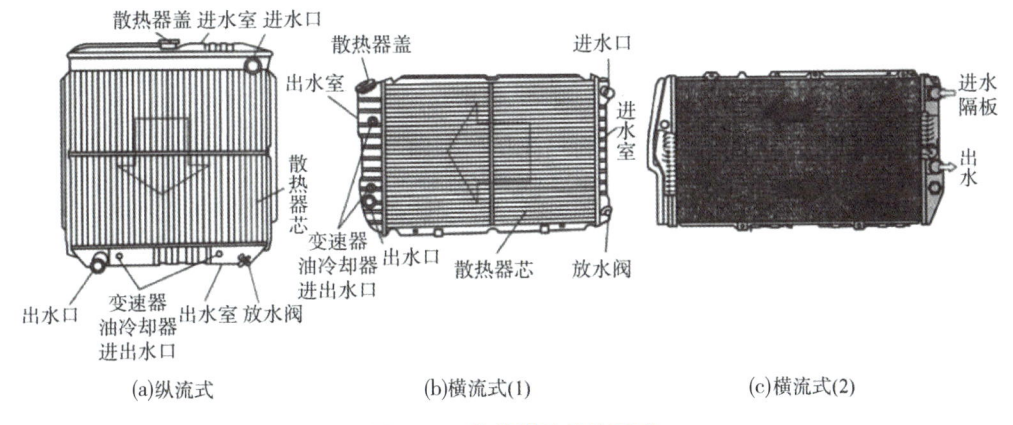

图7-2 散热器的结构形式

3. 散热器芯

散热器芯多采用导热性、焊接性、耐腐蚀好的黄铜制造。为减小质量，节约铜材，近年来更多的是用铝制造，也有的散热器的进出水室用复合材料制造。图7-3和图7-4为管片式和管带式

（Tube Belt Type）散热器芯。

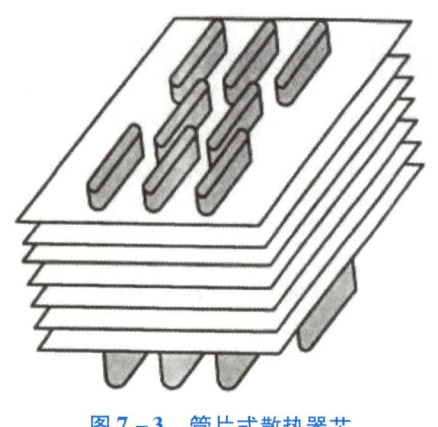

图 7-3 管片式散热器芯

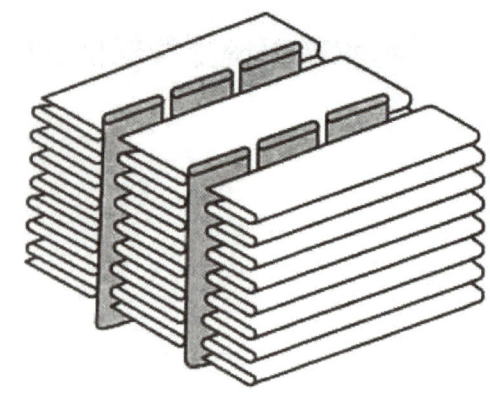

图 7-4 管带式散热器芯

4. 散热器盖

现代汽车发动机强制循环水冷系统多采用闭式水冷系统，即用散热器盖（Radiator Cap）严密地盖在冷却液加注口上，使水冷系统成为封闭系统。闭式水冷系统有如下优点：

（1）系统内的压力提高 98~196kPa，冷却液的沸点相应提高到 120° 左右，从而扩大了散热器与周围空气的温差，提高了散热器的换热效率，从而可以相应地减小散热器尺寸。

（2）减少冷却液外溢及蒸发损失。散热器盖的功用是密封水冷系并调节系统的工作压力。散热器盖的结构如图 7-5 所示，散热器盖安装有空气阀和蒸汽阀。

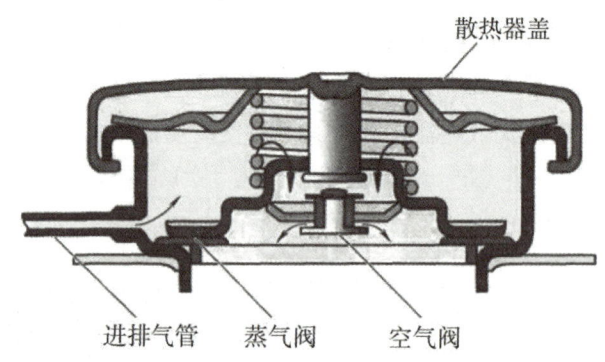

图 7-5 散热器盖

为什么散热器盖上安装有空气阀和蒸汽阀？

当散热器盖紧固密封于散热器加注口后，其内部上下双密封垫圈在压力调节弹簧的作用下，分别与加注口上下环形密封面实现压紧贴合，形成冷却系统的密闭环境。在发动机常规工作温度下，空气阀与蒸汽阀受弹簧预紧力作用保持闭合状态，确保冷却系统与外界空气隔绝。当系统压力因温度升高超过设定阈值时，蒸汽阀自动开启，使部分冷却液经安全溢流管分流至膨胀水箱，通过容积补偿机制防止散热器因压力过载导致结构损坏，具体结构原理如图 7-6 所示。

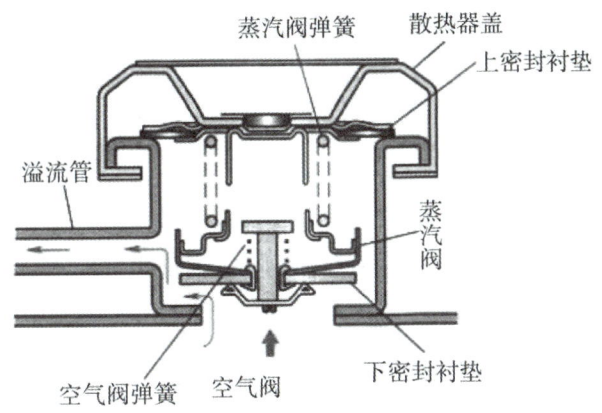

图 7-6 蒸汽阀开启

当发动机熄火后，随着冷却液温度降低，冷却系统内部压力同步下降。当系统压力低于环境气压形成负压状态时，空气阀自动开启，膨胀水箱（补偿水桶）中的冷却液在压差作用下回流至散热器，通过补充液体平衡内外压力差，避免散热器因外部大气压力作用产生结构变形，如图 7-7 所示。

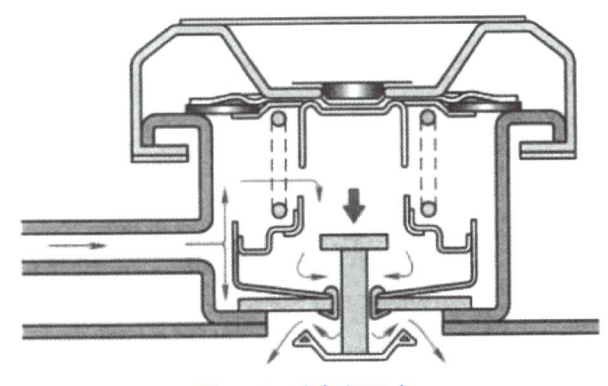

图 7-7 空气阀开启

二、膨胀水箱或补偿水桶

膨胀水箱与常规补偿水桶功能相似，但其集成于冷却系统循环管路中。安装规范要求膨胀水箱必须布置于散热器顶端，其回流管路需连接至冷却水泵进水口。当冷却系统中配置膨胀水箱时，散热器本体不再设置加注口盖，改由膨胀水箱顶部配置同功能压力盖，系统补液即通过该盖完成。

膨胀水箱及补偿水桶采用工程塑料制造，通过橡胶软管与散热器加注口处的溢流管道连通以实现功能。在冷却系统热循环过程中，膨胀水箱内液面会随温度变化上下波动，但散热器本体始终维持满液状态。

容器外壁设有"最低"和"最高"液位标识。正常工况下，冷却液液面应介于两标记之间；若液面低于下限标记，需及时补充冷却液。该装置通过动态容积补偿功能，可有效排除冷却系统中的空气泡，提升热传导效率，同时减少气蚀对金属部件的损害。

三、风扇

冷却风扇（Cooling）安装在散热器后方，作用是提高流经散热器芯的空气流速，强化散热器散热能力，加快冷却液冷却速度。

汽车发动机水冷系统多采用轴流式风扇（见图7-8）。轴流式风扇运转时，空气会沿风扇旋转轴的轴线方向流动，推动气流从前至后穿过散热器芯，进而加速冷却液冷却。在风扇外围设置导风罩，能确保风扇吸入的空气全部流经散热器，提升散热效率。

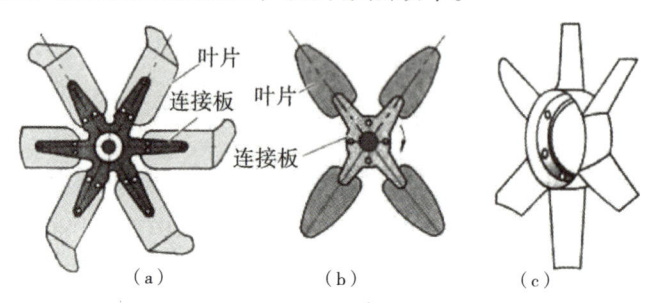

图7-8 轴流式风扇

风扇的通风效能由多项参数共同决定，包括风扇直径、旋转速度、叶片几何轮廓、叶片安装倾角及叶片数量等核心要素。叶片横截面形态分为圆弧曲面和空气动力学翼型两种，为抑制叶片高速旋转产生的气动噪声，当代汽车多采用翼型截面叶片设计，此类风扇通常采用整体铝合金铸造工艺制造，或通过尼龙、聚丙烯等高分子材料注塑成型。

典型设计中，叶片与风扇旋转平面的倾斜角介于30°~45°，叶片数量控制在4~7片为降低旋转振动及噪声辐射，叶片采用非均匀角间距布局。部分车型将风扇与冷却水泵集成在同一驱动轴上，由曲轴前端皮带轮通过传动带驱动，其工作状态由风扇离合器进行智能调控。在车辆维护过程中，需重点检查传动带张紧度：若张紧力不足，会导致皮带在带轮表面打滑，造成风扇有效通风量下降，引发发动机过热及冷却液沸腾；若张紧过度，则会加速轴承的异常磨损。

在乘用车领域，风扇通常直接安装在散热器尾端的导流罩内部，由独立电动机驱动，其运行控制采用两种方式：传统温控双金属片开关控制，或由发动机控制单元根据冷却液温度传感器反馈信号进行精准调节。

四、水泵

1. 功用

水泵的功用是对冷却液加压，使其在冷却系统中加速循环流动。

2. 水泵的基本结构及工作原理

汽车发动机普遍应用离心式水泵。这类水泵主要由水泵壳体、水泵轴、叶轮，以及进出水管构成。水泵叶轮按图7-9所示方向转动时，水泵内的冷却液会随叶轮同步旋转。在离心力作用下，冷却液被甩向水泵壳体边缘，产生一定压力，随后从出水管流出。与此同时，叶轮中心因冷却液被甩出，压力降低。散热器中的冷却液，在水泵进口与叶轮中心的压力差作用下，经进水管流入叶轮中心，实现冷却液循环。

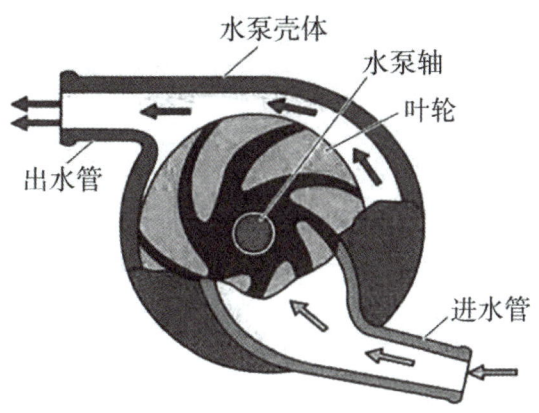

图 7-9　离心式水泵示意图

叶轮多采用铸铁或塑料制成，其上一般配有 6 到 8 个径向直叶片或后弯叶片（见图 7-10）。水泵壳体则由铸铁或铝铸造而成，进出水管与水泵壳体一体成型。

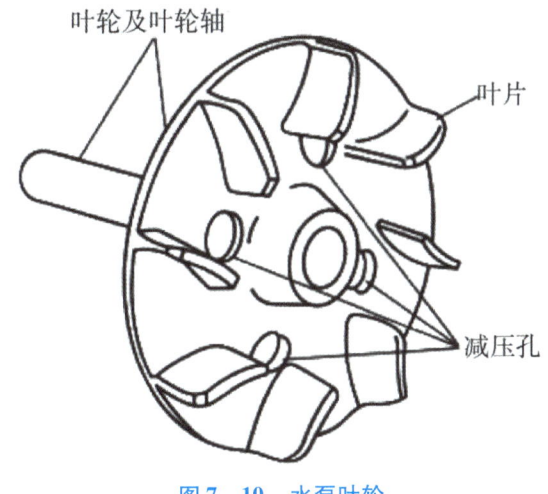

图 7-10　水泵叶轮

3. 水泵的典型构造

图 7-11 展示了一款中型货车发动机所用的离心式水泵。在水泵壳体内，水泵轴由两个滚动轴承支撑，轴端借助半圆键与安装风扇带轮的凸缘盘相连。水泵轴的另一端则安装着水泵叶轮，并通过螺栓固定。在叶轮与滚动轴承之间，设有水封装置，其作用是阻止水泵内的冷却液沿水泵轴发生渗漏。

水封组件中，弹簧压力通过水封环作用，使水封皮碗两端分别与水封座圈和夹布胶木密封垫圈保持密封接触。夹布胶木密封垫圈在弹簧预紧力作用下，与水泵叶轮毂端面形成紧密贴合，其两侧凸耳嵌入水泵壳体的定位槽孔中，确保水封组件在泵轴运转时保持轴向固定。

水泵壳体泄水孔 C 设置在水封装置前端，当冷却液突破水封时，泄漏液体会通过该孔排出泵体，防止冷却液渗入轴承润滑系统。若发动机停机后仍持续观察到冷却液渗漏，则表明水封已失效。

离心式水泵因其结构紧凑、体积小、输出流量大及运行稳定性高等特点，在车用冷却系统中得

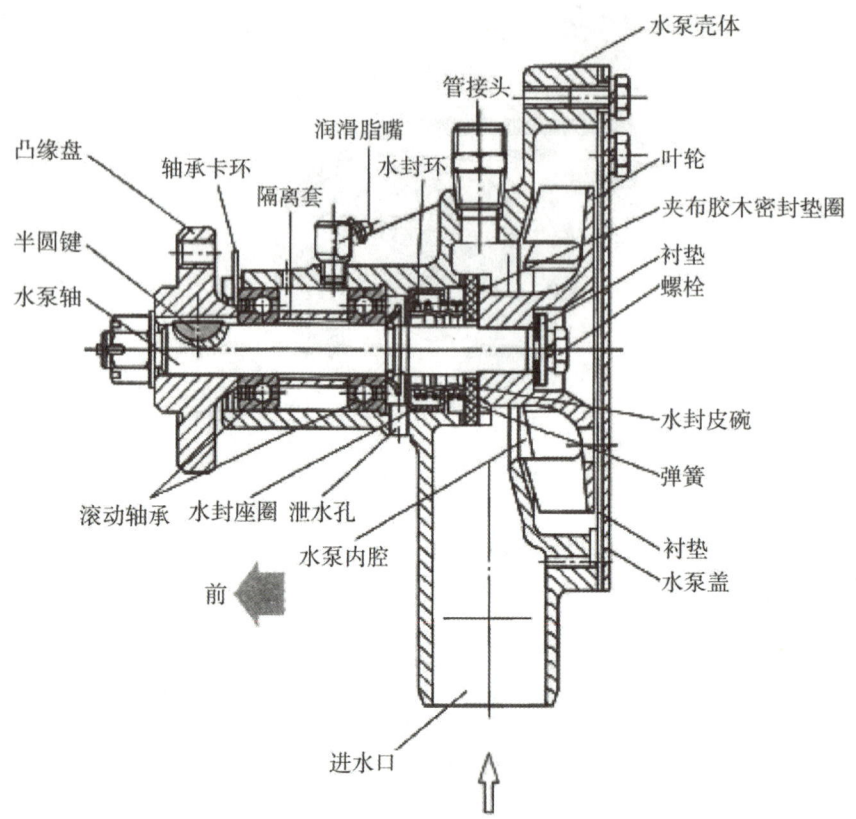

图 7-11 离心式水泵典型结构

到普遍应用。

4. 水泵的驱动

通常情况下，水泵由曲轴通过传动带进行驱动。传动带环绕在曲轴带轮和水泵带轮（见图 7-12）之间，使得水泵转速与发动机转速成比例关系。以奥迪 100 型轿车发动机为例，其水泵便是由曲轴通过传动带驱动，水泵转速达到曲轴转速的 1.6 倍。此外，部分发动机的水泵由凸轮轴直接驱动。

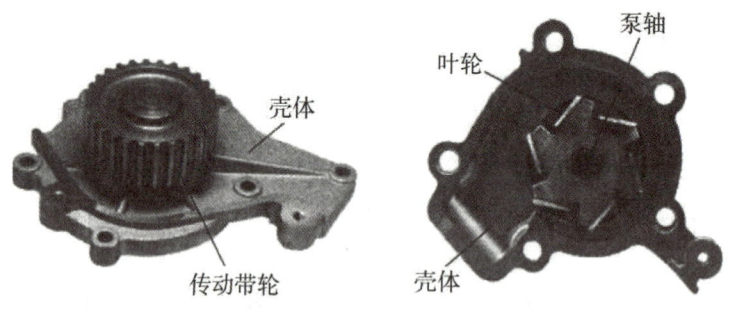

图 7-12 水泵的驱动

五、冷却强度调节装置

当汽车行驶时，环境条件与运行工况会不断发生变化，发动机热状况也随之改变。因此，需随时调节发动机冷却强度。试验表明，水冷系统仅 25% 的时间需要风扇运转，冬季运转时间更短。常见的冷却强度调节方法有两种：一是改变流经散热器的空气流量与流速；二是改变冷却液流量和循环路线。

（一）改变流经散热器的空气流量和流速的装置

1. 百叶窗和进气格栅

百叶窗通常配置于散热器前端位置，通过调节流经散热器的空气流量来调控发动机冷却强度，确保发动机工作温区稳定在最佳范围。当冷却液温度处于低位时，可通过部分或完全闭合百叶窗来限制空气流通量，从而加速发动机温升过程。百叶窗既支持驾驶员在座舱内手动调节（通过控制手柄），部分车型也配备温控传感器实现自动化控制。

当代汽车普遍采用更先进的进气格栅主动调控系统（见图7-13），该系统将电控格栅集成于散热器前端，由电子控制单元根据温度传感器反馈信号，精确控制格栅叶片的转动角度，实现进气通道的智能开闭调节。空气动力学研究表明："引导气流绕流而非直接穿透，能实现更优的散热效能。"

图7-13　主动进气格栅

主动进气格栅可精确识别发动机散热模块的空气需求。冷启动及怠速工况下，格栅保持闭合状态以加速或维持冷却液温升；低速行驶（如拥堵路况）时，格栅开启增强散热效能；高速行驶阶段，格栅依据冷却液温度自动调节开度。该装置在温度调控与空气阻力优化之间智能切换，既实现发动机热管理的动态响应，又通过降低高速行驶风阻提升燃油效率。以配备该系统的福克斯车型为例，当车速达120km/h时，每百公里燃油消耗可减少0.15~0.2升，综合节油效率达到3.2%。

2. 风扇离合器

（1）硅油风扇离合器

硅油风扇离合器采用硅油作为动力传递介质，通过感知散热器出风口的空气温度，实现液力传动效能的智能调控。硅油风扇离合器的构造解析见图7-14。

主动轴与风扇驱动轮刚性连接，由发动机曲轴驱动旋转。主动板固定于主动轴左侧端面，随轴同步运转。从动板、前盖及离合器壳体通过螺栓组件固联为整体结构。散热风扇安装于离合器壳体外部，壳体通过滚珠轴承套装在主动轴上实现支撑。前盖内部集成螺旋式双金属温控元件，其一端固定于前盖内壁，另一端通过传动销与阀片联动。前盖与从动板间形成储油腔，内部填充高黏度硅油；壳体与从动板间构成工作腔。从动板表面设有进油孔A、回油孔B及保险性泄油孔C，通过孔道开闭状态控制硅油流动路径。

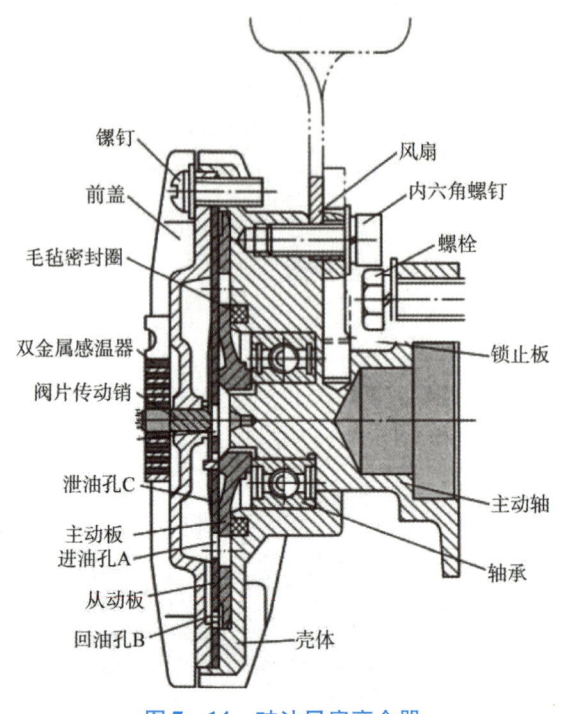

图 7-14 硅油风扇离合器

（2）硅油风扇离合器的工作原理

分离状态：当发动机处于冷机工况时，散热器出风温度较低。此时温控阀片在双金属感温元件作用下封闭从动板进油孔 A，储油腔中的硅油被隔绝在工作腔之外，导致主动板与从动组件间无硅油介质传递转矩。该状态下离合器处于动力解耦状态，风扇或完全静止，或仅因内部密封组件的摩擦效应产生微弱转动。

接合状态：当散热器出风温度超过 65℃ 阈值时，热气流触发前盖内部的螺旋形双金属感温元件产生径向位移，通过传动销驱动阀片旋转开启进油孔。此时储油腔中的硅油经进油孔 A 注入工作腔，并填充主动板与从动板、主动板与壳体间的剪切间隙。凭借硅油的高黏滞特性，主动轴转矩通过油膜剪切力传递至从动组件，驱动风扇进入全速运转状态，离合器实现动力接合。

循环机制：工作腔内的硅油在离心力作用下被甩向腔体外缘，经回油孔 B 回流至储油腔，随后再次通过进油孔进入工作腔形成循环。当散热器出风温度降至 35℃ 以下时，感温元件恢复原状，阀片封闭进油孔终止硅油供给。此时工作腔内存留的硅油在离心力作用下逐步排空至储油腔，离合器恢复分离状态，风扇驱动转矩随之解除。

3. 电动风扇

现代轿车发动机的水冷系统，大多采用电动风扇。电动风扇由发动机电源系统供电，依靠风扇电动机驱动运转，其转速与发动机转速相互独立。

（1）风扇温控开关控制

图 7-15 的双温蜡质热敏温控开关装配于散热器表面，其核心由蜡质热敏驱动组件与双级触点执行机构组成。当冷却液温度逐渐升高时，固态石蜡受热发生体积膨胀，通过橡胶密封隔膜驱动推杆产生轴向位移，进而压迫拉簧支架。当冷却液温度达到 95℃ 临界值时，低速触点在机械作用下闭

合，风扇电机驱动散热风扇以1600转/分钟的低速运行；当温度继续攀升至105℃时，石蜡持续膨胀推动机构动作，使高速触点同步闭合，风扇转速提升至2400转/分钟的高速运行状态。当冷却液温度开始下降时，石蜡体积收缩导致推杆回位，触点机构在弹簧复位力作用下断开电路连接。

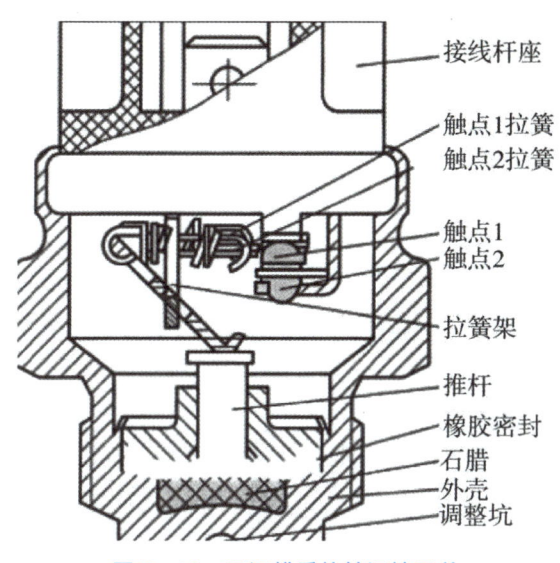

图7-15　双温蜡质热敏温控开关

（2）电脑控制

冷却液温度传感器持续向控制单元输送温度信号，当监测值达到系统设定阈值时，控制单元将激活风扇继电器控制电路，使继电器触点导通，驱动电机带动冷却风扇开始运转。

电动驱动式冷却风扇具有结构组成简单、空间布置灵活的优势特性。该设计完全脱离发动机动力输出，既避免了传统风扇对发动机功率的占用，又消除了传动带张紧调节的需求，在提升动力系统运行效率的同时，有效降低了维护频次和作业复杂度。

（二）改变冷却液的流量和循环路线的装置

节温器通常被安装在水泵进水道口或气缸盖出水道口处，其核心作用是根据发动机冷却液温度变化，自动调节冷却液的循环路径及流量，以确保发动机始终运行在最佳温度区间。

汽车领域最普遍采用的是蜡式节温器，其关键组件为蜡质热敏元件。该类型节温器可分为单阀式和双阀式两种结构形式。以双阀蜡式节温器为例（见图7-16），其构造特征为：上支架与下支架通过铆接工艺与阀座固联为整体结构。中心杆顶端固定在上支架中心位置，杆体贯穿橡胶管中心孔，下端设计为锥形结构。橡胶管与感应体外壳之间形成密封腔室，内部填充石蜡介质。为防止石蜡泄漏，外壳顶端采用内卷边工艺，并通过上盖与密封垫的压紧作用将橡胶管固定在感应体壳的台阶定位面上。外壳上下部分别设置联动控制的主阀门和旁通阀门，其中主阀门设有通气孔设计，用于在加注冷却液时排出水道内空气，确保冷却系统实现完全充液。

在常温环境下，石蜡呈固态。当冷却液温度低于76℃时，双阀蜡式节温器的主阀门会完全关闭，旁通阀则完全开启。此时，从气缸盖流出的冷却液，会经由旁通管直接进入水泵，这种循环方式被称作小循环［见图7-17（a）］。在小循环过程中，冷却液的流动路径为：水泵加压→分水管→机体水套→气缸盖水套→节温器旁通管→水泵。由于冷却液仅在水泵和水套之间循环，不经过散

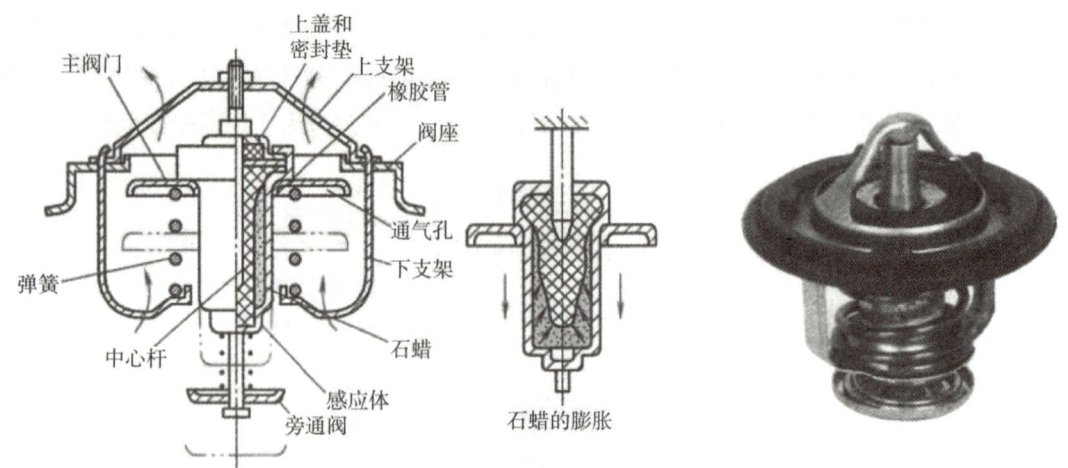

图 7-16 双阀蜡式节温器

热器，且流量较小，所以冷却强度相对较弱。

当发动机冷却液温度升至约 76℃ 时，石蜡受热由固态转化为液态并发生体积膨胀，推动橡胶管产生径向收缩。该收缩变形对中心杆下端的锥形表面施加向上的轴向推力，由于中心杆顶端固定在上支架，反作用力推动感应体及橡胶管整体下移。此下移运动克服弹簧预紧力，驱动主阀门逐渐开启，同时联动机构使旁通阀的开度相应减小。当冷却液温度达到 86℃ 时，主阀门完全开启而旁通阀完全关闭，冷却液全部经散热器形成完整循环路径 [即大循环，如图 7-17（b）所示]。大循环的冷却液流动路线为：水泵增压→分水管→机体水套→气缸盖水套→节温器主阀→散热器进水管→上水室→散热芯体→下水室→出水管→水泵。由于大循环路径长、流量大，其冷却能力显著增强。当冷却液温度处于 76℃~86℃ 时，主阀门和旁通阀均处于部分开启状态，此时大循环与小循环（旁通阀通路）同时存在。

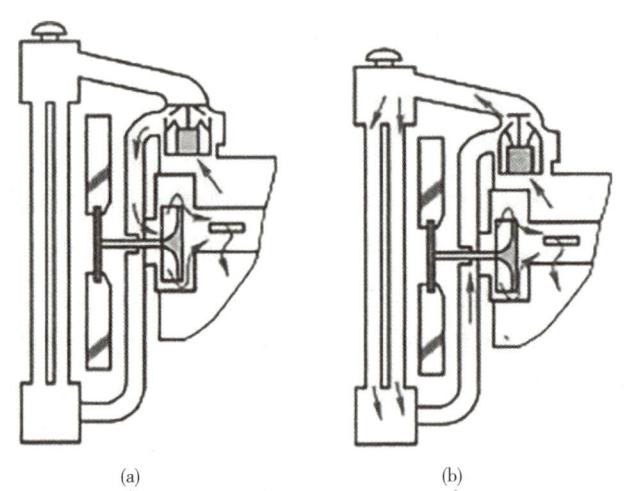

图 7-17 冷却液大小循环

在汽车冷却系统中，节温器有两种布置方式：一种是布置在气缸盖出水管路上，这种布置方式应用广泛，其结构简单，且节温器处于冷却系统的最高处，便于排除气泡。然而，在冷启动或者车辆于寒冷地区高速行驶时，节温器容易出现反复开闭的振荡现象，不仅会导致节温器损坏，还会增加油耗。另一种布置方式是将节温器布置在气缸体进水管路上（见图 7-18），这种方式更易于控制冷却液温度,减少节温器振荡,尤其适用于冬季或寒冷地区高速行驶的车辆。但该布置方式排气较为困难,需要在冷却液通道中设置多个排气孔,结构也相对复杂。

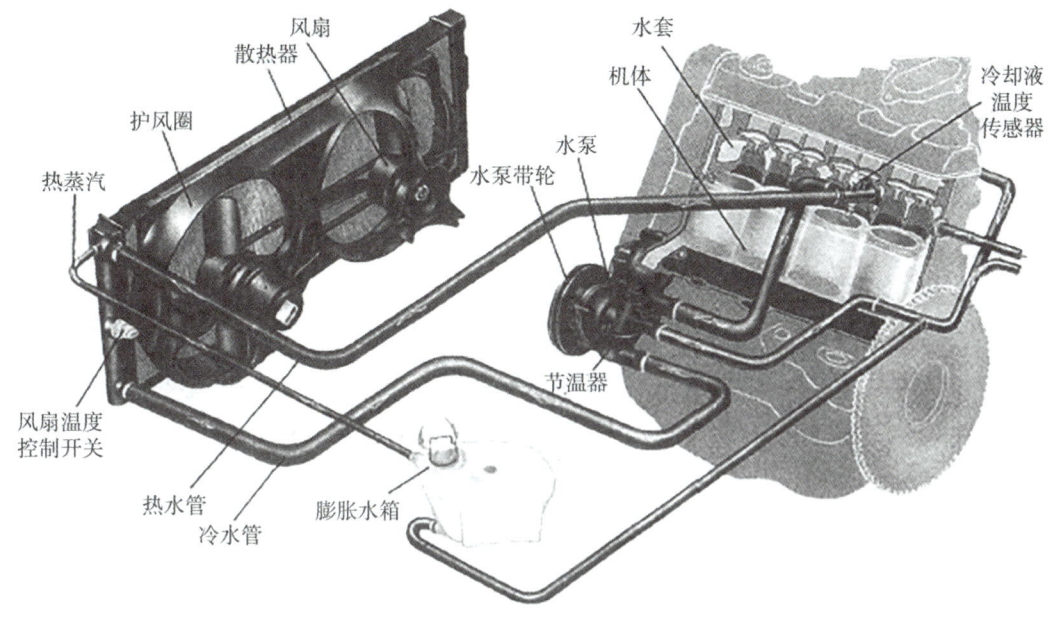

图 7-18　节温器布置在气缸体进水管路上的冷却系统

大循环：水泵→机体水套→气缸盖水套→散热器进水软管→散热器→散热器出水软管→节温器→水泵。

小循环：水泵→机体水套→气缸盖水套→回水管→水泵。

蜡式节温器对冷却系统内的压力变化不敏感，工作可靠，使用寿命长，结构简单，制造方便，成本较低。

六、发动机热管理系统

发动机热管理系统（亦称发动机冷却智能控制系统）可实现对发动机最佳工作温度的精确调控，确保冷却强度与发动机实时散热需求动态匹配，助力发动机快速进入高效运行区间。研究表明：风扇电控化改造可使发动机热效率提升，燃油消耗降低约 5%；电控水泵能缩短暖机时间 60% 以上，预热阶段节油率达 11.5%；通过电控集成管理，冷却系统可快速稳定至目标温度，暖机时间压缩 80%，综合节油效益达 7%。当前冷却系统智能化研发聚焦于两大方向：其一为冷却部件（水泵、风扇、节温器等）的电控化改造，其二为系统级集成控制策略优化。

（一）冷却部件电控化改造

该领域采用电动驱动装置（如电动机、液压马达）替代传统机械部件，依托传感器与电控单元实现温度响应式智能调节。电控水泵、风扇及电子节温器可根据发动机工况实时调整工作参数，显著提升系统能效。

1. 电动水泵技术特性

电动水泵由独立电机驱动，流量控制具有解耦性。相较于曲轴驱动的传统水泵，其布局灵活性更高，可优化水力设计降低流阻损耗。其独特优势在于发动机停机后仍可持续运行，有效防止高负荷停机后缸体局部过热风险。

2. 电子节温器技术优势

电子节温器相较于传统产品具有流阻小、响应快、控制精度高的特点。其阀门开度可连续调节，能根据发动机工况和冷却液温度实时优化散热器流量分配。以奥迪 APF 1.6L 发动机采用的电控蜡式节温器（见图 7 – 19）为例，控制单元接收冷却液温度传感器信号后，通过调节电阻丝加热功率改变石蜡相变特性，驱动推杆精确控制冷却液流量与温度。部分先进设计更集成传感器、步进电机及控制模块，实现全工况智能调节。

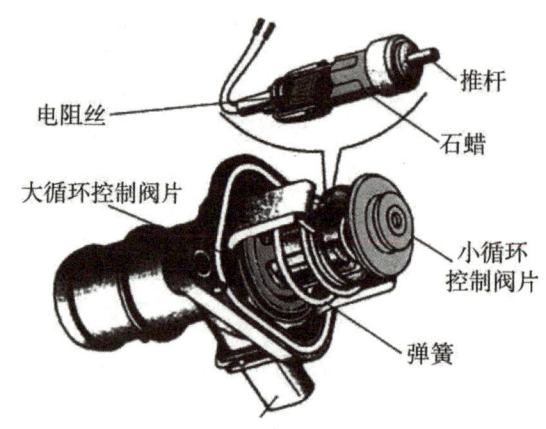

图 7 – 19　电控蜡式节温器

（二）冷却系统集成控制

美国通用公司全球首创的由电子水泵和电控球阀模块组成的主动热管理系统 ATM（Active Thermal Management System）（见图 7 – 20），结合发动机分流水套设计，通过 ECU 直接控制水泵转速及智能热管理模块的球阀角度，可以智能、精准地控制冷却系统各环路的流量，进而满足对系统热量的精确管理，实现快速暖机，机油加热，停机冷却的功能。系统组件包括 ECU、温度传感器、电子水泵、缸体控制球阀（BRV）和主要控制球阀（MRV）。其中缸体控制球阀（BRV）的作用是控制通过缸体冷却液的通断和流量大小；主要控制球阀（MRV）（见图 7 – 21）的作用：一是控制冷却液大小循环走向，二是控制发动机和变速器机油冷却和升温。冷却液循环路线如下：

在汽车冷却系统中，冷却液主要存在大循环和多种小循环模式，具体如下：

1. 大循环

当冷却液温度偏高时，电控球阀模块的 2# 阀门开启，1# 阀门关闭。此时，冷却液全部流经电控球阀模块，并从 2# 阀门流出，进入散热器散热，促使冷却液温度迅速下降。随后，降温后的冷却液由电子水泵输送至各个水套，确保发动机获得充足散热。

2. 小循环

当冷却液温度较低时，电控球阀模块的 1# 阀门开启，2# 阀门关闭。冷却液经电控球阀模块从 1# 阀门流出后，直接返回电子水泵。由于该过程中冷却液不经过散热器散热，因而能快速提升发动机冷却液的温度。此外，小循环还衍生出以下细分类型：

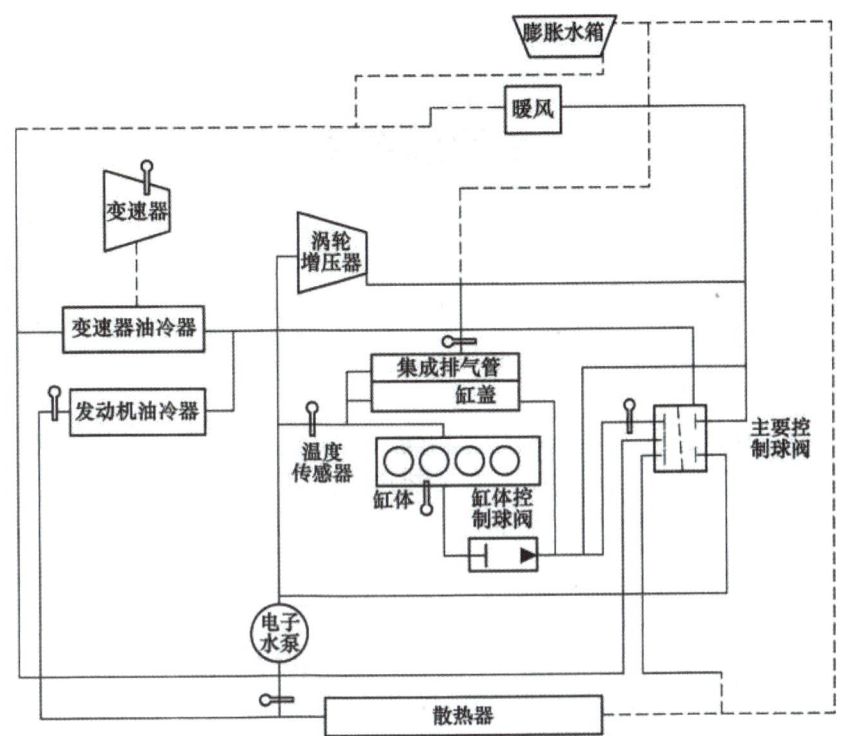

图 7-20　通用公司的由电子水泵和电控球阀模块组成的主动热管理系统 ATM

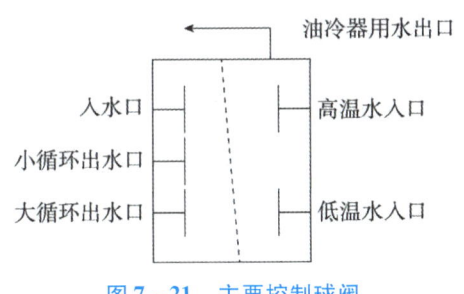

图 7-21　主要控制球阀

小循环 1（暖风）：从缸盖流出的冷却液温度较高，会先流入空调暖风系统。通过系统内其他装置为车内供暖后，冷却液最终回到电子水泵，继续参与循环。

小循环 2（增压器冷却）：冷却液直接进入涡轮增压器，对其冷却后，再经过膨胀水箱，直接返回电子水泵，持续循环以冷却涡轮增压器。

小循环 3（机油冷却）：冷却液直接进入电控球阀模块，由该模块调控，将温度较低的冷却液输送至发动机和变速器油冷器。冷却完成后，冷却液回到电子水泵循环，实现对油冷器的降温。

小循环 4（机油升温）：从缸盖流出的冷却液进入电控球阀模块，通过模块调控，将温度较高的冷却液输送至发动机和变速器油冷器。完成冷却操作后，冷却液回到电子水泵循环，实现对油冷器的加热。

项目八

传动系统

工作页　传动系统拆装与故障诊断

任务描述

(1) 了解传动系统的组成及作用。
(2) 能够识别传动系统的零部件。
(3) 能够积极参与任务，能与小组成员团结协作。

任务准备

(1) 知识准备：
完成项目八传动系统的知识学习。
(2) 设备准备：
汽车、传动系统零部件、演示课件、操作视频。

任务步骤

(1) 教师演示或播放视频：传动系统的构成。
(2) 学生学习传动系统相关知识，并完成表格的填写。

项目八 传动系统 | 08

任务步骤

任务名称		日期	
第（ ）小组成员			
实训内容			
传动系统的认知	作用		
	组成		
	零部件		

任务评价

任务评价内容及标准见下表。

序号	项目	操作内容	分值	评分标准	得分
1	准备	清理工位	5 分	酌情扣分	
2	传动系统	填写作用	10 分	视情况扣分	
		填写组成	20 分	每个组成 5 分	
		识别零部件	40 分	视情况扣分	
3	完成时间	40min	10 分	超时 1~5min 扣 1~5 分 超时 5min 以上扣 10 分	
4	安全文明	无安全隐患，无不文明操作	5 分	未达标扣 1~5 分	
5	结束	工作场地清洁	10	清洁不彻底扣 1~10 分，未做扣 10 分	
	总分		100 分		

汽车传动系统被定义为发动机与驱动桥之间的动力传输装置，其核心功能包括：确保在各种行驶条件下实现所需的驱动力和车速，并满足两者随道路及交通状况动态变化的需求；具备良好的动力性和燃油经济性；确保在发动机曲轴保持原有旋转方向时实现车辆倒车功能；适应左右车轮间的差速需求；实现动力传递的平稳接合与快速彻底分离。

任务一　离合器的结构和原理

一、汽车传动系统的组成

汽车普遍采用活塞式内燃机，与之相配的传动系统大多数采用机械式传动系统（见图 8-1），它由离合器、发动机、万向节、变速器、主传动与差速器等组成。

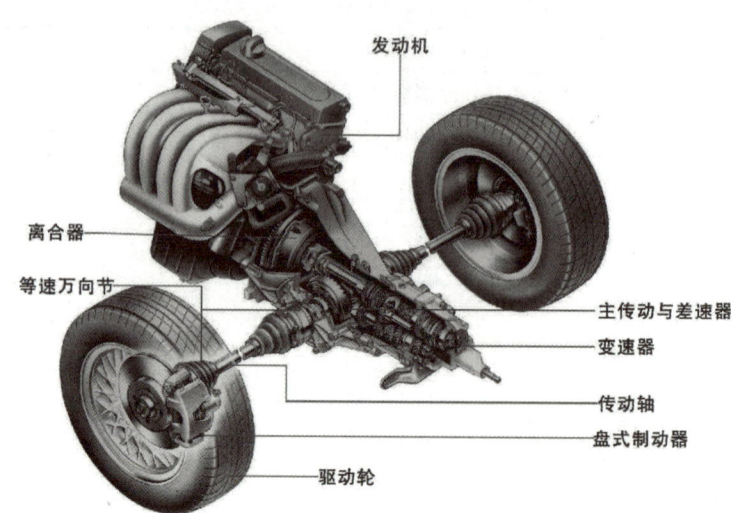

图 8-1 发动机前置前驱传动系统结构

二、汽车传动系统的作用

1. 实现汽车减速增距

在保持发动机输出功率恒定的前提下,当车辆行驶阻力增大时,传动系统通过降低驱动轮转速同步提升输出转矩,确保在不同行驶阻力条件下提供充足的牵引力;当车辆在良好路况下高速行驶时,传动系统则通过提高驱动轮转速并降低转矩,实现高效动力匹配。

2. 实现汽车变速

在发动机转速波动较小的工况下,传动系统可使车辆行驶速度在较大范围内调节,满足各种行驶场景对速度变化的动态需求。

3. 实现汽车倒车

鉴于内燃机无法逆向运转的特性,通过变速器内置倒挡机构(采用含中间齿轮的减速齿轮副),实现在发动机曲轴保持正向旋转时驱动轮的反向转动,满足特殊行驶场景需求。

三、离合器的作用和类型

(一)离合器的作用

1. 确保汽车平稳起步

汽车起步时发动机处于怠速状态,需从静止逐步加速。若无离合器,发动机动力直接传递至驱动轮,车辆将因瞬时冲击产生剧烈震动甚至熄火。离合器通过渐次结合发动机与传动系统,使扭矩平缓传递至驱动轮,实现平稳启动。例如,手动挡车辆起步时,驾驶员缓慢释放离合器踏板,动力逐步传递至变速器和驱动轮,有效避免冲击载荷,提升驾乘舒适性。

2. 保障换挡过程平顺

行驶中需根据路况和驾驶需求进行换挡。换挡时,离合器暂时中断发动机与变速器的动力连接，使齿轮转速得以同步调整后再恢复动力传递，从而避免齿轮啮合冲击（打齿现象）。例如，从低速挡切换至高速挡时，驾驶员先踩下离合器踏板切断动力，完成挡位切换后缓慢松开踏板，使动力平稳接续，确保换挡过程无顿挫感，保障行驶连续性。

3. 防止传动系统过载

在紧急制动或车轮陷困等突发情况下，传动系统可能承受极大扭矩冲击。离合器通过摩擦片打滑机制实现过载保护：当传递扭矩超过阈值时，摩擦片间打滑切断动力，避免变速器齿轮、传动轴等部件因瞬时过载而损坏，有效维护传动系统安全性。

（二）离合器的类型

在汽车机械式传动系统中广泛采用摩擦式离合器。摩擦式离合器的种类很多，可以根据以下方法划分。

1. 按从动盘的数目分类

（1）单片离合器。单片离合器结构相对简单，只有一个从动盘。它具有结构紧凑、轴向尺寸小、散热性能好等优点，广泛应用于普通轿车和轻型载货汽车上。由于其从动盘数量较少，传递的扭矩相对有限，但对于这些车型来说，已经能够满足日常的动力传输需求。

（2）双片离合器。双片离合器有两个从动盘，相较于单片离合器，它能够传递更大的扭矩。这是因为双片离合器增加了摩擦片的数量，增大了摩擦力的作用面积，从而提高了扭矩传递能力。双片离合器常用于一些中、重型载货汽车上，这些车辆在行驶过程中需要更大的扭矩来应对重载和复杂路况，双片离合器正好能够满足这一需求。

（3）多片离合器。多片离合器则是由多个从动盘组成，通常用于需要传递超大扭矩的场合，如重型工程车辆、赛车等。多片离合器通过增加从动盘的数量，进一步提高了扭矩传递能力和传动效率。然而，由于其结构较为复杂，制造成本较高，所以在普通汽车上应用较少。

2. 按压紧弹簧的形式分类

（1）膜片弹簧离合器采用具有复合功能的碟形膜片弹簧作为压紧装置，该弹簧既承担摩擦片的轴向压紧功能，又兼具分离杠杆的操纵作用。此类离合器优势显著：结构布局简洁、轴向空间占用小、摩擦片表面压力分布均衡、操纵力需求低。其特有的力学特性确保扭矩传递时压紧力波动幅度较小，能有效抑制换挡过程中的动力冲击，提升驾驶平顺性。因此，膜片弹簧离合器在乘用车及轻型商用车领域获得了高度普及。

（2）螺旋弹簧离合器通过螺旋弹簧产生压紧力，根据弹簧配置方式可分为周置式和中央式两类。周置式将多组螺旋弹簧均匀布设在离合器圆周方向，具有结构简单、加工便利的特点，但弹簧数量较多导致高速运转时易产生离心变形，影响压力均匀性；中央式则集中布置少量弹簧于离合器轴心位置，虽能避免高速变形问题，但需配置独立的分离杠杆机构，使结构复杂度增加。螺旋弹簧离合器曾广泛应用于各类汽车，随着膜片弹簧技术的成熟，其应用比例有所降低，但在特定车型和工况下仍有一定适用性。

3. 按操纵机构的不同分类

摩擦式离合器依据操纵机构类型可分为机械式、液压式、气压式和空气助力式四类：

(1) 机械式操纵机构

作为早期传统操纵形式，机械式机构通过拉杆、杠杆等刚性部件实现离合器操控。该结构具有组件少、成本低的优势，但由于机械连接存在间隙与摩擦，导致操纵费力且磨损后操控性能衰减明显。目前主要应用于部分轻型汽车及小型载货车型，在现代乘用车中已逐步被淘汰。

(2) 液压式操纵机构

该机构以液压油为传动介质，通过主缸—工作缸系统传递踏板操控力。其显著优势在于操作轻便、响应灵敏、布局紧凑，且液压油不可压缩特性确保离合操控稳定性。液压系统良好的环境适应性使其广泛应用于轿车、客车及载货汽车领域，成为主流操纵方式。

(3) 气压式操纵机构

采用压缩空气作为动力源，特别适用于重型载货汽车及大型客车。这类车辆因离合器需传递大扭矩而对操控力要求较高，气压系统凭借强大的压缩空气压力有效减轻驾驶负荷。虽然具有操控力大、可靠性高的特点，但需配套空气压缩机及储气装置，导致系统复杂度和成本增加。

(4) 空气助力式操纵机构

在液压操纵基础上集成气压助力装置，实现复合操控模式。驾驶员踩下踏板时，液压系统先行动作，助力装置根据踏板行程提供比例助力，显著优化操控轻便性。该机构融合液压系统的灵敏平稳与气压系统的助力特性，在追求驾驶舒适性的重型载货汽车及大型客车上得到应用。

四、离合器的组成及工作原理

1. 摩擦式离合器的基本组成

摩擦式离合器由主动部分、从动部分、压紧机构和操纵机构四部分组成，如图 8-2 所示。

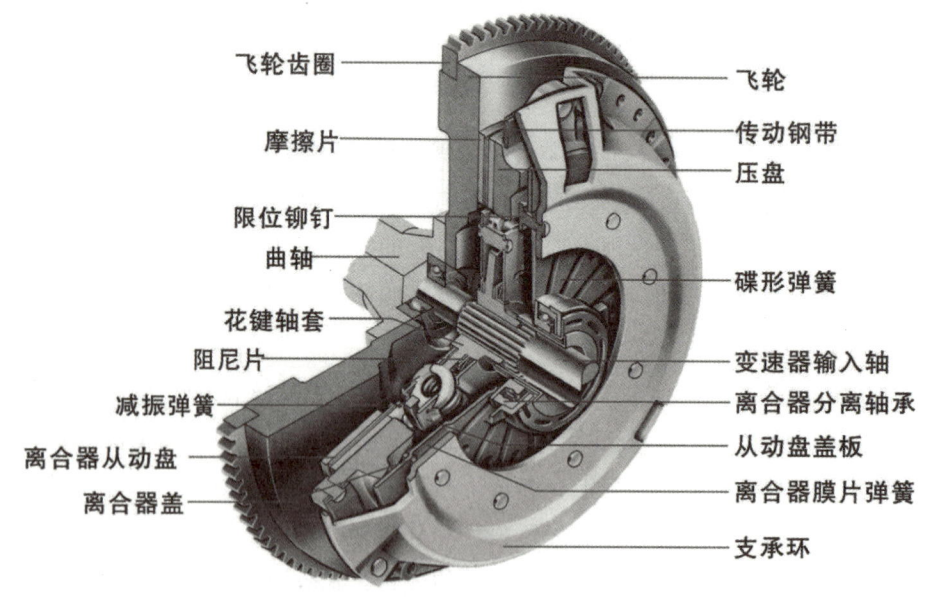

图 8-2 摩擦式离合器的结构

(1) 主动部分构成

主动部分由飞轮、离合器盖及压盘组成。离合器盖通过螺栓刚性连接于飞轮表面，压盘后端的环状凸台嵌入离合器盖的导向窗口并可实现轴向位移。此结构设计确保发动机运转时动力经飞轮传递至离合器盖，继而驱动压盘同步旋转。

（2）从动部分结构

从动部分包含从动盘及其输出轴组件。从动盘两侧均配置摩擦衬片，正常接合状态下分别与飞轮端面和压盘工作面紧密接触。输出轴前端通过花键与从动盘毂连接，后端延伸至变速器输入端，其前端轴承支承于曲轴中心孔，后端由变速器壳体支撑。

（3）压紧机构原理

压紧机构由多组沿圆周均布的压紧弹簧构成，弹簧组嵌装于压盘与离合器盖之间。利用弹簧弹力将压盘持续压向飞轮，同时迫使从动盘摩擦片与飞轮、压盘保持紧密贴合，实现三元件间的压力接触。

（4）操纵机构组件

操纵机构由离合器踏板、分离拉杆、调节叉、分离叉、分离套筒、分离轴承、分离杠杆及回位弹簧等部件构成，形成完整的操纵力传递系统。

2. 摩擦式离合器的基本工作原理

（1）接合过程

当驾驶员逐步释放离合器踏板时，压盘在压紧弹簧的作用下产生轴向位移，逐渐压紧从动盘。接触面间压力随踏板抬起而梯度增大，摩擦力矩相应提升。在接合初期，由于飞轮、压盘与从动盘未完全啮合，实际传递的摩擦力矩较小，主从动部件存在转速差异，离合器进入打滑状态。随着踏板持续抬升，三元件间压紧程度逐步加强，主从动转速趋近同步，直至完全接合后打滑现象消失，完成动力传递衔接。

（2）接合状态

离合器完全接合时，从动盘在弹簧压力作用下保持与飞轮的压紧接触。发动机运转过程中，飞轮旋转时通过摩擦作用将从动盘扭矩传递至变速器输入轴，实现持续动力输出。

（3）分离状态

当踩下离合器踏板时，操纵机构驱动分离套筒克服弹簧压力产生轴向位移，解除主从动部件的接触关系，切断动力传递路径，使发动机与传动系统动力连接中断。

五、从动盘与扭转减震器

发动机输出的转矩呈周期性波动，这种波动会导致传动系统产生扭转振动。当该振动频率与传动系统固有频率一致时，将引发共振现象，显著缩短零部件的使用寿命。此外，未分离离合器状态下实施紧急制动或急骤接合操作，会在瞬间对传动系统零部件施加极大的冲击载荷，加速其疲劳损坏。为抑制共振并缓解冲击载荷，多数汽车传动系统配备了扭转减震器，通常将其集成于离合器从动盘结构中。基于是否集成扭转减震器，从动盘可分为两种类型（见图8-3）。带扭转减震器的从动盘构造示意图见图8-4，其通过弹性阻尼元件吸收转矩波动能量，有效衰减振动冲击对传动系统的破坏作用。

带扭转减震器的从动盘与常规从动盘的外缘摩擦片载体结构保持一致，其核心区别在于中心区域集成有扭转减震装置。该结构通过减震器实现本体与毂体的转矩传递，具体特征如下：从动盘本

（a）刚性从动盘（不带扭转减振器）

（b）柔性从动盘（带扭转减震器）

图 8-3　从动盘

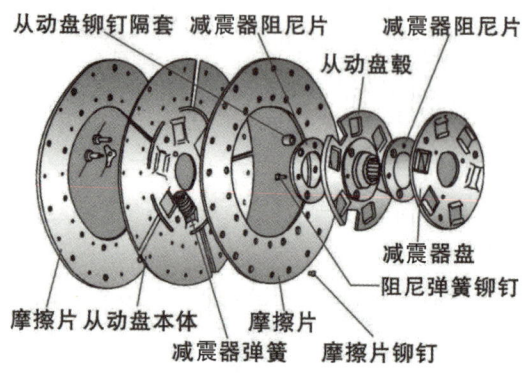

图 8-4　带扭转减震器的从动盘结构

体、毂体及减震器盘均开设六个矩形窗孔，内部装配减震弹簧以形成周向弹性连接。减震器盘与本体通过铆接固定为整体，并将毂体及两侧的阻尼片夹持其中，窗孔边缘翻边设计防止弹簧脱出。毂体设有与铆钉隔套对应的缺口，二者保留间隙以确保本体与毂体间可产生限定角度的相对转动。

扭转减震器的工作机制分为两种状态：

（1）非工作状态（见图 8-5）：从动盘本体、毂体及减震器盘的窗孔保持完全对齐。

（2）工作状态（见图 8-6）：摩擦片受力产生的扭矩首先传递至本体和减震器盘，其次通过六个弹簧传递至毂体。弹簧受压过程吸收系统冲击能量，传动系统的扭转振动引发本体组件与毂体的往复扭转运动，两个阻尼片通过与各部件的摩擦作用将振动能量转化为热能，从而实现振动能量的快速衰减。

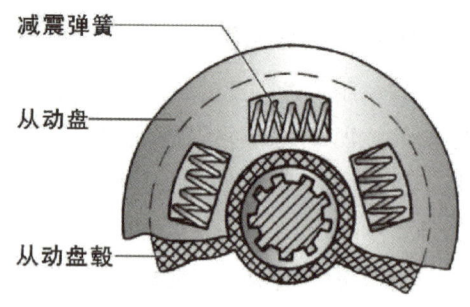

图 8-5　从动盘不工作时

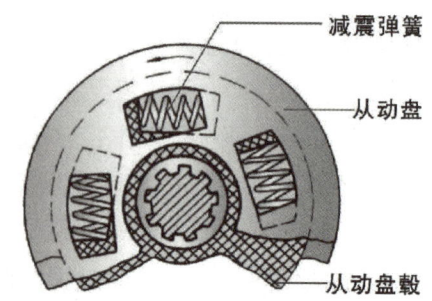

图 8-6　从动盘工作时

六、膜片弹簧离合器

膜片弹簧离合器根据膜片弹簧受分离杠杆的作用力的不同,可分为推式膜片弹簧离合器和拉式膜片弹簧离合器两种,如图8-7所示。

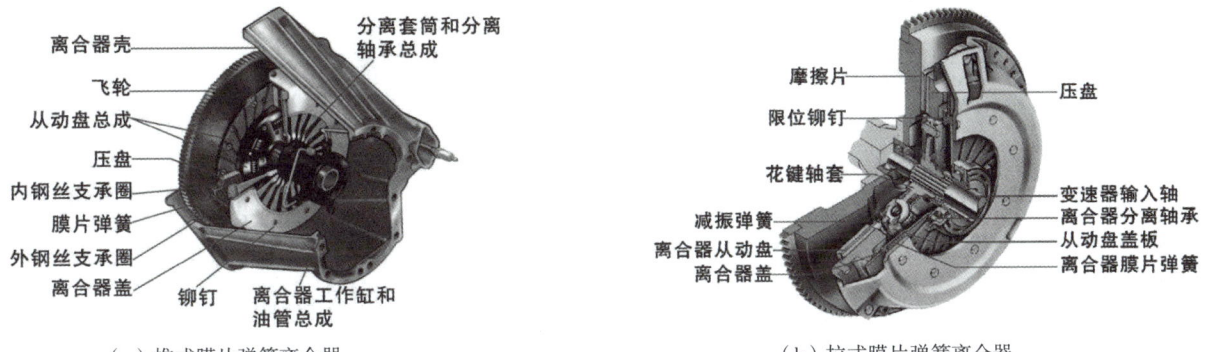

(a) 推式膜片弹簧离合器　　　　　　　　(b) 拉式膜片弹簧离合器

图8-7 膜片弹簧离合器的分类

1. 推式膜片弹簧离合器

推式膜片弹簧离合器的结构特性决定了其通过分离轴承的轴向推力实现离合器分离,具体工作原理如下:

(1) 预装配状态

当离合器盖尚未与飞轮组装时,膜片弹簧处于无约束自由状态,此时飞轮端面与离合器盖端面之间存在初始间隙L(见图8-8),该状态为装配前的基准位置。

(2) 完全接合状态

通过螺钉将离合器盖紧固于飞轮后,盖体轴向移动消除初始间隙,后钢丝支承环对膜片弹簧施加预紧力,使其产生弹性变形(锥角减小)。变形后的膜片弹簧外缘形成对压盘的轴向压紧力,确保飞轮、压盘与从动盘之间的摩擦接合(见图8-9),此时离合器处于转矩传递状态。

(3) 分离工作状态

当分离轴承左移时,膜片弹簧被推移至前钢丝支承环位置,其径向截面以该支承环为转动支点发生杠杆作用(形成反锥形变形)。此运动导致膜片弹簧外端产生周向位移,通过分离钩拉动压盘后撤,从而解除摩擦元件的接触(见图8-10)。该过程中,膜片弹簧同时承担压紧元件和分离操纵元件的双重功能。

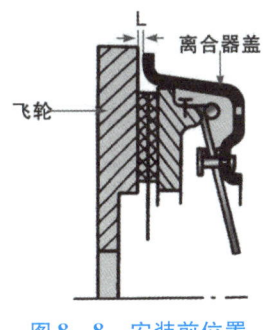　　

图8-8　安装前位置　　　　图8-9　接合状态　　　　图8-10　分离位置

2. 拉式膜片弹簧离合器

拉式膜片弹簧离合器的结构形式与推式弹簧离合器的结构形式大体相同，只是将膜片弹簧反装，其支承点由原来的中间支承环处移至膜片弹簧大端外径的边缘处，支承在离合器盖上，如图 8-11 所示。

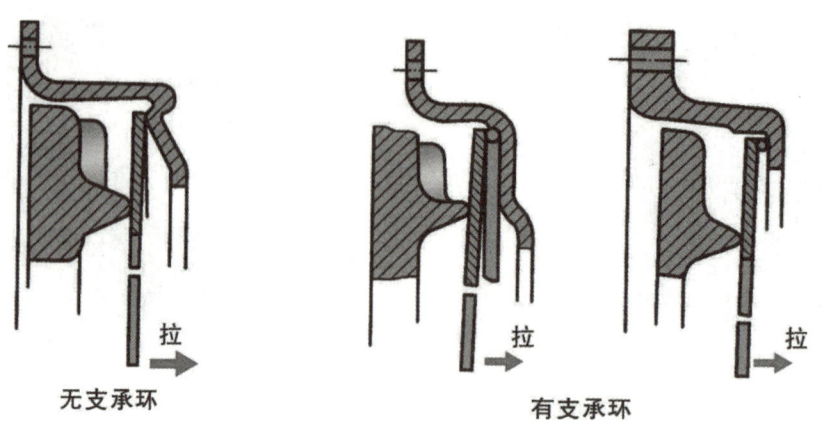

图 8-11　拉式膜片弹簧离合器的结构

拉式膜片弹簧离合器的构造布局与推式膜片弹簧离合器基本一致，其核心区别在于膜片弹簧采用反向安装方式，且支承作用点发生位移。具体表现为：膜片弹簧的支承接触位置由推式结构的中间支承环区域，转移至其大端外径的边缘区域，该边缘区域直接支承在离合器盖端面上，形成独特的力学承载结构（见图 8-11）。这种设计通过改变膜片弹簧的受力支点位置，实现了与推式结构差异化的操纵特性，但保留了膜片弹簧同时承担压紧和分离功能的双重作用机制。

拉式膜片弹簧离合器的特点是：在分离轴承向后拉力的作用下，离合器分离。

捷达轿车离合器采用的是拉式膜片弹簧离合器，如图 8-12 所示。离合器分离盘通过卡环卡在膜片弹簧的三个定位爪上，从动盘的花键毂与变速器输入轴配合，输入轴是空心的，离合器分离推杆从中穿过。分离推杆的左端与离合器分离轴承接触，右端顶在分离盘的中央凹坑中，飞轮用螺栓反装在离合器盖上。

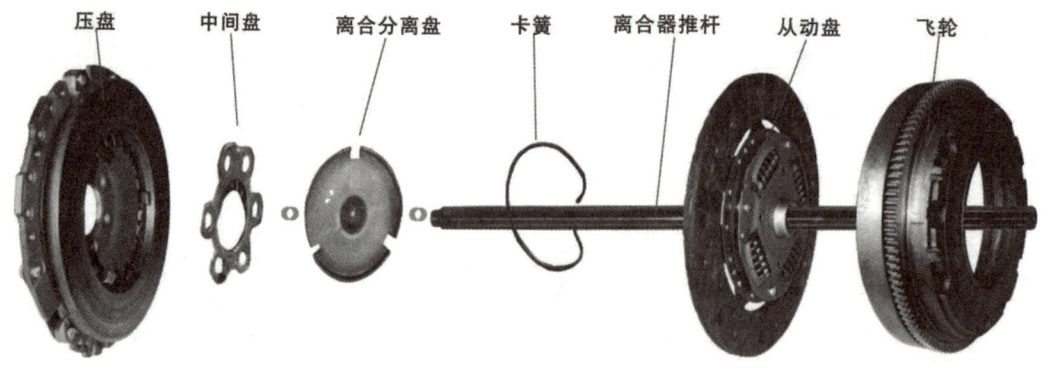

图 8-12　捷达轿车离合器分解图

当踩下离合器踏板时，操纵机构使离合器分离臂转动，推动分离轴承移动，并使分离推杆推动分离盘移动，分离盘推压膜片弹簧，迫使压盘与从动盘分开，完成离合器分离。

七、离合器操纵机构

离合器的操纵机构是驾驶员借以使离合器分离又使之柔和接合的一套机构。常见的离合器操纵机构有机械式、液压式和气压助力式三种,目前汽车离合器广泛采用的是机械式或液压式操纵机构。

1. 机械式离合器操纵机构

机械式离合器操纵机构通常有杠杆式和绳索式两种。

(1) 杠杆式离合器操纵机构。杠杆式离合器操纵机构(见图 8-13)具有结构简单、工作可靠的特性,在各类汽车中普遍应用。其传动结构采用多铰接杆件设计,但存在摩擦损耗较大的缺点,且对车架/车身变形或发动机位移敏感,易导致操纵失效。东风 EQ1090E 型汽车即配置该型操纵机构,典型体现了其兼具实用性与结构局限性的特点。

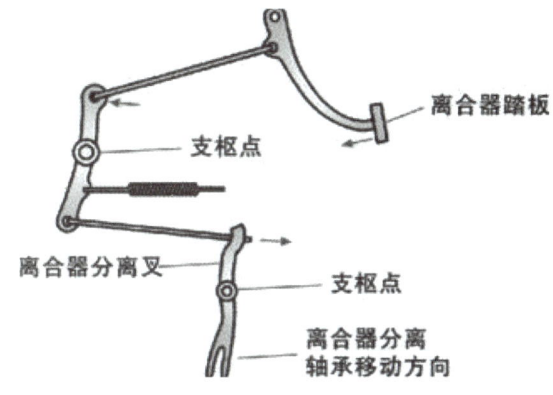

图 8-13 杠杆式离合器操纵机构

(2) 绳索式离合器操纵机构。绳索式离合器操纵机构如图 8-14 所示。该操纵机构通过绳索建立离合器踏板与分离叉的机械连接,绳索两端分别固定于踏板和分离叉。当驾驶员踩下踏板时,绳索牵引分离叉产生位移,推动分离轴承对膜片弹簧施加压力,使离合器实现分离。由于绳索存在使用寿命有限、抗拉刚度较低的固有特性,其应用范围受到限制,主要配置于轻型、微型汽车及轿车。例如,桑塔纳、捷达等轿车的离合器操纵系统即采用绳索传动方案,体现了该设计在特定车型中的适用性。

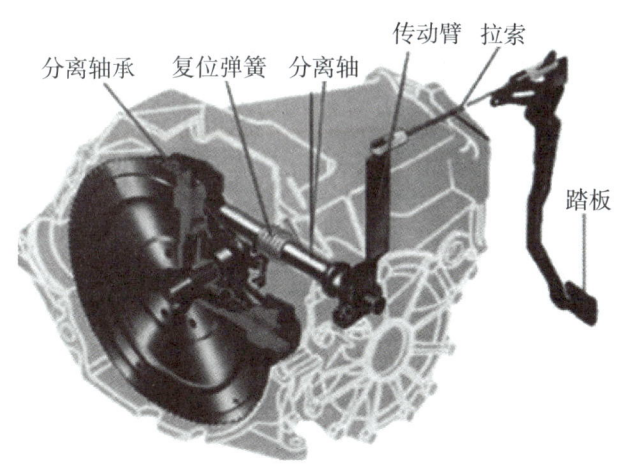

图 8-14 绳索式离合器操纵机构

2. 液压式离合器操纵机构

液压式离合器操纵机构由主缸、工作缸及连接管路等核心组件构成，该配置目前广泛应用于各类车型。

其工作原理为：当驾驶员对离合器踏板施加作用力时，主缸内部产生液压，压力通过液压管路传递至工作缸。在工作缸中，液压作用力驱动分离叉产生位移，进而操纵离合器分离。该机构设计原理与制动系统具有相似性，系统包含主缸、离合器踏板、工作缸及储液罐（用于储存冗余液压油），如图8-15所示。工作过程中，踩下踏板时液压系统在管路中形成压力，通过液压传动实现离合器的分离控制。

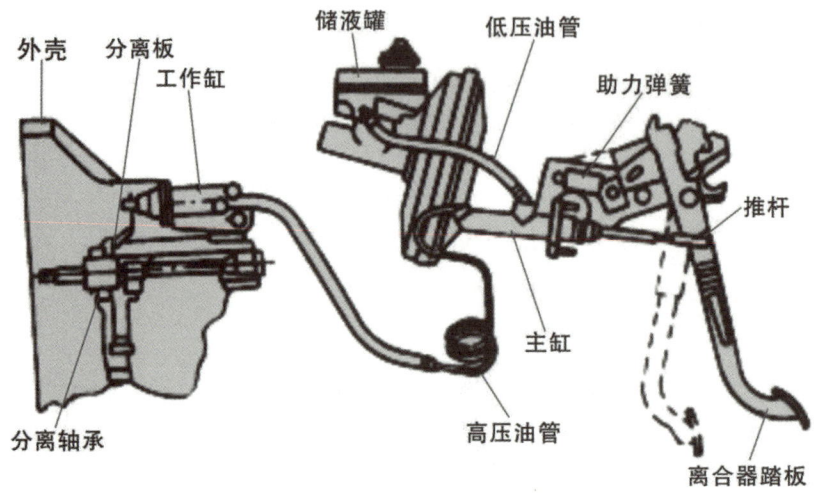

图8-15 液压式离合器操纵机构

3. 气压助力式离合器操纵机构

气压助力式离合器操纵机构采用发动机驱动的空气压缩机作为主操纵能源，人体操纵力作为辅助或备用能源，通常与车辆气压制动系统或其他气动设备共享压缩空气源。其结构组成中，离合器踏板通过第一操纵拉杆与随动控制阀实现联动，控制阀可随拉杆产生同步位移。助力气缸固定安装于车架，与随动控制阀之间通过气动管路连接，而进气通道则与储气罐直接连通。该设计通过压缩空气提供主要操纵力，在发动机运转时实现离合器操纵的省力化，同时在气压系统失效时仍保留人力操纵功能。

实训——离合器的拆装与检修

一、技术标准与要求

本田飞度离合器压盘翘曲度维修极限为0.15 mm，标准（新）为0.03 mm。

本田飞度离合器从动盘厚度维修极限为5.0 mm，标准（新）为7.25～7.95 mm。

本田飞度离合器从动盘盘衬片表面到两侧铆钉的铆钉头深度维修极限为0.2 mm，标准（新）为1.0～1.5 mm。

二、实训器材

本田飞度轿车 1 辆（离合器总成 1 套）、工作台 1 个、常用工具 1 套、游标卡尺 1 把、百分表 1 套、厚薄规 1 把、维修手册 1 套、黄油若干、抹布若干等。

三、教学组织

1. 教学组织形式

4 人一组配合操作。

2. 学生站位分工和要求

2 人相互配合拆装检测，2 人记录评分。

3. 教师职责

（1）教师示范动作并讲解动作要领。

（2）指导学生正确练习，并进行巡回指导。

（3）组织整个教学过程。

（4）保证学生实训安全。

4. 学生职责变化

小组内循环练习，并做好学习记录。

四、操作步骤

1. 离合器的拆卸

（1）拆下飞轮盘上的紧固螺栓，如图 8-16 所示。

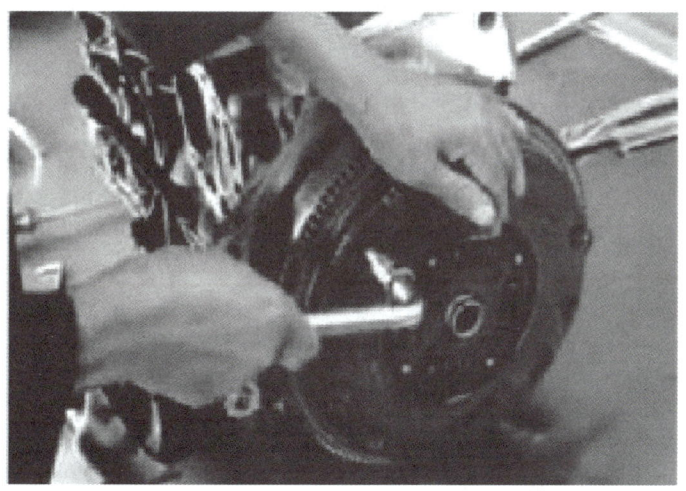

图 8-16 拆下飞轮盘上的紧固螺栓

注意：做好离合器盖与飞轮的装配标记。

（2）取下飞轮盘与从动盘，如图 8-17 所示。

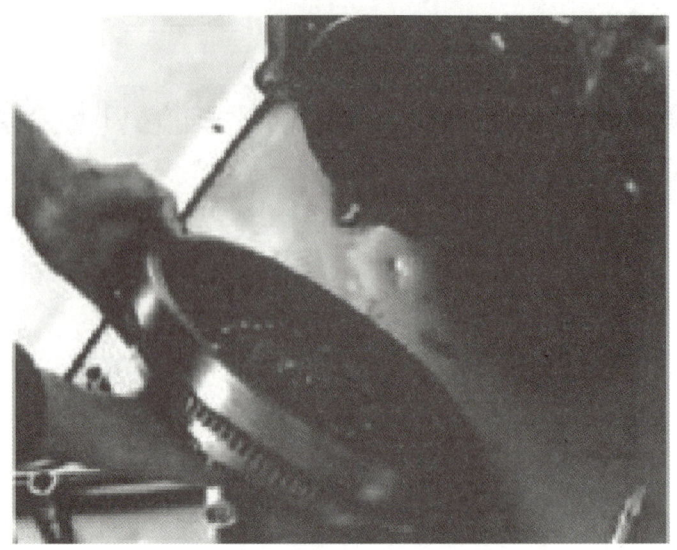

图 8-17 取下飞轮盘与从动盘

注意：①注意安全；②小心从动盘的掉落。

（3）取下卡簧和离合器分离盘，如图 8-18 所示。

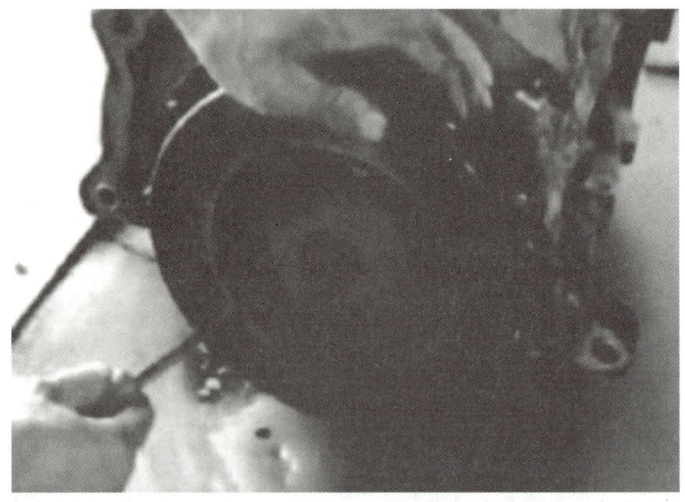

图 8-18 取下卡簧和离合器分离盘

注意：注意选用专用工具。

（4）拧下固定螺栓，取下中间盘和压盘，如图 8-19 所示。

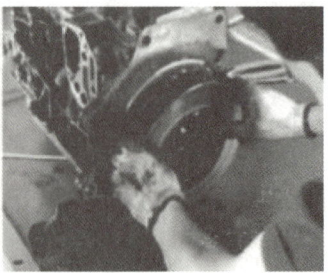

图 8-19 取下中间盘和压盘

2. 离合器的安装

(1) 将离合器压盘固定在曲轴上，装上中间盘，并用扭力扳手设置 30 N·m 的扭力拧紧紧固螺栓，如图 8-20 所示。

图 8-20　紧固离合器压盘螺栓

注意：做好装配标记。

(2) 装上离合器分离盘，如图 8-21 所示。

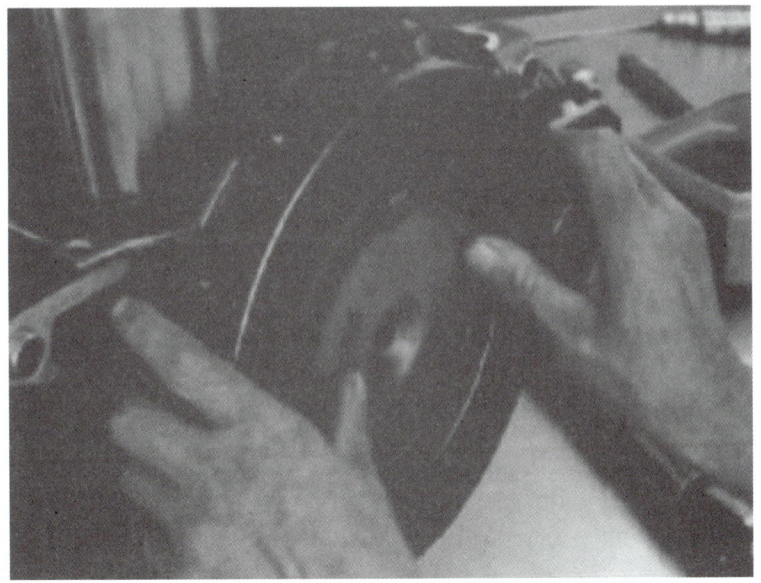

图 8-21　装上离合器分离盘

（3）装上卡簧，如图 8-22 所示。

注意：注意卡环安装位置。

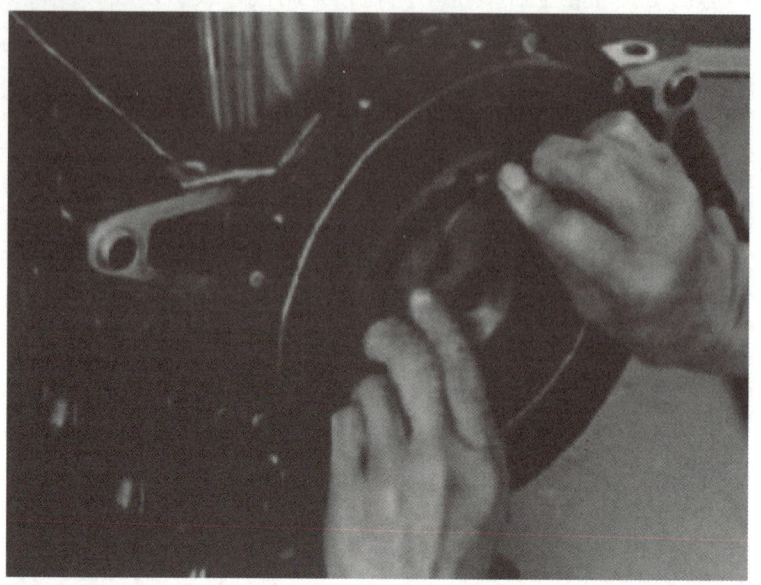

图 8-22　装上卡簧

（4）装上飞轮盘与从动盘，用扭力扳手设置 20 N·m 的扭力拧紧紧固螺栓，如图 8-23 所示。

图 8-23　装上飞轮盘与从动盘

(5) 装上盖板,如图 8-24 所示。

图 8-24 装上盖板

3. 从动盘的检修

(1) 先目视检查,看从动盘摩擦片是否有裂纹、铆钉外露、减震器弹簧断裂等情况,如果有则更换从动盘,如图 8-25 所示。

图 8-25 目视检查从动盘

(2) 检查从动盘摩擦片的磨损程度。摩擦片的磨损程度可用游标卡尺进行测量。铆钉头埋入深度应不小于 0.30 mm，如图 8-26 所示。

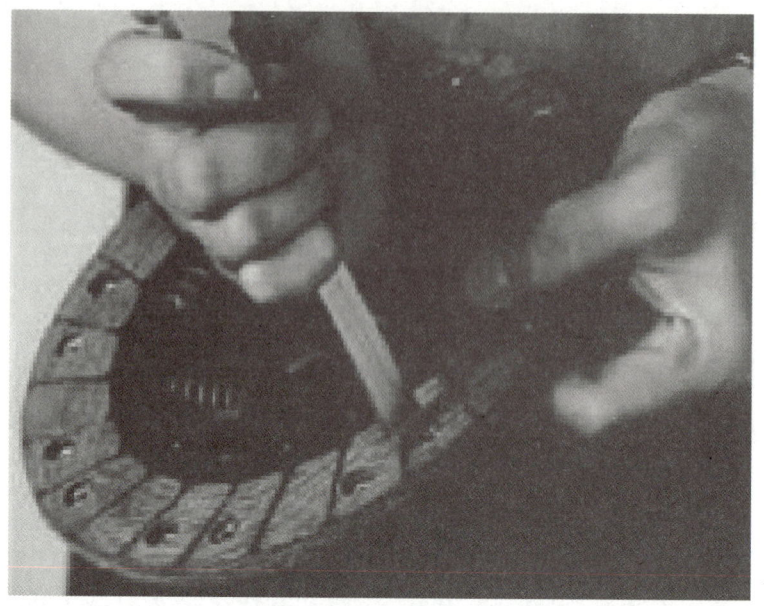

图 8-26　检查从动盘摩擦片的磨损程度

注意：检查的是铆钉头的深度，即浅处的深度。如果检查结果超过要求，则应更换摩擦片或从动盘总成。

（3）用游标卡尺测量从动盘的厚度是否超过极限值，如果检查结果超过要求值则更换，如图 8-27 所示。

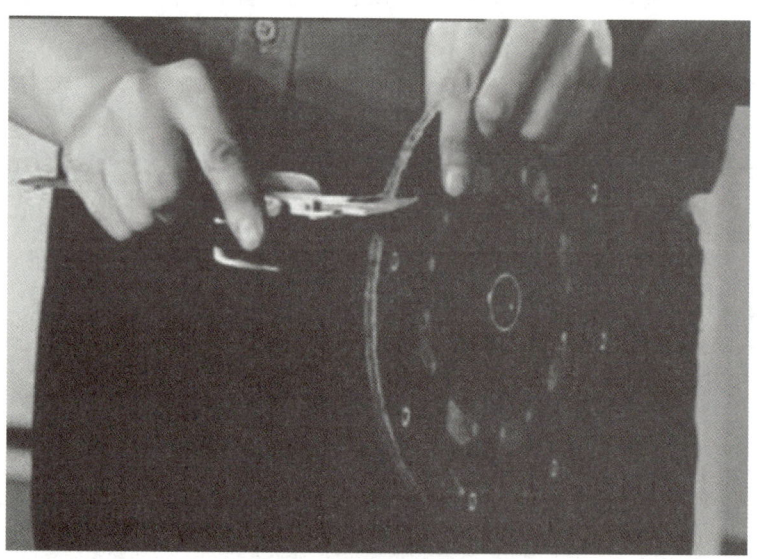

图 8-27　测量从动盘的厚度

（4）检查从动盘的端面圆跳动。在距从动盘外边缘 2.5 mm 处测量，离合器从动盘最大端面圆跳动不大于极限值，如图 8-28 所示。

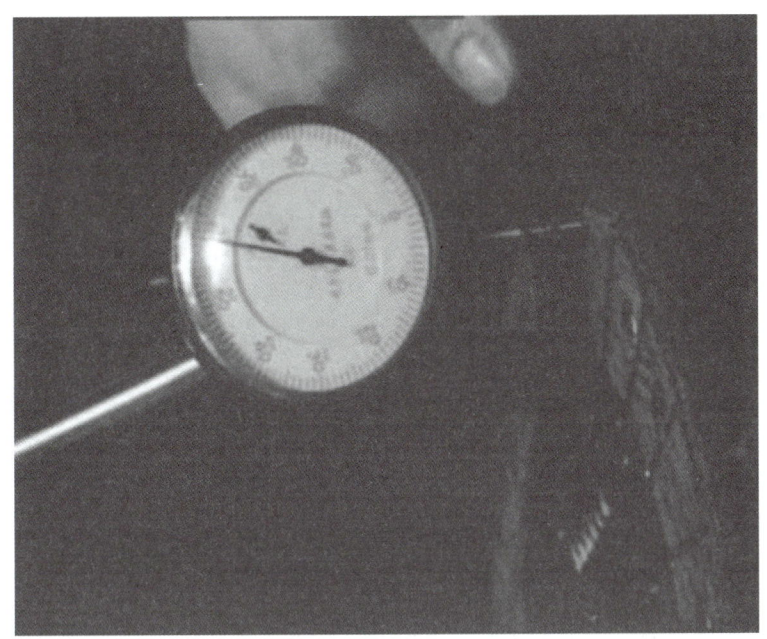

图 8－28　检查从动盘的端面圆跳动

4. 压盘的检修

（1）检查压盘的端面圆跳动。用百分表检查压盘端面圆跳动，压盘固定在芯轴上，压盘最大端面圆跳动极限为 0.2 mm。如超过极限值，则更换压盘，如图 8－29 所示。

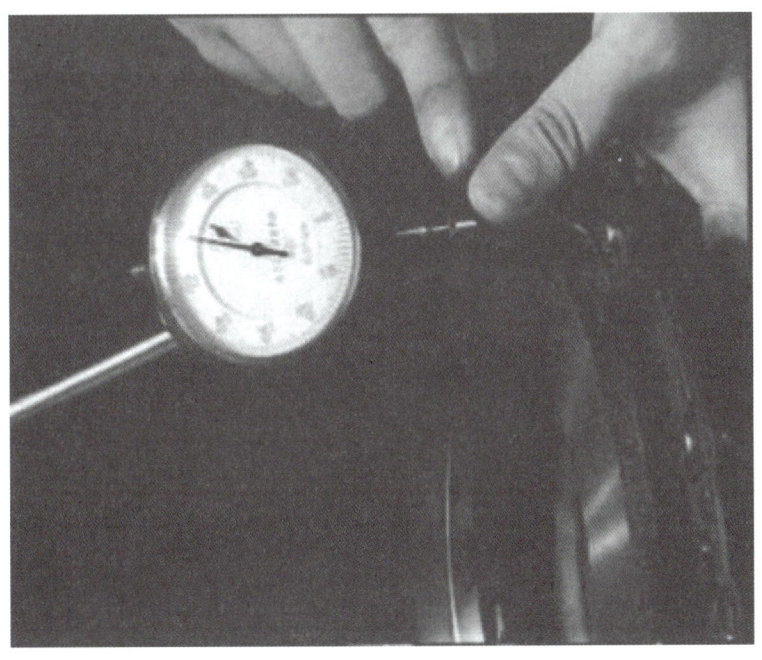

图 8－29　检查压盘的端面圆跳动

（2）检查膜片弹簧各齿是否在同一个高度，是否有断裂、过度磨损等现象，若有则更换离合器压盘，如图 8－30 所示。

图 8-30 检查膜片弹簧

5. 离合器常见故障的检修

离合器的常见故障有打滑、分离不彻底、发抖、异响等。

（1）离合器打滑

1）故障现象：车辆低速挡起步时，离合器踏板完全抬起后，出现无法正常起步或启动困难；行驶中加速时，车速提升与发动机转速升高不同步，上坡时动力明显不足，伴随离合器过热、产生焦煳气味甚至冒烟等异常现象。

2）故障原因分析：

①踏板未保留自由行程，导致分离轴承持续压迫分离杠杆。

②从动盘摩擦片、压盘或飞轮接触面严重磨损，离合器盖与飞轮固定螺栓松动，造成压紧力不足。

③从动盘摩擦片表面沾染油污、高温烧蚀、材质硬化、铆钉外露或表面不平整，导致摩擦系数下降。

④压力弹簧因疲劳断裂或膜片弹簧疲劳开裂，削弱压紧力。

⑤操纵杆系存在卡滞现象，分离轴承套筒与导管间积聚油污或杂质造成卡阻，阻碍分离轴承复位。

⑥分离杠杆发生弯曲变形，运动过程中产生干涉无法回位。

3）故障诊断与排除：

①核查踏板自由行程是否符合规范，若不符则进行调整校正。

②若自由行程正常，需拆解变速器检查离合器与飞轮连接螺栓紧固状态，松动时重新拧紧。

③若打滑问题仍存在，需拆卸离合器检查从动盘摩擦片。存在油污时，使用汽油清洗并烘干，同时排查油污来源并消除隐患；若摩擦片严重磨损或铆钉外露，更换新从动盘。

④若从动盘状态良好，需进一步分解离合器检查压紧弹簧，若弹力衰减则更换新件。

4）故障小结：离合器打滑故障应重点排查压紧力不足及摩擦系数降低两类问题，涵盖操纵机构调整、摩擦片状态、弹簧性能及油污影响等关键要素。

（2）离合器分离不彻底

1）故障现象：发动机怠速运行时，踩下离合器踏板后挂挡时出现齿轮撞击声响且难以啮合；若强行挂入挡位，在踏板未完全释放时发动机即熄火。

2）故障原因分析：

①离合器踏板自由行程设定过大。

②分离杠杆发生弯曲变形，支座固定松动或支座轴销脱出，导致内端高度无法有效调整。

③分离杠杆调整失准，其内端未处于同一平面或内端高度不足。

④双片离合器中间压盘限位螺钉调整不当，部分分离弹簧因疲劳导致高度不足或断裂，中间压盘在传动销或离合器驱动窗口内轴向移动受阻。

⑤从动盘钢片产生翘曲变形，摩擦片破裂或铆钉松动脱落。

⑥新更换的摩擦片厚度超标或从动盘安装方向错误。

⑦从动盘花键孔与变速器第一轴花键轴配合卡滞。

⑧液压操纵机构存在漏油、油路混入空气或液压油储量不足。

⑨膜片弹簧弹性衰减。

⑩发动机支承部件磨损或损坏，导致发动机与变速器轴线偏移。

3）故障诊断与排除：

①首先核查踏板自由行程，若过大则进行调整；若行程正常，则检查液压操纵机构，确认储液罐油量是否充足、管路是否渗入空气，并排除故障。若上述无异常则继续深入检查。

②测量分离杠杆内端高度，若高度不足或平面度超标则进行调整；若杠杆正常，则检查从动盘安装方向是否正确，若方向无误则进入下一步。

③检查从动盘是否存在翘曲变形、铆钉松动或轴向卡滞现象，发现问题则进行修复或更换。

4）故障小结：离合器分离不彻底故障应重点排查踏板自由行程、分离杠杆工作高度及从动盘状态，同时需关注液压操纵系统密封性、膜片弹簧性能及发动机变速器同轴度等技术参数。

任务二　变速器和分动器的结构与原理

一、变速器的作用

（一）实现变速、变矩

变速器通过不同齿轮组合形成多级传动比，当车辆需求大扭矩时，可选用大传动比挡位，将发动机高转速转换为低转速输出，同步实现扭矩放大。主减速器进一步对扭矩进行增幅，确保车辆获得充足驱动力以应对全工况行驶需求。该原理类似于骑自行车爬坡时选择低挡位，通过降低踩踏频率（转速）提升蹬踏力（扭矩），传动系统的减速增矩特性使汽车能够平稳起步、顺利爬坡及承载重物,满足复杂使用场景需求。

(二) 实现倒车

变速器通过特定齿轮组合改变动力传递路径方向,使车辆实现反向行驶。倒挡设置有效解决了车辆驻车、掉头等场景下的倒车需求,驾驶员通过操纵换挡机构选择倒挡时,动力经传动系统传递至驱动轮,驱动车辆完成倒车运动。

(三) 中断动力传动

变速器设置空挡机构,通过切断发动机与驱动轮间的动力传递链路,实现动力中断功能。该设计使发动机能够在车辆静止或滑行状态下保持运转,满足起动、怠速及临时停车等工况需求。

二、手动变速器

(一) 普通齿轮变速器的工作原理

普通齿轮变速器通过不同齿数齿轮的啮合传递转矩,实现转速与转矩的转换。其变速变矩原理可阐释如下:以齿数 $Z_1=12$ 的小齿轮与 $Z_2=24$ 的大齿轮啮合为例,在相同时间周期内,当小齿轮完成整周转动时,大齿轮仅转动半周。若小齿轮作为主动输入端,其转速经大齿轮输出时降低至原速的 1/2,在忽略机械损耗的理想状态下,输出转矩则增大至初始值的 2 倍;反之若大齿轮作为动力输入端,其转速经小齿轮输出时提升至原速的 2 倍,输出转矩则相应减小为初始值的 1/2。该齿轮传动系统的转速转矩转换特性可通过图 8-31 所示的工作原理进行直观解析。

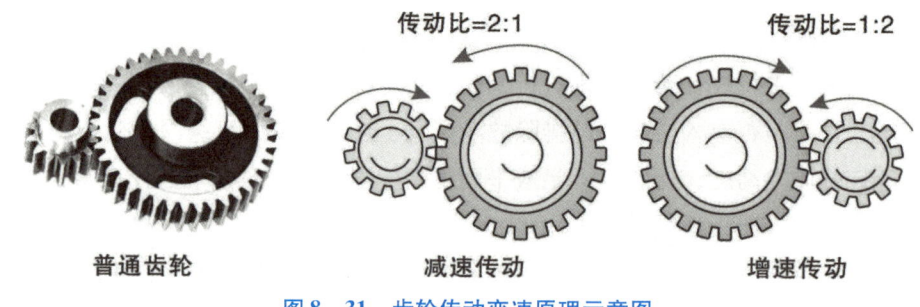

图 8-31 齿轮传动变速原理示意图

(二) 普通齿轮变速器的结构

手动变速器由变速传动机构和操纵机构两大核心单元构成。变速传动机构作为变速器的主体结构,由多组相互啮合的齿轮副、支承轴系及整体框架的壳体等关键组件组成,其核心功能在于实现传动比调节与旋转方向转换。操纵机构则通过控制机构的协同运作,执行变速器挡位切换操作,完成动力传递路径的变换。

1. 变速传动机构

手动变速器按工作轴的数量(不包括倒挡轴)可分为两轴式变速器和三轴式变速器。

(1) 两轴式变速器

两轴式变速器仅包含输入轴和输出轴(不包含倒挡轴),未设置中轴结构,两轴呈平行布局。在任意前进挡位工作状态下,仅有一对齿轮副参与啮合传动。该结构广泛应用于发动机前置前轮驱动车型,典型车型包括桑塔纳、捷达、宝来、富康、奥迪、花冠、威驰等。

以宝来 MQ20002T 五挡变速器为例（见图 8-32），其结构配置包含五个前进挡位和一个倒挡，全部挡位均采用同步器换挡机构。输入轴与输出轴上配置常啮合斜齿轮，所有换挡齿轮均通过滚针轴承实现轴向移动，确保换挡过程的平顺性达到最佳效果。倒挡采用直齿轮设计，当挂入倒挡时，倒挡惰齿轮在独立于输入轴和输出轴的中间轴上完成啮合，从而实现输出轴旋转方向的反转。所有前进挡均配备同步装置，其中一、二挡采用双面同步器结构，一、二挡齿轮在输出轴上实现啮合，其余前进挡齿轮亦在输出轴上完成啮合传动。

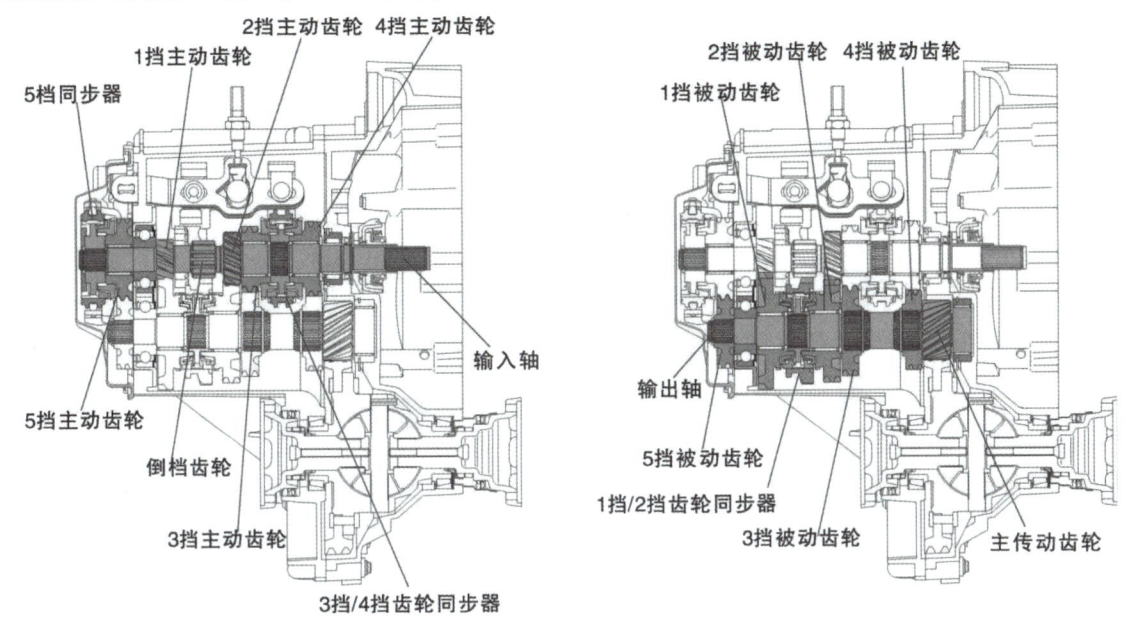

图 8-32　宝来 MQ20002T 五挡变速器结构

（2）三轴式变速器

三轴式变速器除了设有输入轴、输出轴、倒挡轴之外，还另设了中间轴。在发动机前置后轮驱动（FR 型）的汽车上，常采用三轴式变速器，如丰田皇冠、日产公爵等轿车、各类轻型载货汽车、面包车及国产解放型和东风载货汽车等。其特点是传动比范围较大，有直接挡，传动效率高。

三轴式变速器结构如图 8-33 所示。

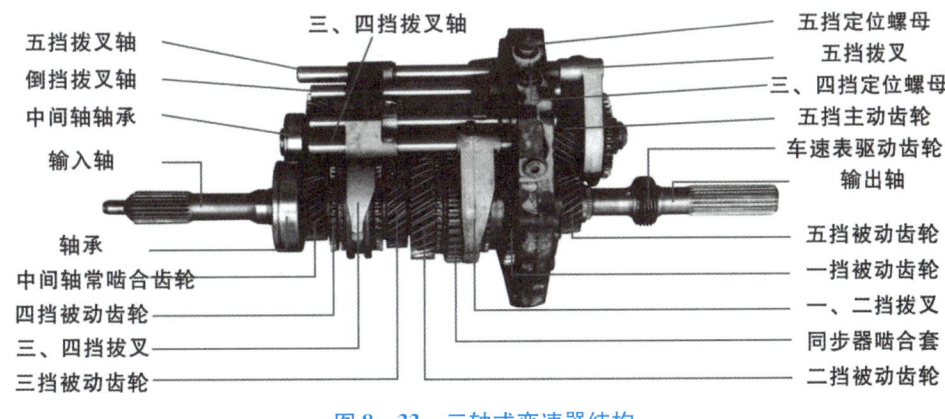

图 8-33　三轴式变速器结构

2. 同步器

由于变速器输入轴与输出轴各自以不同转速旋转，切换挡位时若强制使转速差异的齿轮直接啮合，必然产生冲击性碰撞并导致齿轮损伤。为解决换挡同步问题，现代轿车普遍配置同步器装置。该装置的核心功能是实现接合套与待啮合齿圈的快速转速同步，在缩短换挡操作时间的同时，有效避免非同步状态下的强行啮合引发的换挡冲击。同步器按工作原理可分为常压式、惯性式和自行增力式三种类型，其中惯性式同步器占据主流应用。根据锁止机构设计差异，惯性式同步器进一步细分为锁环式和锁销式结构，轿车及轻中型载货汽车主要采用锁环式惯性同步器。该类型同步器由同步器齿毂、接合套、滑块、同步环等核心组件构成，其结构原理如图 8-34 所示。

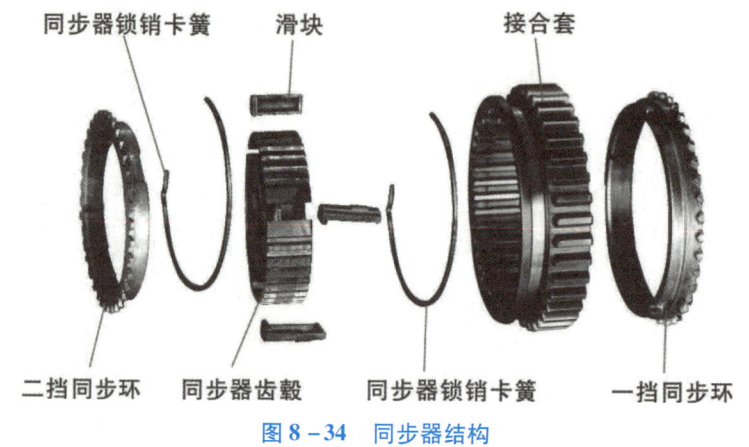

图 8-34 同步器结构

同步器齿毂通过花键与二轴实现刚性连接，采用垫圈和卡环进行轴向限位固定。在同步器齿毂与二挡从动齿轮及一挡从动齿轮的接触端面间，分别配置青铜材质的一挡同步环和二挡同步环。锁环设计有短花键齿圈结构，其花键模数、齿数参数与同步器齿毂及两个从动齿轮的外花键完全匹配。两个从动齿轮和同步环的花键齿在靠近接合套的一端均设有锁止角倒角，该倒角角度与接合套齿端的倒角角度保持一致。

同步环的内锥面锥角与从动齿轮的外锥面锥角形成精确匹配，在内锥面加工有细密螺纹（或直槽），当锥面接触时可有效破坏润滑油膜，增大接触面间的摩擦系数。同步环通过内锥面摩擦副实现转矩传递功能，外缘带倒角的齿圈则承担锁止功能，环体上均匀分布三个缺口结构。

滑块装置安装在同步器齿毂的均布轴向槽内，可沿槽道进行轴向移动。滑块受到卡簧的径向压力作用，使其持续压向接合套方向，其中部凸起部嵌入接合套中部的环形槽内实现定位。滑块与卡簧共同构成推动机构，滑块两端分别伸入二挡同步环的缺口中，其窄端与缺口宽度的差值等于锁环花键齿的宽度。该结构设计使得锁环相对于滑块只能进行半齿宽的顺时针或逆时针转动，且仅当滑块位于缺口中央位置时，接合套与锁环才能完成啮合动作。

3. 操纵机构

变速器操纵机构的作用是保证驾驶员根据使用条件，准确、可靠地将变速器换入所需要的挡位。

变速器操纵机构按照变速操纵杆（变速杆）位置的不同，可分为直接操纵式和远距离操纵式两种类型。

(1) 直接操纵式操纵机构

变速器的位置在驾驶员附近,变速杆由驾驶室底板伸出,驾驶员可直接操纵。这种操纵机构具有换挡位置容易确定、换挡快、平稳等特点,主要应用于发动机前置后轮驱动的汽车。

直接操纵式操纵机构一般由变速杆、拨块、拨叉、拨叉轴以及安全装置等组成,如图 8-35 所示。

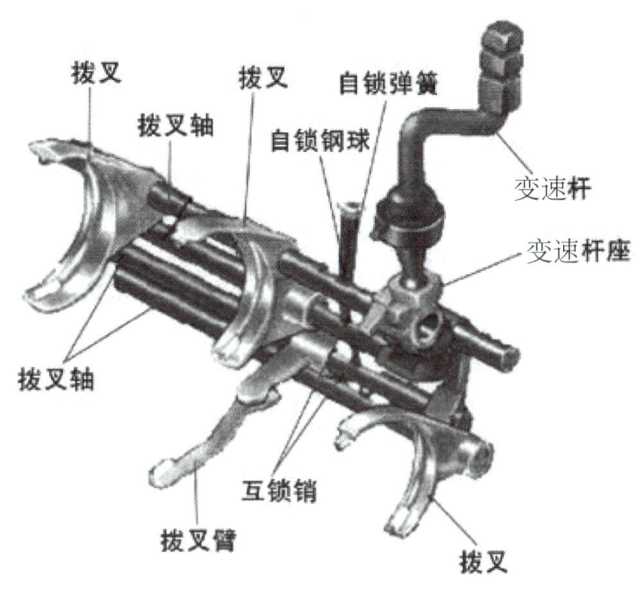

图 8-35　直接操纵式操纵机构

变速器处于空挡时,各凹槽在横向平面内对齐,叉形拨杆下端的球头即伸入这些凹槽中。选挡时可使变速杆绕其中部球形支点横向摆动,则其下端推动叉形拨杆绕换挡轴的轴线摆动,从而使叉形拨杆下端球头对准与所选挡位对应的拨块凹槽,然后使变速杆纵向摆动,带动拨叉轴及拨叉向前或向后移动,即可实现挂挡。

(2) 远距离操纵式操纵机构

当变速器与驾驶员座位间距较大时,需在变速杆与拨叉之间增设辅助杠杆或传动装置,构成远距离操纵式操纵机构。该机构广泛应用于发动机前置前轮驱动及后置后轮驱动车型。

远距离操纵式操纵机构可分为杆件式、拉索式和柱式换挡操纵机构三种类型。

①杆件式操纵机构

如图 8-36 所示,杆件式操纵机构由支承杆、变速杆接合器、外变速杆、倒挡保险挡块、变速杆等核心部件组成。支承杆用于固定变速杆接合器底部位置,变速杆接合器通过杠杆原理缩短内变速杆的挂挡行程。变速杆支承组件内置上下半球、半轴瓦及橡皮导套等元件,实现防松防振功能。变速杆手柄通过变速杆、接合器与变速器内部换挡机构联动,完成挡位操控动作。

②拉索式操纵机构

如图 8-37 所示,换挡用纵向(挂挡)拉索和横向(选挡)拉索分别控制。变速杆以球形轴承为支点,可以直接左、右、前、后摆动。当换挡操纵手柄左、右摆动时,便操纵选挡拉索;当换挡操纵杆前、后移动时,便操纵换挡拉索。拉索的运动传动到变速器内便进行挡位的变换。

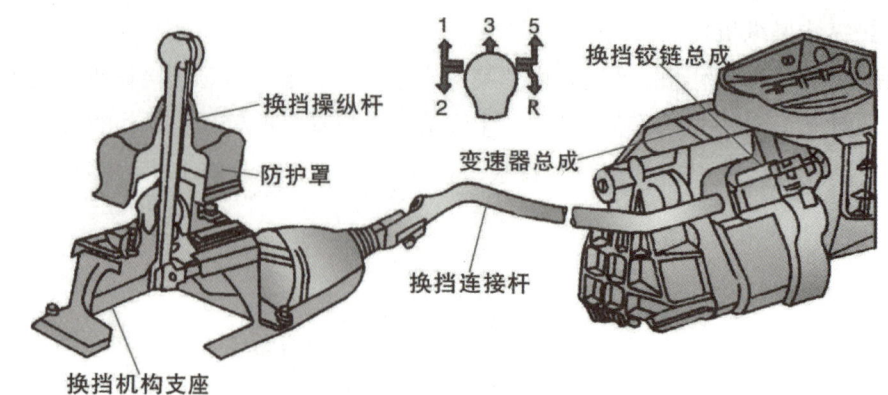

图 8-36　杆件式操纵机构

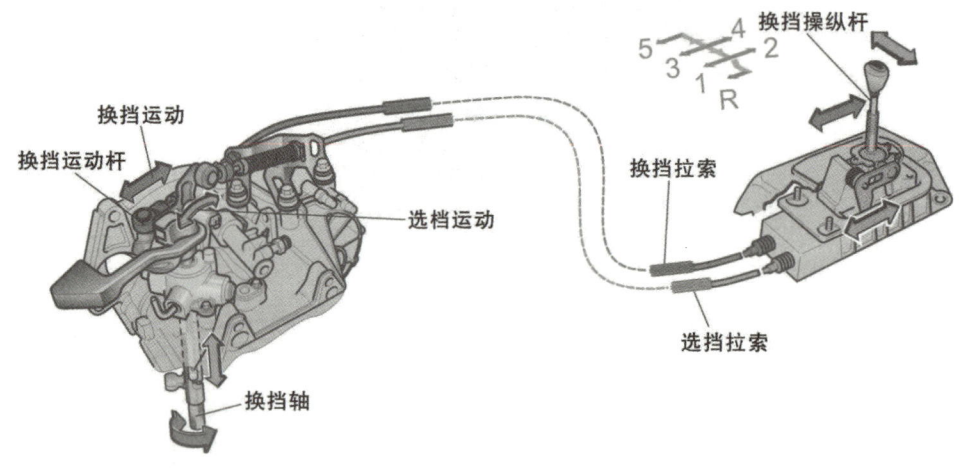

图 8-37　拉索式操纵机构

③柱式换挡操纵机构

部分轿车及轻型货车采用将变速杆集成于转向柱管的设计，通过多组传动组件实现变速杆与变速器之间的动力传递。这种布局有效减少了变速杆对驾驶室空间的占用，提升了乘坐舒适性。柱式换挡操纵机构的结构示意图如图 8-38 所示。

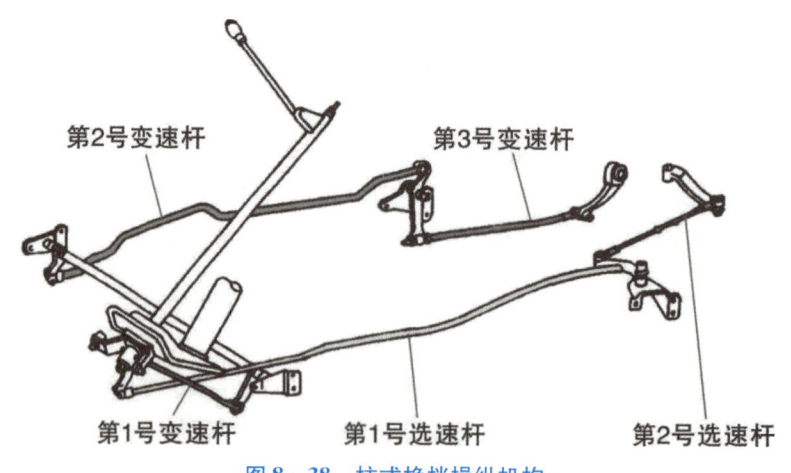

图 8-38　柱式换挡操纵机构

4. 换挡锁装置

为了保证变速器在任何情况下都能准确、安全、可靠地工作,变速器操纵机构一般都具有换挡锁装置,包括自锁装置、互锁装置和倒挡锁装置。

(1) 自锁装置

①自锁装置的作用:用于对变速器各挡位拨叉轴实施轴向限位锁定,防止变速器在非操作状态下自行脱挡或意外挂挡,同时确保啮合齿轮实现全齿面接触。

②自锁装置的结构:在变速器上盖内部加工有垂直深孔,孔内依次装入自锁弹簧及其压装的自锁钢球组件,该组件正对拨叉轴轴向中心线位置。每根拨叉轴表面加工有三个轴向凹槽,其分布位置与自锁钢球工作轨迹相对应,具体结构如图8-39所示。

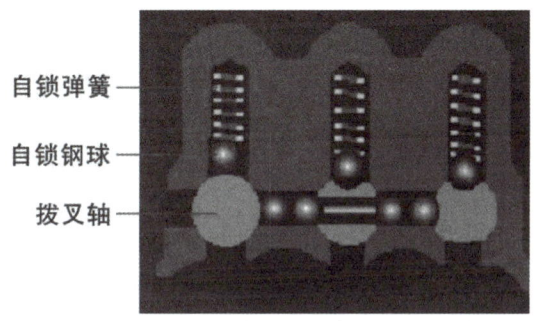

图8-39 自锁装置

中间的凹槽对正钢球时为空挡位置,相邻凹槽之间的距离保证齿轮处于全齿长啮合状态。

③自锁装置的工作原理:如图8-40所示,当拨叉轴凹槽与钢球处于同轴位置时,钢球在自锁弹簧的弹性压力作用下嵌入对应凹槽,实现对拨叉轴的轴向锁止定位,确保该挡位无法自行脱挡或意外挂入。执行换挡操作时,驾驶员需通过变速杆对拨叉施加轴向作用力,当该作用力克服自锁弹簧压力时,钢球被挤出拨叉轴凹槽并退回至深孔内,此时拨叉轴解除轴向限位,可沿轴向移动并带动拨叉及关联的接合套或滑动齿轮完成换挡行程。

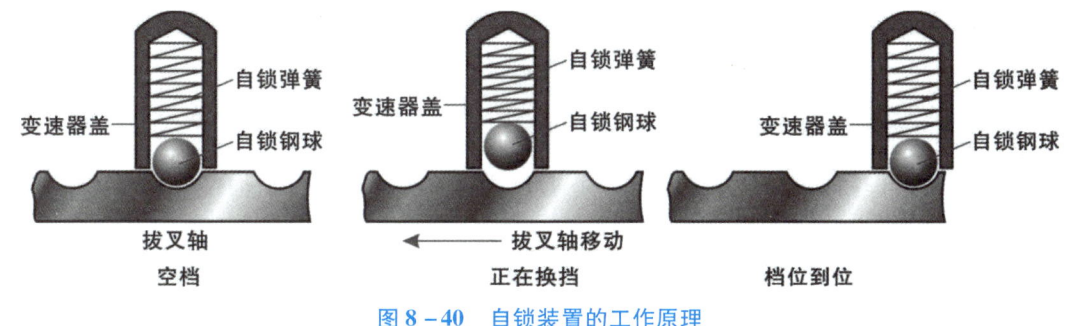

图8-40 自锁装置的工作原理

(2) 互锁装置

①互锁装置的作用:用于阻止两个拨叉轴同时移动,即当拨动一根拨叉轴轴向移动时,其他拨叉轴都被锁止,从而防止同时挂上两个挡位。

②互锁装置的结构:互锁装置由互锁钢球(或互锁销)及互锁销组合构成(见图8-41)。在变速器盖前端的三根拨叉轴之间的孔道中,配置有两个互锁钢球和一个互锁销,每根拨叉轴朝向互锁钢球作用方向的一侧表面均加工有等深的凹槽结构。

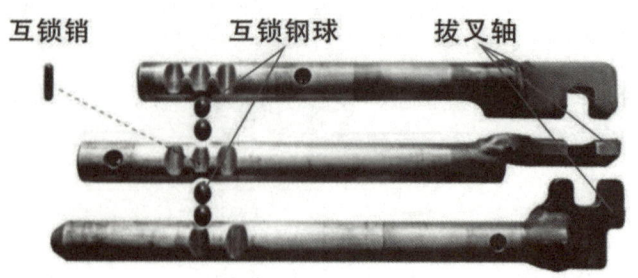

图 8-41 互锁装置

③工作原理：当变速器处于空挡时，所有拨叉轴侧面的凹槽与互锁钢球、互锁销保持同轴对齐状态。当中间拨叉轴 3 轴向移动时［见图 8-42（a）］，其两侧钢球从对应凹槽中被挤出，此时被挤出的外侧钢球分别嵌入相邻拨叉轴 1 和拨叉轴 5 的侧面凹槽，将这两根拨叉轴锁定于空挡位置。若需移动拨叉轴 5，必须先将拨叉轴 3 复位至空挡，此时拨叉轴 5 的移动会将本轴凹槽内的钢球挤出，通过互锁销的传动作用推动另一侧双钢球产生位移，导致拨叉轴 1 和拨叉轴 3 同时被锁止在空挡［见图 8-42（b）］。同理，当拨叉轴 1 执行换挡动作时［见图 8-42（c）］，其运动过程会强制锁定拨叉轴 3 和拨叉轴 5。通过上述互锁机制可知，任意时刻仅允许一根拨叉轴进行轴向移动，从而有效避免变速器出现同时挂入两个挡位的误操作。

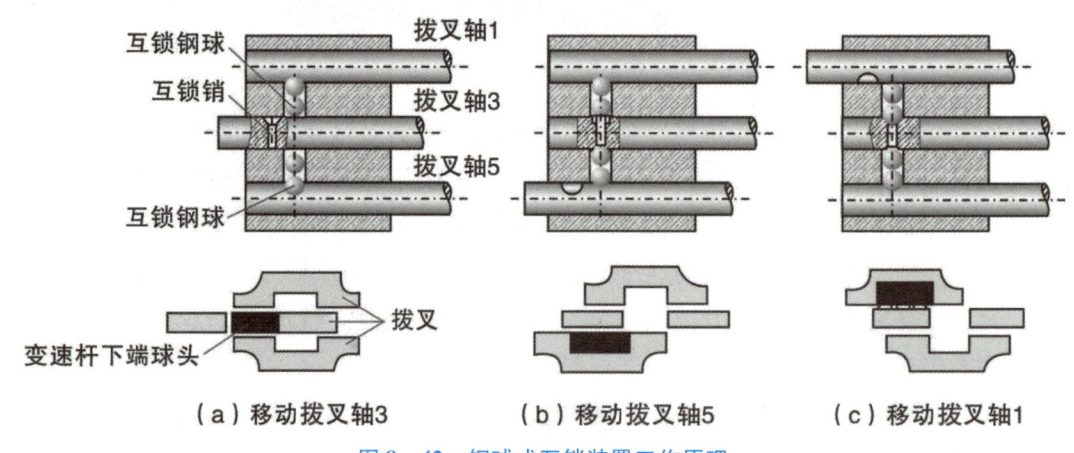

图 8-42 钢球式互锁装置工作原理

（3）倒挡锁装置

①倒挡锁装置的作用：防止汽车在前进中误挂倒挡而造成极大的冲击而使零件损坏，并防止汽车在起步时误挂倒挡而造成安全事故。

②倒挡锁装置的结构与原理：倒挡锁装置包含弹簧锁销式、锁片式、扭簧式、锁簧式等多种结构形式，其中应用最广泛的是弹簧锁销式。如图 8-43 所示，当驾驶员意图挂入倒挡时，必须通过变速杆施加足够大的作用力，使杆体下端压缩倒挡锁弹簧，将锁销组件推入对应的锁销孔内，方能解除锁定状态，使变速杆下端进入倒挡拨块的定位凹槽完成换挡操作。该装置通过要求驾驶员施加特殊力度的操作，形成明确的警示效应，有效避免误挂倒挡风险。

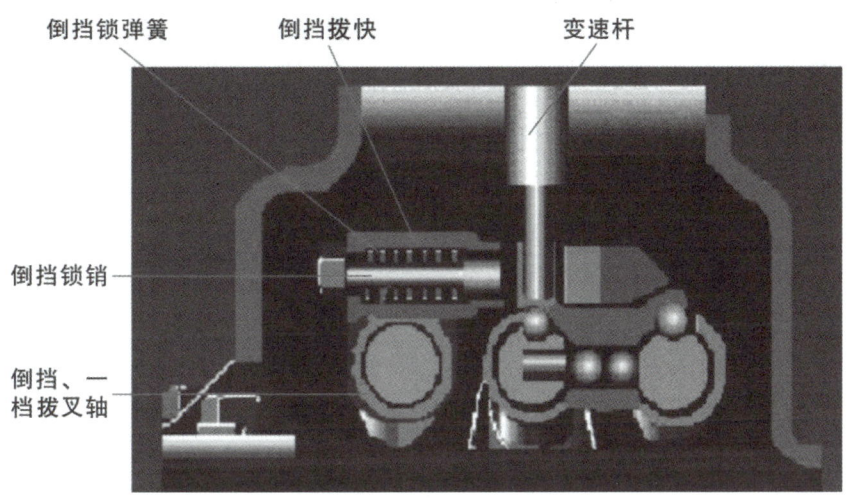

图 8-43 倒挡锁装置

三、普通变速器动力传递路径

1. 两轴式普通变速器动力传递路径

宝来汽车手动变速器挡位如图 8-44 所示。

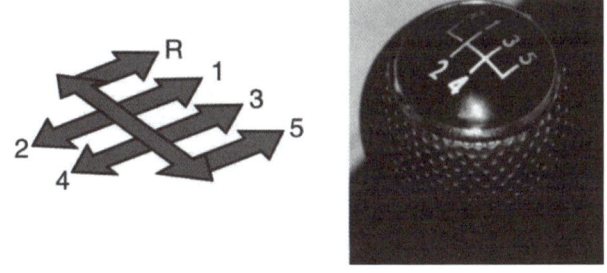

图 8-44 宝来汽车手动变速器挡位

（1）一挡

操纵换挡装置使一、二挡同步器左移，发动机动力经一挡主动齿轮、一挡从动齿轮、同步器接合套和花键毂传至从动轴输出，如图 8-45 所示。

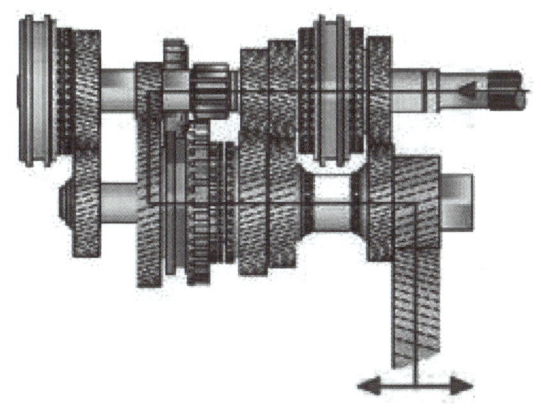

图 8-45 一挡动力传递路径

(2) 二挡

操纵换挡装置使一、二挡同步器右移，发动机动力经二挡主动齿轮、二挡从动齿轮、同步器接合套和花键毂传至输出轴输出，如图 8-46 所示。

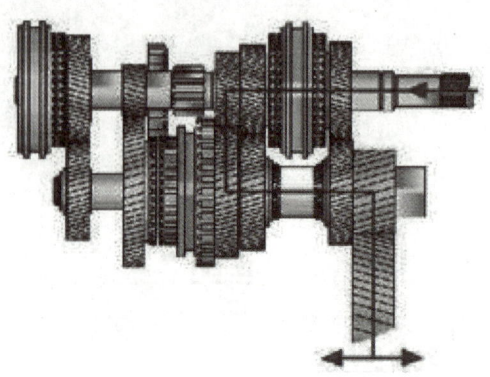

图 8-46 二挡动力传递路径

(3) 三挡

操纵换挡装置使三、四挡同步器左移，发动机动力经三挡主动齿轮、三挡从动齿轮、同步器接合套和花键毂传至输出轴输出，如图 8-47 所示。

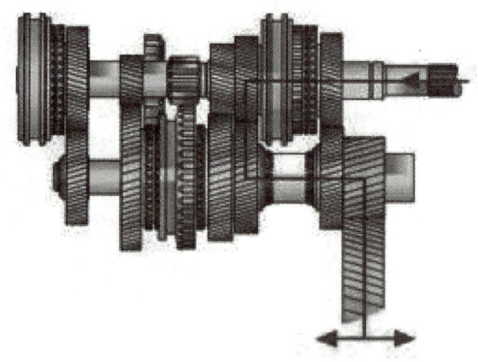

图 8-47 三挡动力传递路径

(4) 四挡

操纵换挡装置使三、四挡同步器右移，发动机动力经四挡主动齿轮、四挡从动齿轮、同步器接合套和花键毂传至出轴输出，如图 8-48 所示。

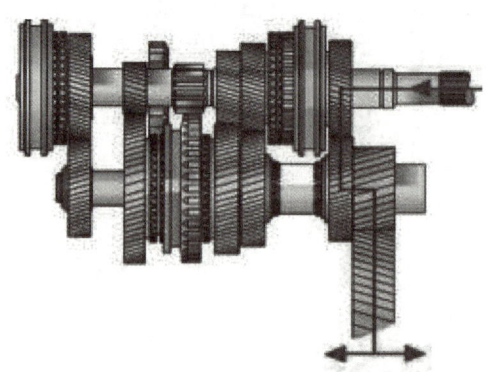

图 8-48 四挡动力传递路径

(5) 五挡

操纵换挡装置使五挡同步器右移,发动机动力经五挡主动齿轮、五挡从动齿轮、同步器接合套和花键毂传至输出轴输出,如图8-49所示。

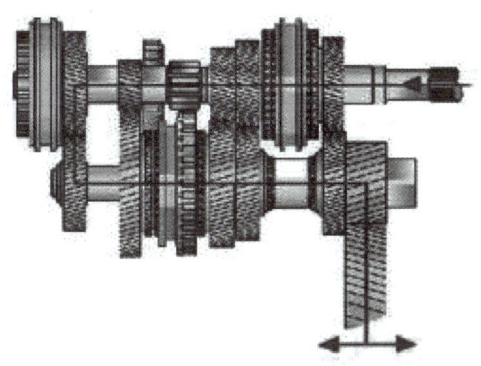

图 8-49　五挡动力传递路径

(6) 倒挡

操纵换挡机构使倒挡轴上的倒挡齿轮轴向移动,与处于空挡位置的一、二挡同步器接合套外壳的直齿轮实现啮合。动力传递路径依次为:发动机动力→倒挡主动齿轮→倒挡齿轮→倒挡从动齿轮→一、二挡同步器花键毂→输出轴完成动力输出。由于该传动路径相较其他前进挡位额外增加了一个齿轮啮合环节,导致输出轴旋转方向发生逆转,从而实现反向行驶功能,其工作原理如图8-50所示。

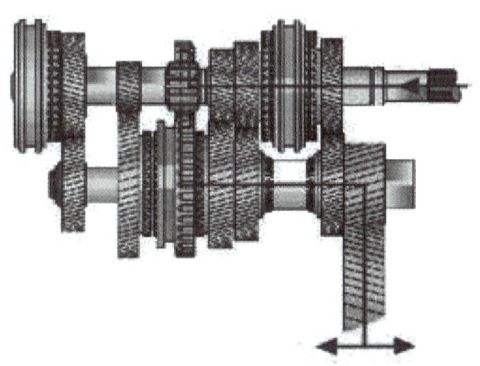

图 8-50　倒挡动力传递路径

2. 三轴式普通变速器动力传递路径

(1) 一挡

选择一挡时,操纵机构通过一、二挡拨叉使一、二挡同步器啮合套右移,经过同步后,同步器啮合套将一挡从动齿轮和同步器齿毂连为一体。

离合器传递的动力传递路径如下:输入轴→中间轴常啮合主动齿轮→中间轴常啮合从动齿轮→中间轴→中间轴上的一挡主动齿轮→输出轴一挡从动齿轮→一、二挡同步器→输出轴,如图8-51所示。

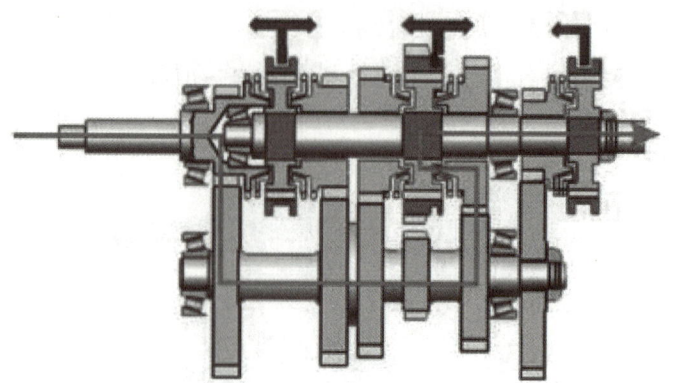

图 8-51　一挡动力传递路径

(2) 二挡

二挡的换挡原理与一挡相同，其动力传递路径如下：输入轴→中间轴常啮合主动齿轮→中间轴常啮合从动齿轮→中间轴→中间轴上的二挡主动齿轮→输出轴二挡从动齿轮→一、二挡同步器→输出轴，如图 8-52 所示。

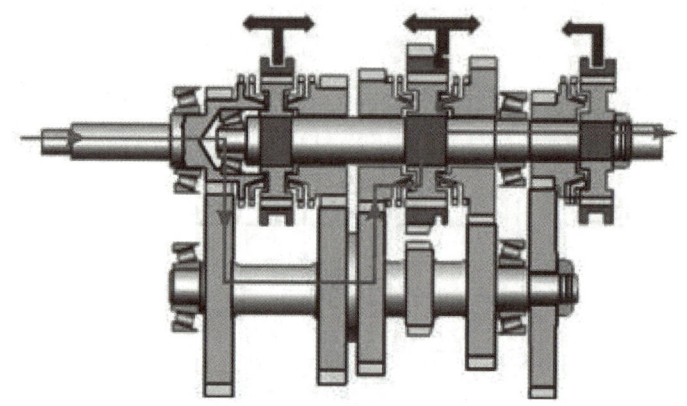

图 8-52　二挡动力传递路径

(3) 三挡

离合器传递的动力传递路径如下：输入轴→中间轴常啮合主动齿轮→中间轴常啮合从动齿轮→中间轴→中间轴上的三挡主动齿轮→输出轴三挡从动齿轮→三、四挡同步器→输出轴，如图 8-53 所示。

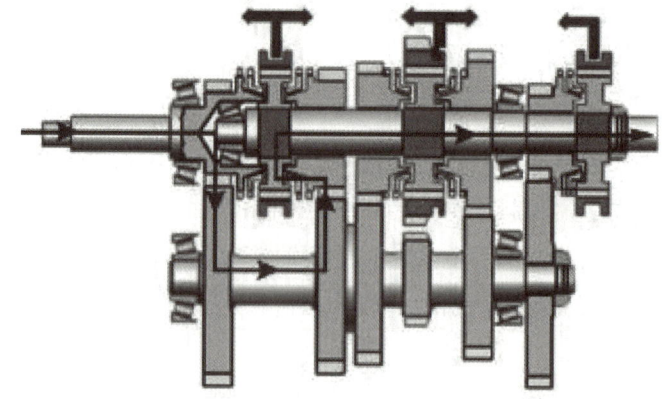

图 8-53　三挡动力传递路径

（4）四挡

选择四挡时，三、四挡拨叉驱动同步器啮合套向左移动，促使四挡同步环与四挡齿轮的锥面接触。当两者转速达到同步状态后，啮合套在拨叉的持续作用下继续左移，将四挡同步环与四挡齿轮锁止为整体。动力传递路径为：主动轴四挡齿轮→三、四挡同步器啮合套→同步器齿毂→通过齿毂花键传递至输出轴，实现动力输出，其工作原理如图8-54所示。

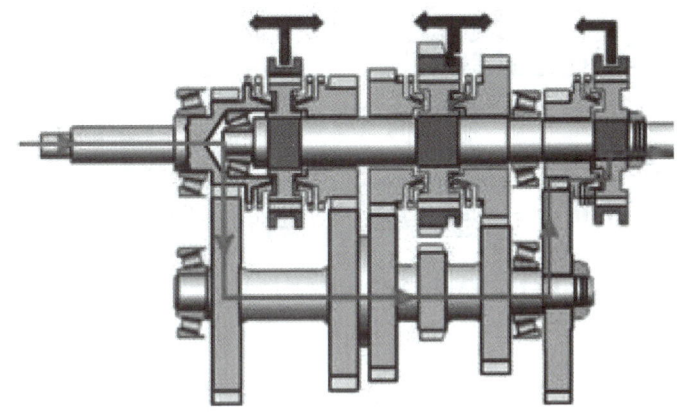

图8-54　四挡动力传递路径

输入轴动力直接传递给输出轴，输出轴以输入轴转速旋转，传动比是1，没有减速增扭的效果，所以通常将四挡称为直接挡。

（5）五挡

五挡主动齿轮与中间轴制为一体，从动齿轮与输出轴之间装有滚针轴承。

选择五挡时，离合器传递的动力传递路径如下：输入轴→中间轴常啮合主动齿轮→中间轴常啮合从动齿轮→中间轴→中间轴上的五挡主动齿轮→输出轴五挡从动齿轮→五挡同步器→输出轴，如图8-55所示。五挡的传动比小于1，属于超速挡。

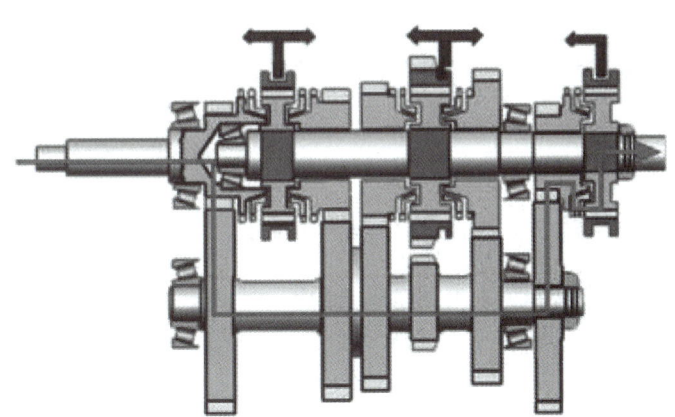

图8-55　五挡动力传递路径

（6）倒挡

倒挡工况下，输出轴需实现与输入轴反向旋转，该结构通过倒挡惰轮实现转速方向转换。倒挡惰轮以空套方式安装在倒挡轴上，并可在操纵机构控制下沿轴向滑动。

当变速器挂入倒挡时，车辆必须处于完全静止状态，此时变速器中断动力输出。操纵机构驱动倒挡惰轮轴向移动，使其与倒挡主动齿轮（与中间轴制成一体）及倒挡从动齿轮同时啮合。动力传递路径为：发动机动力→倒挡主动齿轮→倒挡惰轮→倒挡从动齿轮→一、二挡同步器齿毂（与输出轴通过花键紧配合）→输出轴，最终实现车辆倒向行驶功能，其传动原理如图8-56所示。

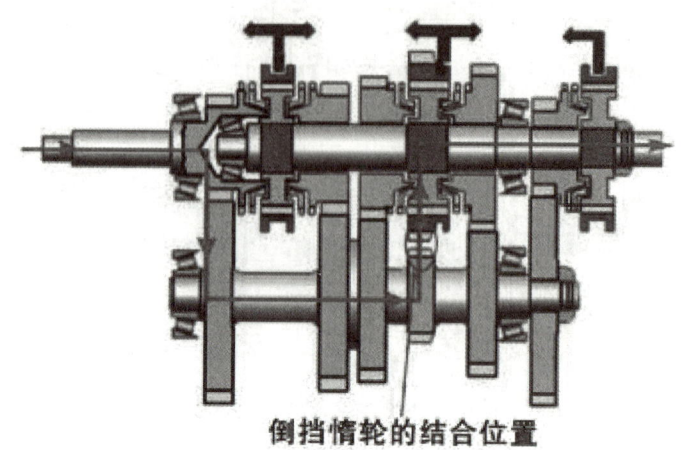

图8-56 倒挡动力传递路径

实训——手动变速器的拆装

一、技术标准与要求

学会手动变速器的拆装操作。

二、实训器材

手动变速器拆装实训台、普通拆装工具、抹布等。

三、教学组织

1. 教学组织形式

双人配合操作，分组练习。

2. 学生站位分工和要求

3名学生，两名相互配合拆装，1人记录评分。

3. 教师职责

（1）教师示范动作并讲解动作要领。

（2）指导学生进行正确练习。

（3）组织整个教学过程。

4. 学生职责变化

小组内循环练习。

四、操作步骤

1. 手动变速器的拆卸

（1）交替拆下变速器后端盖固定螺栓，取下后端盖，如图8-57所示。

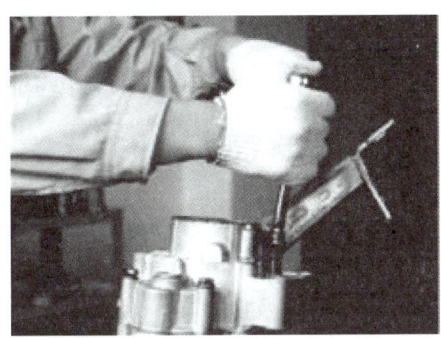

图8-57　拆下变速器后端盖固定螺栓

（2）拧下输入轴空心螺栓，取下五挡同步器接合套，如图8-58所示。

图8-58　取下五挡同步器接合套

（3）用工具拆下五挡同步器毂、输入轴五挡齿轮以及五挡同步环，如图8-59所示。

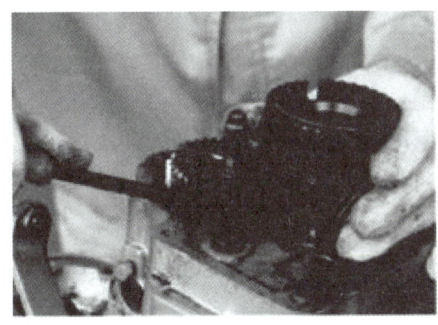
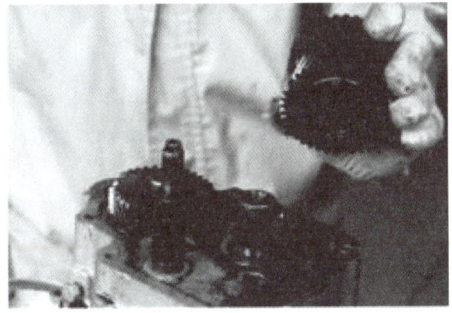

图8-59　拆下五挡同步毂、齿轮及同步环

（4）拆下输出轴五挡齿轮锁止卡环，取下五挡齿轮，如图8-60所示。

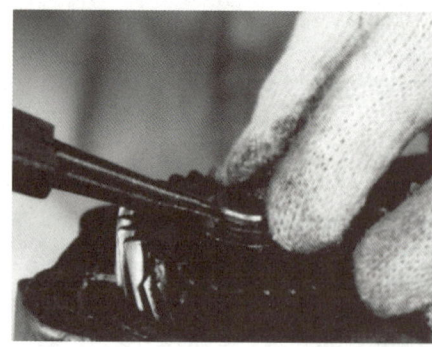
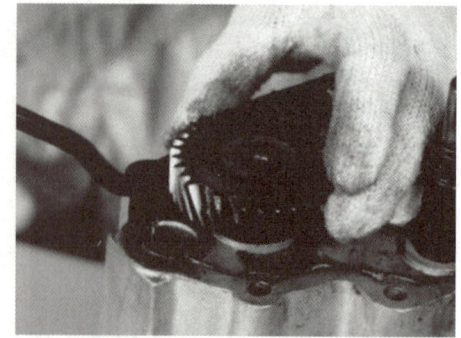

图 8-60　取下五挡齿轮

(5) 撬开驱动法兰盘端盖，取下锁止垫圈，取下驱动法兰盘，如图 8-61 所示。

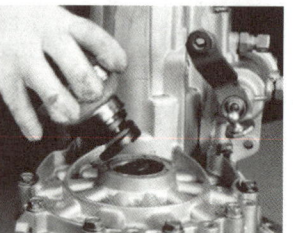

图 8-61　取下驱动法兰盘

(6) 按步骤与方法取下另一驱动法兰盘及其部件，如图 8-62 所示。

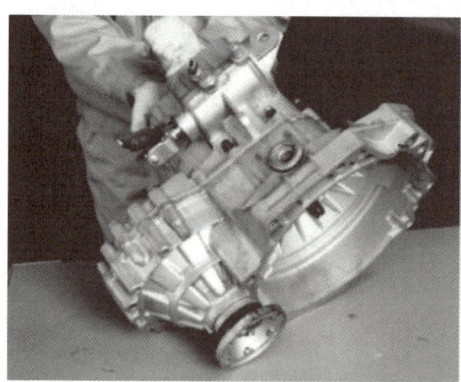
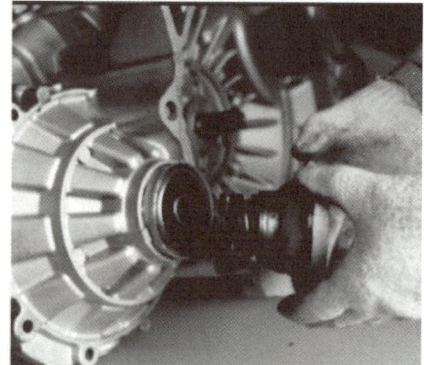

图 8-62　取下另一驱动法兰盘

(7) 拆下换挡拨叉轴总成，如图 8-63 所示。

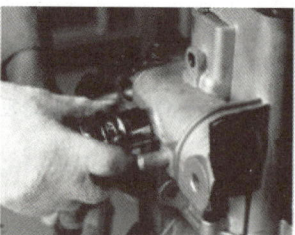

图 8-63　拆下换挡拨叉轴总成

(8) 取下变速器壳体固定螺栓，用橡胶锤轻敲壳体，取下变速器壳体，如图 8-64 所示。

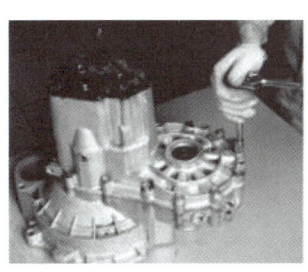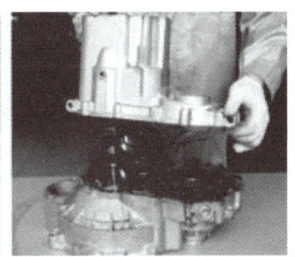

图 8-64 取下变速器壳体

（9）拆下倒挡换挡联动装置固定螺栓，取下倒挡换挡联动装置，如图 8-65 所示。

图 8-65 取下倒挡换挡联动装置

（10）取出拨叉轴、五挡换挡拨叉，如图 8-66 所示。

图 8-66 取出拨叉轴、五挡换挡拨叉

（11）取下倒挡、三四挡、一二挡拨叉，如图 8-67 所示。

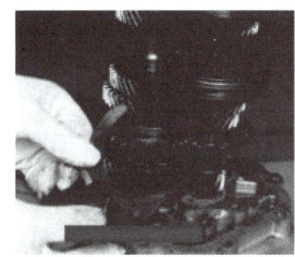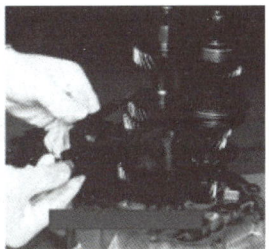

图 8-67 取下各挡拨叉

（12）用专用工具取下输入轴的球轴承、膨胀盘，如图 8-68 所示。

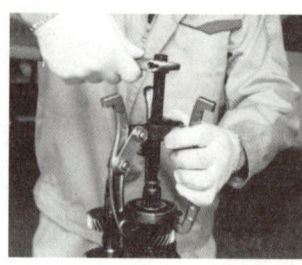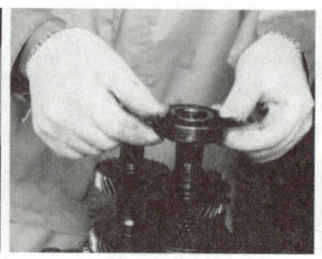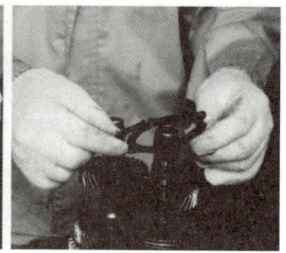

图 8-68　取下输入轴的球轴承、膨胀盘

（13）用工具取下输出轴四挡齿轮锁圈，取下四挡齿轮，如图 8-69 所示。

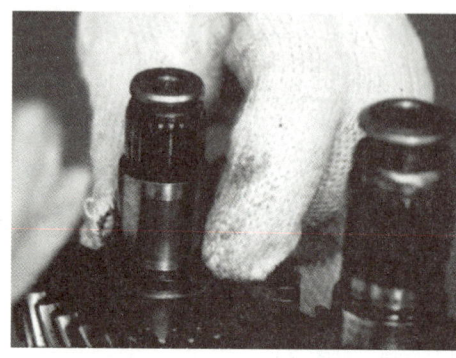

图 8-69　取下四挡齿轮锁圈及齿轮

（14）取下输出轴总成、倒挡惰轮，如图 8-70 所示。

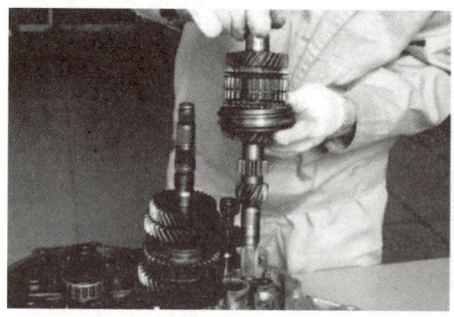

图 8-70　取下输出轴总成、倒挡惰轮

（15）取下输出轴三挡、二挡、一挡齿轮，如图 8-71 所示。

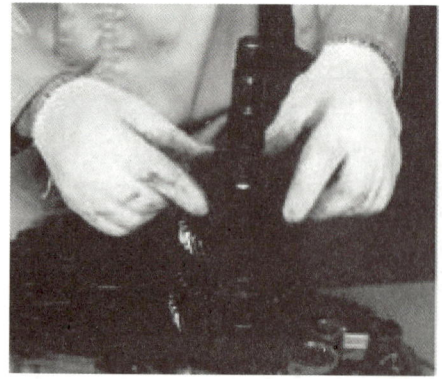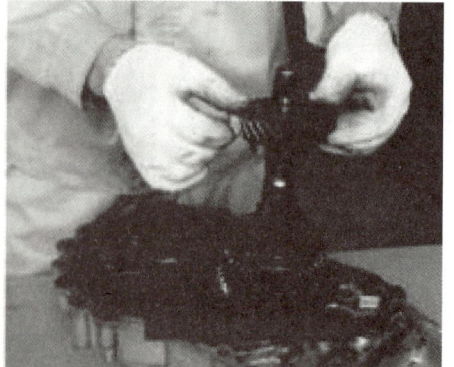

图 8-71　取下输出轴各挡齿轮

(16) 取下二挡齿轮滚针轴承内圈、同步环、弹簧圈等部件。

(17) 取下一二挡同步器组件、一挡齿轮。

(18) 拧下紧固螺栓，取出轴承盖和输出轴，如图 8-72 所示。

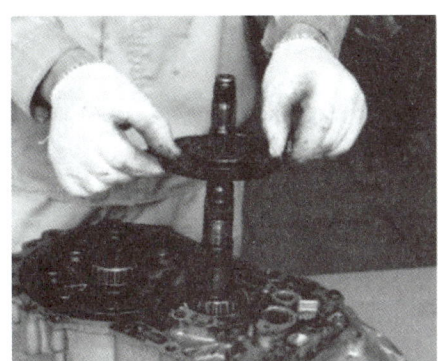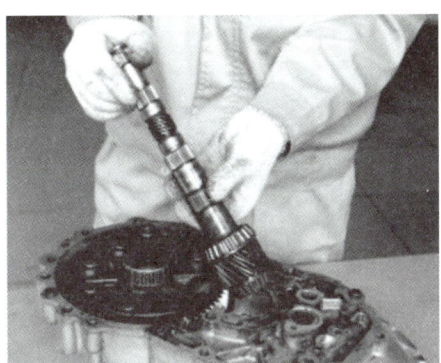

图 8-72 取出轴承盖和输出轴

(19) 取出差速器，如图 8-73 所示。

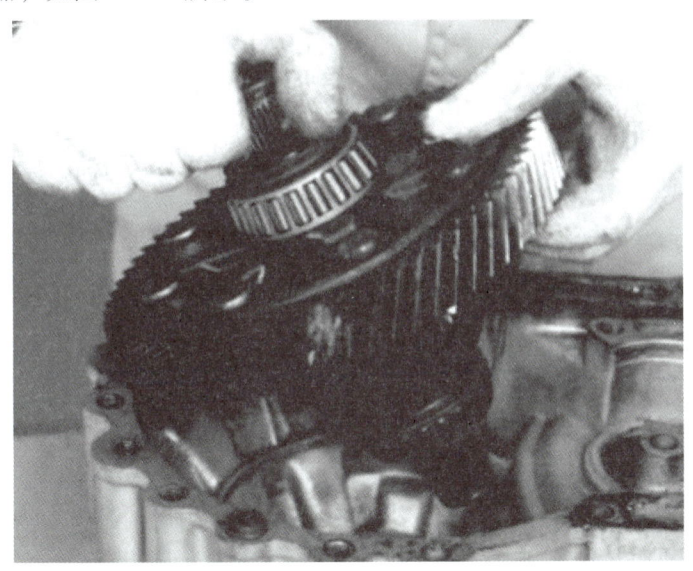

图 8-73 取出差速器

2. 变速器的检修

(1) 输出轴和轴承内座圈的检修

①分别用游标卡尺测量输出轴凸缘的厚度和内座圈外径，测量结果应在规定值内，如超过极限值则予以更换，如图 8-74 所示。

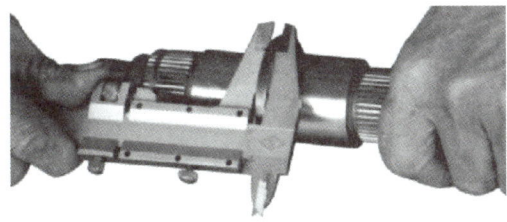

图 8-74 用游标卡尺测量输出轴凸缘的厚度和内座圈外径

②用外径千分尺检查各轴的轴颈，用百分表检查各轴的径向跳动，测量结果应在规定值内，如超过极限值则予以更换，如图8-75所示。

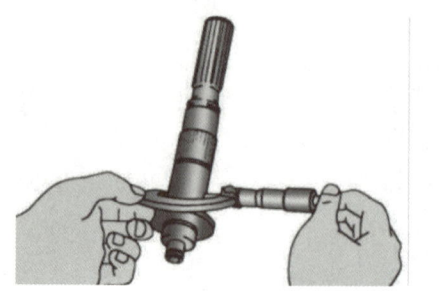
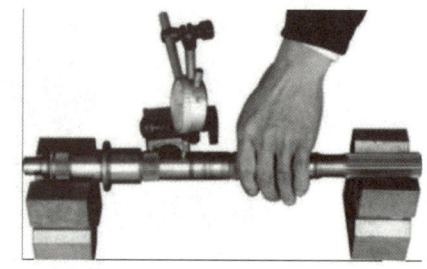

图8-75 使用量具检查各轴的轴颈

(2) 操纵横杆的检修

①检查变速器横杆是否存在变形，拨动外横杆时观察是否出现卡滞或阻滞现象，确认横杆轴与锁紧螺栓及锁紧钢丝的锁止功能是否正常。若锁止失效需更换外横杆或锁紧钢丝；若横杆仅产生形变，可通过校正修复。

②检查变速器外横杆轴与衬套的配合间隙及磨损情况，若磨损超出允许范围应立即更换新件。

(3) 变速叉的检查

变速叉的常见损坏形式包括叉体弯曲、扭曲变形，以及上端导动块与下端端面的异常磨损（如磨薄或形成沟槽），这些损伤会破坏齿轮啮合精度并引发"跳挡"故障。对于弯扭变形的变速叉，可采用敲击校正法进行整型修复；导动块及端面严重磨损时，需通过焊修工艺修复或更换新件。此外，变速叉轴弯曲、锁销与定位球磨损、定位弹簧疲软或断裂均会导致"跳挡"问题。

(4) 各挡齿轮的检修

①通过目视检查齿轮齿部状态，重点识别是否存在裂纹、打滑痕迹、齿面剥落、齿端毛刺或崩角现象。若齿面仅有轻微斑点或边缘局部破损，且不影响使用性能时，可用油石进行修磨处理。

②使用专用检测工具（如测隙规、百分表等）对同步环及各挡齿轮的轴向间隙和径向间隙进行精确测量，具体测量方法如图8-76所示。

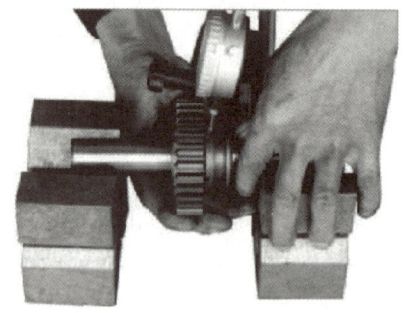

图8-76 测量同步环及各挡齿轮的游隙

③检查同步器齿毂的花键部位和同步器滑块的滑槽是否损坏或磨损；把齿毂装配到齿套里，检查齿毂和齿套在上、下方向是否过松及齿毂、齿套是否歪斜，如图8-77所示。

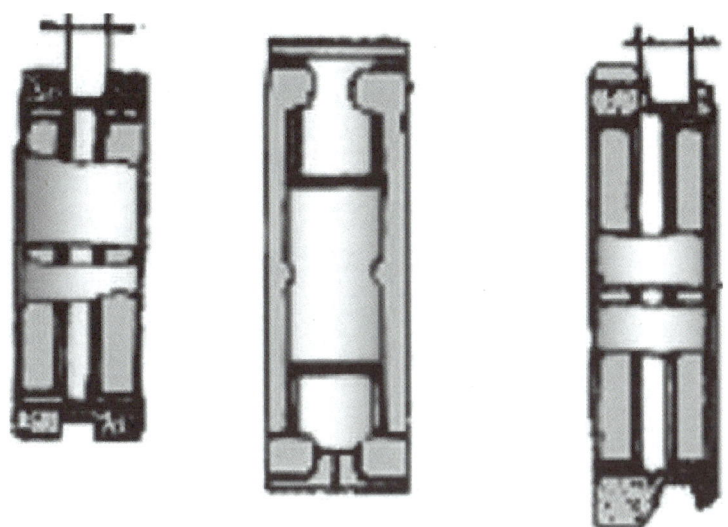

图 8-77 检查同步器齿毂

④采用目视法及配合使用专用工具检查同步器滑块和同步器弹簧的磨损情况，是否在极限值范围，否则应更换，如图 8-78 所示。

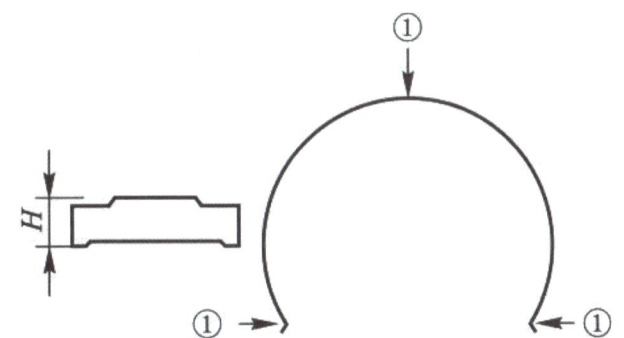

图 8-78 检查同步器滑块和弹簧磨损情况

⑤用测隙规测量齿轮各部位的端隙是否符合要求，如超过极限值，应更换，如图 8-79 所示。

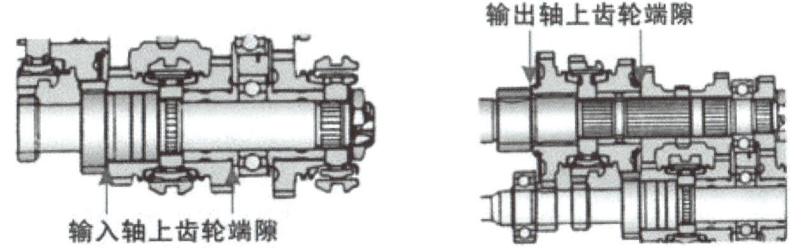

图 8-79 测量齿轮各部位的端隙

3. 手动变速器的安装

（1）安装差速器，如图 8-80 所示。

图8-80 安装差速器

(2) 为输出轴涂抹少许润滑油,将输出轴安装到离合器壳体上,如图8-81所示。

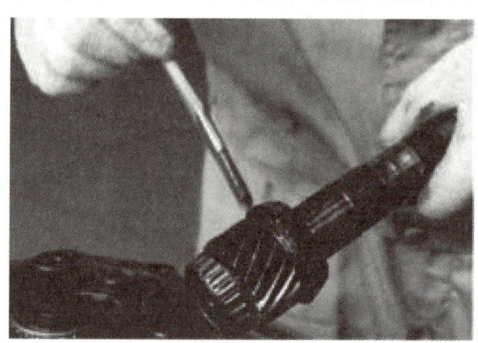 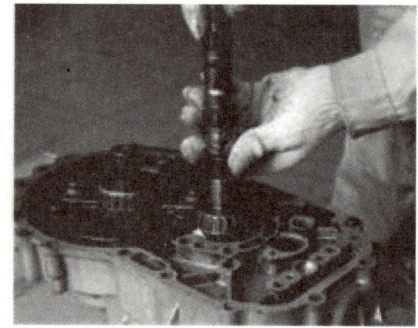

图8-81 安装输出轴

(3) 安装轴承盖,如图8-82所示。

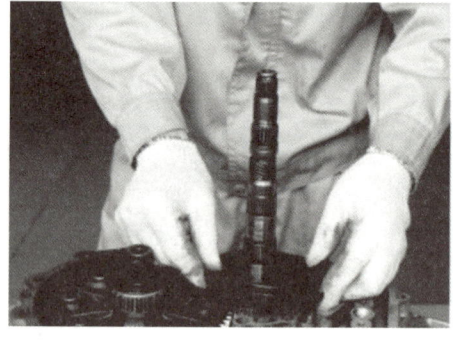 

图8-82 安装轴承盖

(4) 安装止推垫圈。涂抹少量润滑油,安装输出轴一挡齿轮滚针轴承,如图8-83所示。

图 8-83　安装止推垫圈及输出轴一挡齿轮滚针轴承

（5）安装输出轴一挡齿轮和同步环，如图 8-84 所示。

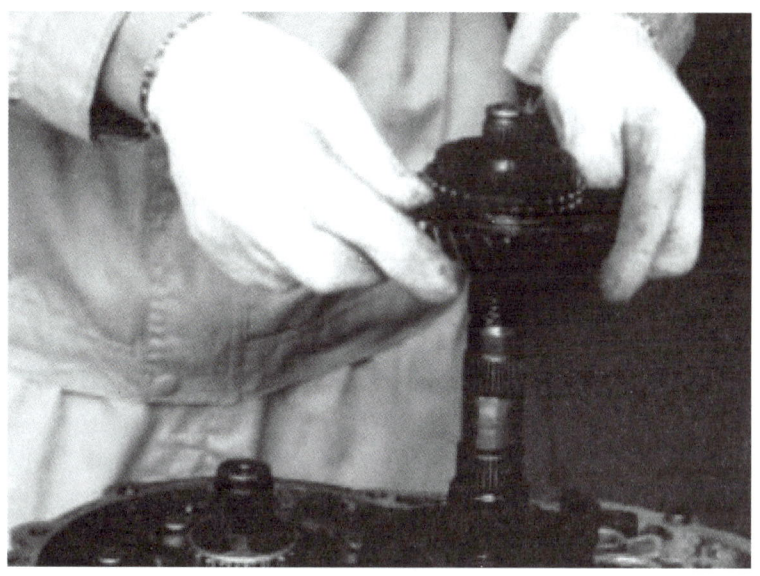

图 8-84　安装一挡齿轮和同步环

（6）安装一二挡同步器组件、一挡齿轮，如图 8-85 所示。

图 8-85　安装一、二挡同步器组件，一挡齿轮

（7）安装二挡齿轮滚针轴承内圈并在内圈上涂抹少许润滑油，如图 8-86 所示。

图 8-86 安装二挡齿轮滚针轴承内圈

（8）安装输出轴二挡齿轮滚针轴承，如图 8-87 所示。

图 8-87 安装二挡齿轮滚针轴承

（9）安装输出轴二挡齿轮，如图 8-88 所示。

图 8-88 安装输出轴二挡齿轮

（10）安装输出轴三挡齿轮，并用专用工具将三挡齿轮锁环安装到位，如图 8-89 所示。

图 8-89　安装输出轴三挡齿轮

（11）组合倒挡轴与倒挡从动齿轮，将倒挡轴总成安装至壳体上，如图 8-90 所示。

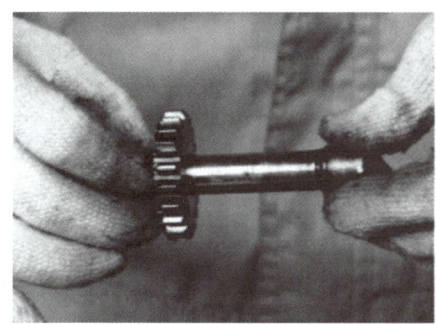

图 8-90　安装倒挡轴总成

（12）为输入轴涂抹少许润滑油，将输入轴安装调整到位，如图 8-91 所示。

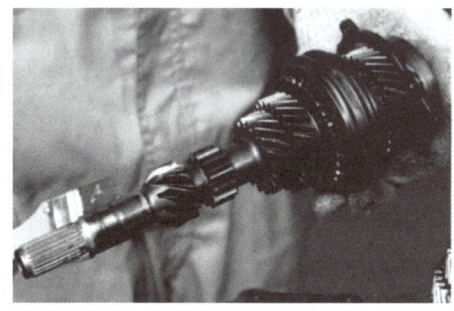

图 8-91　安装输入轴

（13）安装输出轴四挡齿轮，并将锁环锁止到位，如图 8-92 所示。

图 8-92　安装四挡齿轮

（14）安装拨叉轴弹簧及一二挡换挡拨叉，如图 8-93 所示。

图 8-93　安装拨叉轴弹簧及一、二挡换挡拨叉

（15）安装三四挡、倒挡和五挡换挡拨叉，如图 8-94 所示。

图 8-94　安装其他各挡换挡拨叉

（16）在拨叉轴上涂抹少许润滑油，将拨叉轴串接固定各个拨叉，如图 8-95 所示。

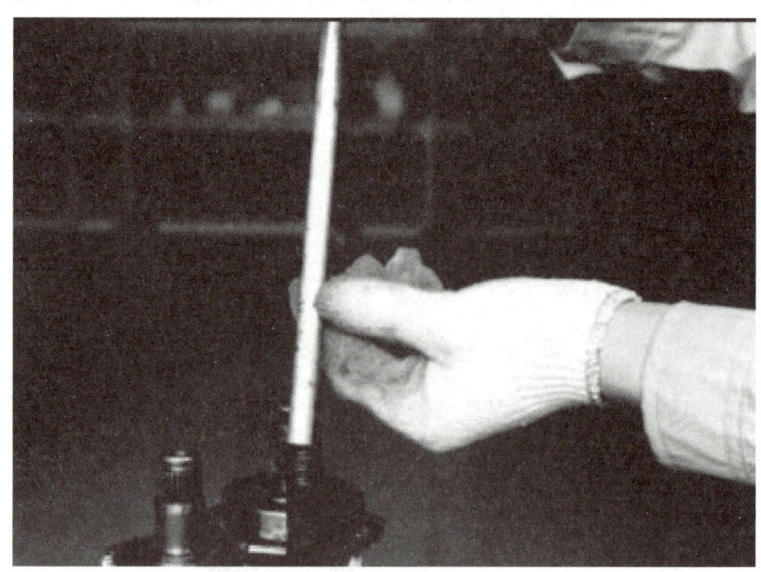

图 8-95　安装固定各个拨叉

（17）安装倒挡换挡联动装置，如图 8-96 所示。

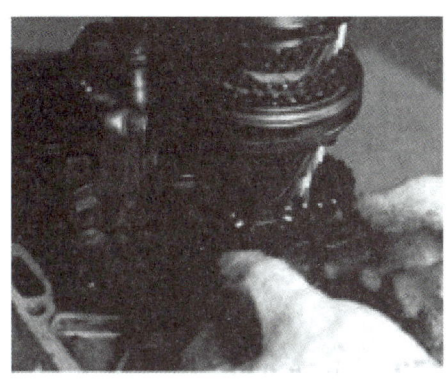

图 8-96　安装倒挡换挡联动装置

（18）在变速器壳体上涂上密封胶，安装变速器壳体（用橡胶锤轻敲变速器壳体，确保壳体安装到位），如图 8-97 所示。

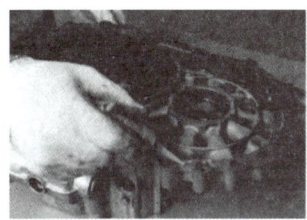

图 8-97　安装变速器壳体

（19）安装输出轴五挡从动齿轮并将止推垫圈、锁止卡环安装到位，如图 8-98 所示。

图 8-98　安装五挡从动齿轮

（20）安装五挡同步器毂、输入轴五挡齿轮以及五挡同步环，如图 8-99 所示。

图 8-99　安装五挡各部件

（21）装上拨叉轴弹簧以及输入轴空心螺栓，如图 8－100 所示。

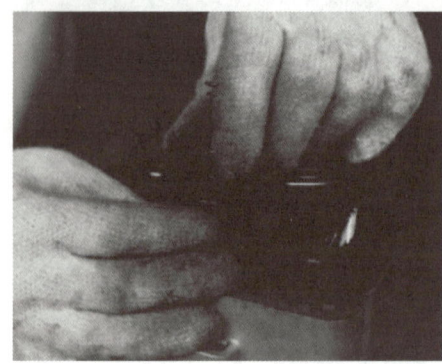

图 8－100　安装拨叉轴弹簧以及输入轴空心螺栓

（22）在变速器后端盖上打上密封胶，用橡胶锤轻敲后端盖，将后端盖安装到位，如图 8－101 所示。

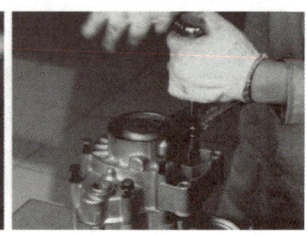

图 8－101　安装后端盖

（23）安装倒挡齿轮轴的固定螺钉和拨叉轴总成，如图 8－102 所示。

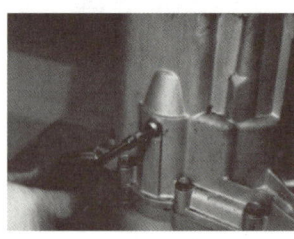

图 8－102　安装倒挡齿轮轴

（24）安装驱动法兰，如图 8－103 所示。

图 8－103　安装驱动法兰

项目九

行驶系统

工作页　行驶系统

任务描述

（1）了解行驶系统的作用及组成。
（2）能识别行驶系统的零部件。
（3）能积极主动参与任务，能与小组成员团结协作，能执行实训室"7S"规定。

任务准备

（1）知识准备：
完成行驶系统的认知的学习。
（2）设备准备：
汽车、行驶系统零部件、演示课件、操作视频。

任务步骤

（1）教师演示或播放视频：转向系统的认知。
（2）学生学习底盘的行驶系统，并完成下表填写。

任务名称			日期	
第（ ）小组成员				
实训内容				
转向系统的认知	作用			
	组成			
	零部件			

任务评价

任务评价内容及标准见下表。

编号	项目	操作内容	分值	评分标准	得分
1	准备	清理工位	5 分	酌情扣分	
2	行驶系统的认知	填写作用	10 分	酌情扣分	
		填写组成	15 分	每个组成 5 分	
		识别零部件	45 分	酌情扣分	
3	完成时间	40min	10 分	超时 1~5min 扣 1~5 分 超时 5min 以上扣 10 分	
4	安全文明	无安全隐患，无不文明操作	5 分	未达标扣 1~5 分	
5	结束	工作场地清洁	10 分	清洁不彻底扣 1~10 分， 未做扣 10 分	
总分			100 分		

汽车行驶系统是确保车辆安全行驶的关键系统，其构成包含实现滚动行驶的车轮、连接车轮的车桥、支撑车体的悬架以及承载各种载荷的车架等核心部件。该系统通过接收传动系统输出的转矩，经驱动轮与路面相互作用，将转矩转化为推动车辆前行的驱动力，从而保障汽车的正常行驶功能。

通过本项目的学习，学员需掌握行驶系统主要总成零部件的装配位置、结构组成、功能作用及运行机理，同时须具备执行保养维护作业、诊断排除常见故障的能力，并熟悉规范操作程序及基础检测分析方法。

任务一　车架与车桥

一、行驶系统概述

（一）行驶系统的作用

行驶系统的作用如下：

（1）将传动系统输入的转矩转化为驱动汽车行驶的有效作用力，确保车辆正常行驶功能。

（2）承载汽车全部质量并维持整车稳定支撑。

(3) 将路面作用于车轮的垂直反力、纵向及侧向力矩传递至车身。

(4) 通过弹性元件衰减路面冲击和振动，确保车辆行驶的平顺性与乘坐舒适性。

(二) 行驶系统的组成

汽车行驶系统一般由车架、车桥、悬架、车轮和轮胎等组成，如图9-1所示。

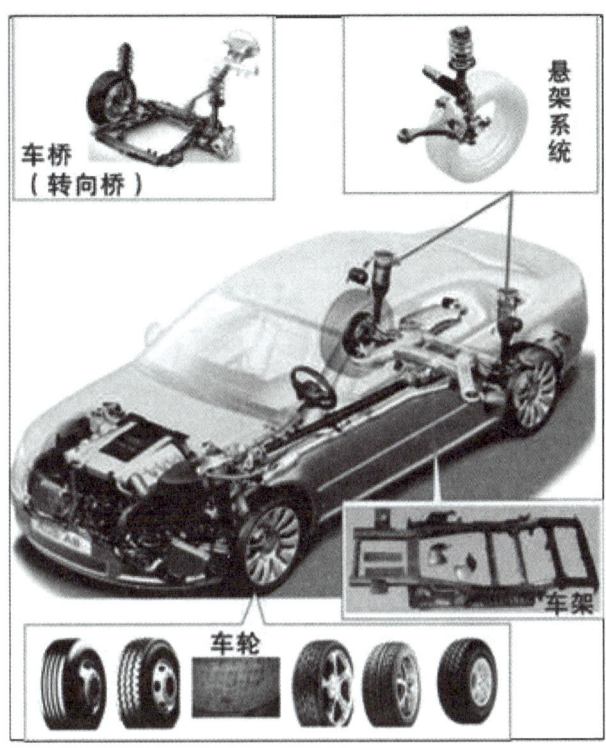

图9-1 行驶系统的组成

(三) 行驶系统的类型

汽车行驶系统根据其与路面接触形式可分为轮式、履带式、半履带式（车轮—履带组合式）及水陆两用型等结构类型。

当汽车在硬质路面行驶时，采用车轮直接接触路面的形式称为轮式行驶系统，对应车辆为轮式汽车。

以履带接触路面的形式称为履带式汽车。

同时采用车轮和履带双重接触形式的称为半履带式或车轮—履带式汽车。

水陆两用汽车除具备常规轮式行驶系统外，另配备专用于水中航行的推进机构。

二、车架

车架作为连接车桥的桥梁式结构，是整车的装配基体，俗称大梁。

1. 车架的作用与要求

车架的核心功能在于承载并固定汽车各总成部件的相对位置，同时承受车身及路面的各类静/动载荷。其设计要求包括：

(1) 满足整车总体布置规划；

（2）具备足够的结构强度和适当的刚度以承受复杂载荷；

（3）结构轻量化且便于零部件拆装与维修；

（4）优化轮廓设计以降低重心高度并扩大转向角度，从而提升行驶稳定性和机动性，这对轿车及客车尤为重要。

2. 车架的结构形式

车架按构造可分为边梁式、中梁式、综合式和无梁式四种类型。

（1）边梁式车架

该结构由左右纵梁及多根横梁通过铆接或焊接形成刚性框架，具有优异的承载能力和改装适应性，广泛应用于各类车型，其结构如图9-2所示。

图9-2　边梁式车架

（2）中梁式车架

中梁式车架（又称脊梁式车架）采用一根贯通车身纵向的中央纵梁作为主体结构，配合多根横向悬伸托架构建而成（见图9-3）。其纵梁前端设计为叉形支架结构，用于安装发动机总成；主减速器壳体则固定在中梁尾部，形成断开式驱动桥布局。该车架具有质量轻量化、重心分布低、结构刚度和强度优越的特点，能显著提升行驶稳定性。其设计优势还体现在为车轮运动提供充足空间，增大前轮转向角度，便于匹配独立悬架系统，且适配封闭式传动轴结构。

但这种车架制造工艺复杂，精度要求高，维护不便。另外，横梁是悬臂梁，弯矩大，易在根部处损坏。

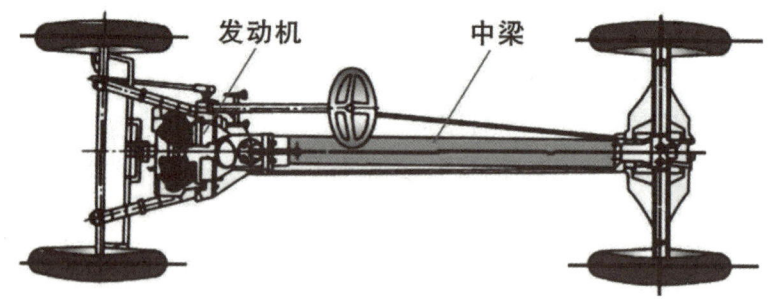

图9-3　中梁式车架

（3）综合式车架

综合式车架采用边梁式与中梁式车架的融合结构设计，如图9-4所示。其前端或后端保留类似边梁式结构特征，分别用于安装发动机或驱动桥总成，同时利用中梁中央通道贯穿传动轴。该设计优势在于可降低地板外侧高度,但存在中央纵梁截面尺寸较大导致地板中部形成凸起的缺陷。此外,其复合式结构特征增加了车架制造的工艺复杂度,对生产精度提出更高要求。

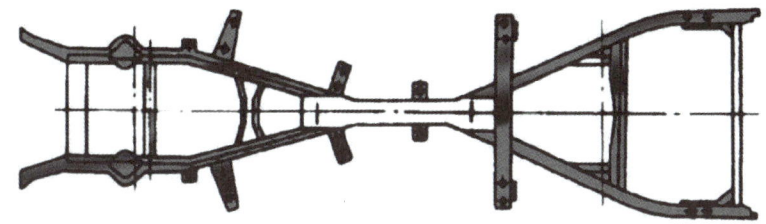

图 9-4 综合式车架

(4) 无梁式车架

无梁式车架采用车身作为车架的替代结构,所有部件直接安装在车身上,形成承载式车身设计,如图 9-5 所示。该结构通过在车身底板集成纵梁和横梁进行强化,实现了较高的整体刚性和轻量化特性,但制造过程中需满足更严格的工艺标准。这种设计形式被广泛应用于轿车及公共汽车领域。

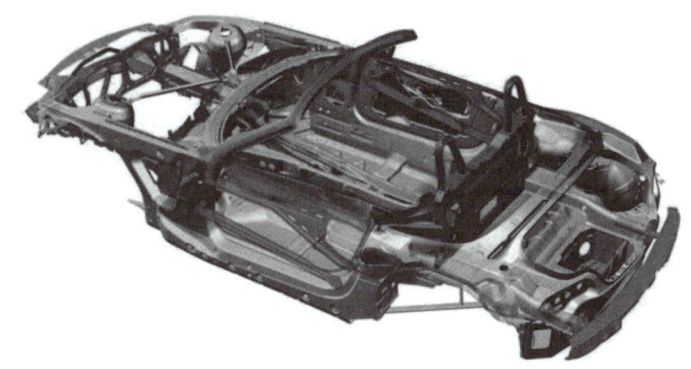

图 9-5 无梁式车架

三、车桥

车桥通过悬架与车架相连,承担汽车大部分质量,并将车轮产生的牵引力、制动力及侧向力经悬架传递至车架。按悬架结构形式可分为整体桥(配非独立悬架)和断开桥(配独立悬架)两类。

根据功能差异,车桥进一步细分为转向桥、驱动桥、转向驱动桥和支持桥四型。其中转向桥与支持桥同属从动桥。后轮驱动车型中,前桥兼具承载与转向功能,称为转向桥;后桥承担承载与驱动双重作用,称为驱动桥。越野汽车及前轮驱动汽车的前桥,除承载转向外兼具驱动功能,故称转向驱动桥。仅起支承作用的车桥则称为支持桥。

支持桥在功能结构上与转向桥基本一致,唯一区别在于不具备转向能力。以下重点阐述转向桥与转向驱动桥的结构特性。

1. 转向桥

转向桥通过控制前端左右车轮的偏转角度实现车辆转向,同时承受垂直载荷及由道路作用、制动等工况产生的纵向力、侧向力及其力矩。

各类车型转向桥结构具有共性特征,均由前轴、转向节、主销和轮毂四部分构成,整体式转向桥结构如图9-6所示。

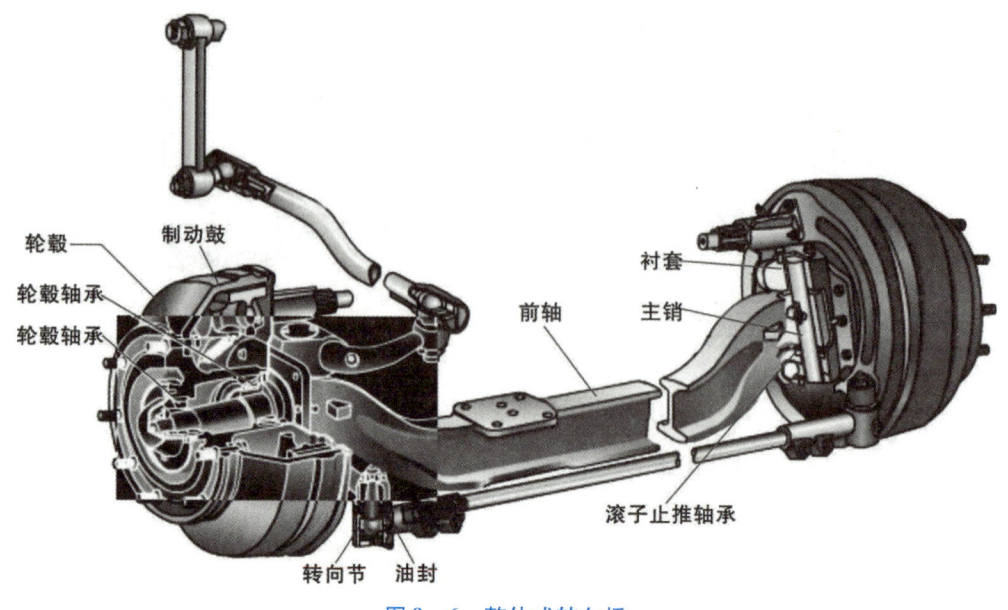

图9-6 整体式转向桥

2. 转向驱动桥

转向驱动桥能同时实现车轮转向和驱动功能，如图9-7所示。转向驱动桥有一般驱动桥具有的主减速器、差速器和半轴等，也具有一般转向桥所具有的转向节和主销等。为了满足既能转向又能驱动的需要，所以与车轮相连的半轴必须分成两段：与差速器相连的内半轴和与轮毂相连的外半轴，两者之间用等速万向节连接。另外，主销也同样分制成上、下两段，固定在万向节的球形支座上，转向节轴制成中空，以便外半轴从中穿过。这样既满足了转向的需要，又实现了转向节的传递转矩的功能。转向驱动桥广泛应用于全轴驱动的越野汽车和部分轿车上。

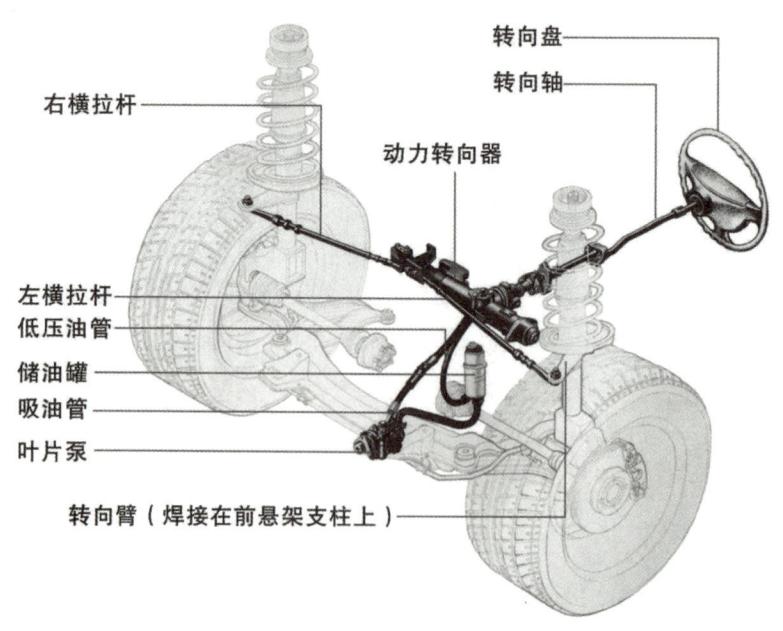

图9-7 转向驱动桥

实训——车架的修理与检查

一、技术标准与要求

无裂纹、无弯曲变形。

二、实训器材

车架 1 台、工作台 1 个、检测工具 1 套等。

三、教学组织

1. 教学组织形式

4 人一组配合操作。

2. 学生站位分工和要求

2 人相互配合拆装检测，2 人记录评分。

3. 教师职责

（1）教师示范动作并讲解动作要领。

（2）指导学生进行正确练习，并进行巡回指导。

（3）组织整个教学过程。

（4）保证学生实训安全。

4. 学生职责变化

小组内循环练习，并作好学习记录。

四、操作步骤

1. 车架变形的修理

车架弯曲、扭曲或歪斜变形超过允许值时，应进行矫正。若变形不大，可用专用液压机具（车体矫正机）进行整体冷压矫正。变形严重时，可将车架拆散，对纵、横梁分别进行矫正，然后重新铆合，必要时可采用中性氧化焰或木炭火将变形部位局部加热至暗红色进行热矫正（加热温度不得超过 700℃，以免影响车架的性能）。

2. 车架裂纹的修理

车架出现裂纹应采取手工电弧焊进行焊修，其操作步骤如下：

（1）焊前用砂布或钢丝刷等将裂纹附近清洗干净；在裂纹端头前方 10 mm 处钻一直径为 3~6 mm 的止裂孔，如图 9-8 所示，以防裂纹断续扩展；用手砂轮在裂纹处开 V 形坡口（图中虚线指用砂纸打磨的范围）。

（2）施焊用反极直流焊接法焊接：焊接电流为 100~140 A，焊接电弧应尽量短些，采用直径为 4 mm 的 J526 焊条，焊条与其运动方向成 20°~30°倾角，堆焊高度不大于基体平面 2 mm，焊后

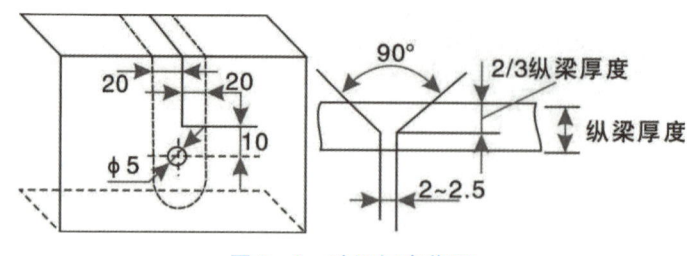

图 9-8 砂纸打磨范围

要锉平焊缝，修磨光滑。

（3）裂纹较长或在受力较大部位时，焊后应用腹板进行加强。腹板可用焊接或铆接结合的方法固定到车架上。采用焊铆结合的方法时，应先焊后铆，铆钉排列如图 9-9 所示。焊接腹板时，阴影区禁施焊。长焊缝应断续焊接。冷天施焊时，焊接部位应适当预热（100 ℃ ~ 150 ℃），焊后应将焊渣清除干净，焊缝应光滑、平整、无焊瘤、弧坑、气孔、夹渣等缺陷，咬边深度应不大于 0.5 mm，咬边长度不大于焊缝长度的 15%。

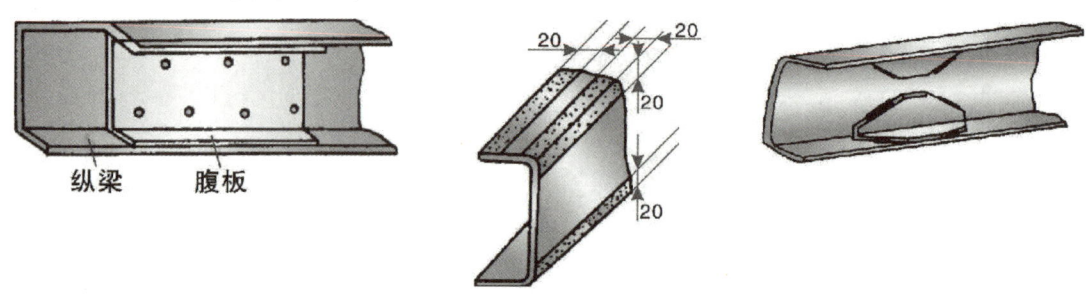

图 9-9 焊接和铆接结合的方法

3. 车架补块的应用

补块挖补法宜于修理车架产生的腐蚀和纵梁腹面上的短裂纹、翼面和腹面过渡处的贯通性裂纹，如图 9-10 所示。

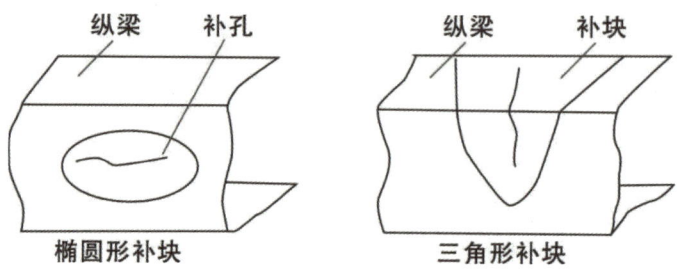

图 9-10 车架补块

常用的补块有椭圆形和三角形，可从旧车架上割取。椭圆形补块用于修补腹面上的裂纹，三角形补块用于修补贯通性裂纹。

补孔用氧乙炔气割而成，割口要求光洁，补块与补孔间隙 22.5mm。补块镶入补孔后，采用分段减应焊法，按车架焊接规范焊接。

任务二 车轮和轮胎

汽车在使用过程中若出现前后车轮磨损程度不一致的情况，为延长轮胎使用寿命并提高行车安全性，需经技术人员确认后执行车轮拆卸换位操作。具体流程应遵循维修手册规范，完成轮胎位置对调安装。若轮胎发生气压泄漏问题，应及时进行修补处理；当更换新轮胎时，必须对新安装轮胎的车轮进行动平衡校正，以消除因质量分布不均引发的振动隐患。

一、车轮的组成

车轮用于安装轮胎，传递和承受轮胎、车桥之间的各种作用力和力矩。车轮总成由轮辐、轮辋和轮毂三部分组成。

1. 轮辐

按照轮辐的结构不同，车轮可分为辐板式车轮和辐条式车轮。如图 9-11 所示。

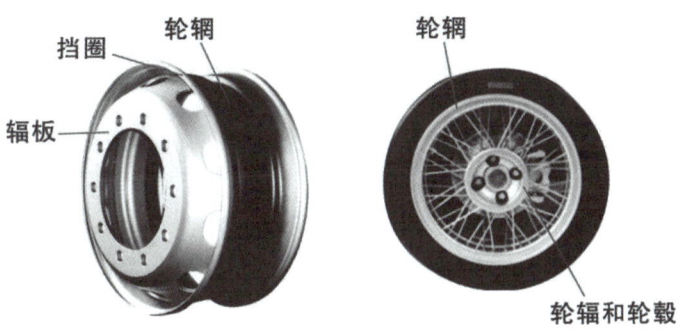

图 9-11 轮辐

辐板式车轮：其轮毂和轮辋由冲压而成的钢质圆盘连接起来。辐板式车轮一般用于普通轿车和轻、中型货车。

辐条式车轮：采用可锻铸的空心辐条将轮毂和轮辋组装在一起。辐条式车轮一般用于赛车和某些高级轿车上。

2. 轮辋

轮辋用来安装和固定轮胎，根据结构的不同，分为深槽式轮辋、平底式轮辋和对开式轮辋，如图 9-12 所示。

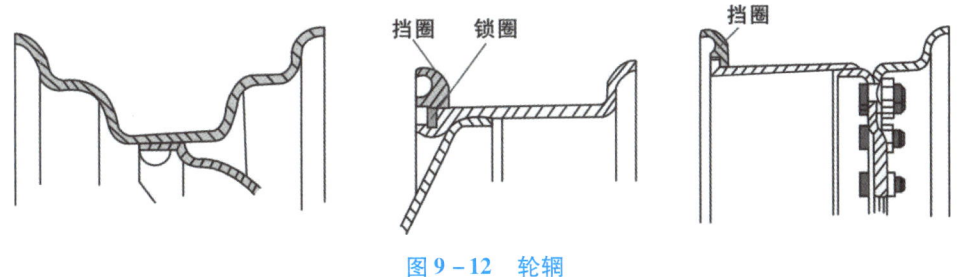

图 9-12 轮辋

由于轮辋是轮胎的装配和固定基础，当轮胎装入不同的轮辋时，其变形位置与大小也发生了变化。因此，每一种规格的轮胎，最好配用规定的标准轮辋，必要时也可配用规格与标准轮胎相近的轮辋。如果轮辋选用不当，会造成轮胎早期损坏，特别是使用在过窄的轮辋上时。国产轮辋规格的表示方法如图9-13所示。

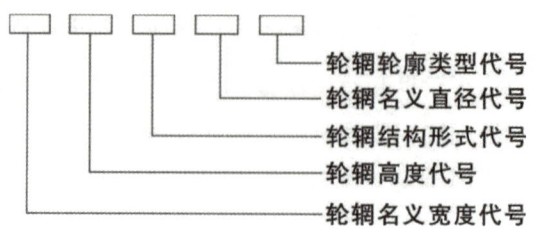

图9-13 国产轮辋规格的表示方法

说明：

（1）轮辋名义宽度与直径代号数值采用英寸（in）为单位［新型轮胎若以毫米（mm）标注直径时，轮辋直径相应采用毫米（mm）单位］。

（2）直径数值前的符号标识轮辋结构类型，其中"×"代表整体式一件轮辋，"-"表示由轮辋体、挡圈、锁圈等多部件组装的多件式轮辋。

（3）位于宽度代号后的拉丁字母（如C/D/E等）用于标识轮辋的断面高度参数。

（4）轮辋轮廓类型通过特定字母组合区分：DC对应深槽轮辋，WDC为深槽宽轮辋，SDC表示半深槽宽轮辋，FB为平底轮辋，WFB是平底宽轮辋，TB代表全斜底轮辋，DT则指对开式轮辋结构。

示例：轮辋规格标记为4.5E×16时，表示该轮辋名义宽度为4.5英寸、直径16英寸，采用E级轮辋高度的整体式深槽轮辋设计。

3. 轮毂

轮毂内部装配轮毂轴承，为确保轴承有效润滑，需在轮毂内腔添加少量润滑脂。轮毂螺栓（亦称轮胎螺栓）用于连接轮毂、轮辐及制动鼓组件，其结构包含螺柱、螺母及锁紧螺母。多数轮胎螺栓采用单向适配设计，左轮配置左旋螺纹，右轮配置右旋螺纹，该设计可防止车辆前行时因轮胎旋转惯性导致螺母自动松脱现象的发生。

二、轮胎的作用与类型

1. 轮胎的作用

轮胎的作用是承载汽车总质量及货物载荷；确保车轮与路面间维持有效附着，从而提升车辆的动力性能、制动效能及通过性；协同汽车悬架系统缓冲行驶中的路面冲击并吸收振动能量，保障车辆的乘坐舒适性与行驶平顺性。

2. 轮胎的分类

汽车轮胎依据胎体构造特性可分为充气轮胎和实心轮胎两大类。当前绝大多数汽车采用充气轮胎。

（1）按空气密闭方式区分

充气轮胎根据空气保持方式差异,进一步划分为有内胎充气轮胎(见图9-14)和无内胎充气轮胎(见图9-15)。有内胎充气轮胎由外胎、内胎及垫带等部件组成。内胎为环形橡胶管结构,配置气门嘴用于充排气操作。垫带作为环形橡胶保护套,装设在内胎与轮辋接触面之间,防止内胎被轮辋边缘及胎圈磨损。

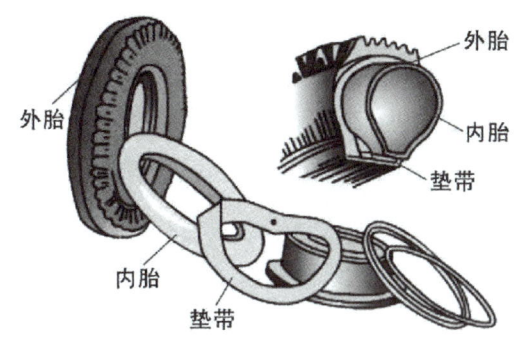

图9-14 有内胎的充气轮胎

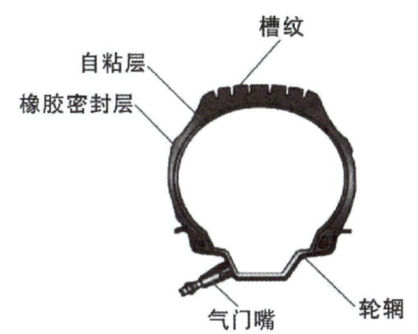

图9-15 无内胎的充气轮胎

无内胎充气轮胎(俗称真空胎)采用无内胎和垫带设计,轮胎气体直接压入密封胎腔,要求轮胎与轮辋间具备高密封性。其优势体现在:轮胎穿孔时气压下降平缓,仍能维持安全行驶;消除内外胎摩擦导致的潜在损伤;通过轮辋直接散热,降低工作温度延长使用寿命;结构简单且质量轻量化。但存在材料工艺要求高、胎体损伤修复难度大的不足。

(2)按胎体帘布层结构分类

充气轮胎根据胎体帘布层构造差异,分为斜交轮胎和子午线轮胎两类,如图9-16所示。子午线轮胎的帘布层帘线沿轮胎横断面方向平行排列;斜交轮胎的帘布层帘线则以约50°交角呈交叉排列,形成网状结构。

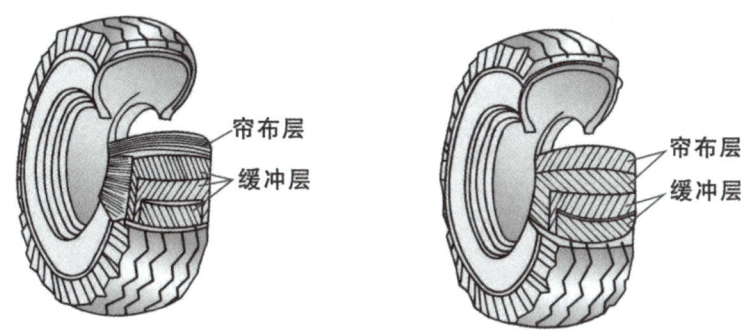

图9-16 按胎体帘布层的结构不同分类

3. 外胎的结构

外胎是轮胎的主体,按轮胎的部位,它由胎面(包括胎冠、胎肩和胎侧)、缓冲层、帘布层和胎圈四部分组成,如图9-17所示。

(1)胎冠

胎冠(又称行驶面)作为轮胎与路面的直接接触部位,需承受持续冲击和摩擦磨损,同时需提供足够的附着力以确保抓地性能。因此,胎冠必须具备高强度、高刚度、良好弹性及耐磨特性。为满足不同路况需求(包括光滑路面、砂石路面、湿滑路面及冰面),需通过胎面花纹设计提升特殊路面适应性;在湿滑条件下,花纹需有效排除接触区积水以维持牵引力,防止轮胎纵横向滑移。胎

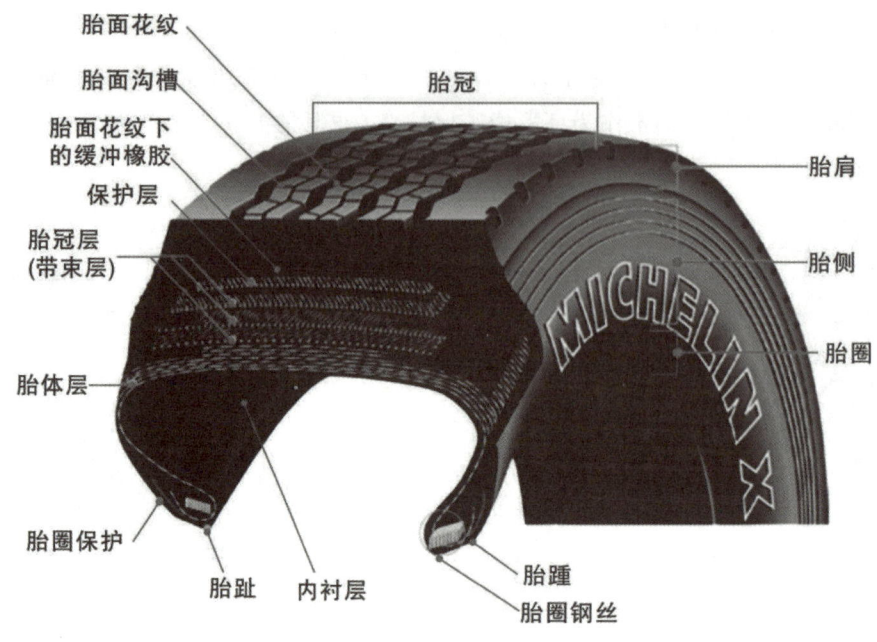

图 9-17 外胎的结构

冠花纹类型主要分为普通花纹（含纵向折线花纹和横向花纹）、组合花纹及越野花纹等类别，如图 9-18 所示。

图 9-18 不同形状的轮胎花纹

（2）胎肩

胎肩作为胎冠与胎侧之间的过渡区域，通常设计有花纹结构，以增强该区域的散热效率。

（3）胎侧

胎侧（胎壁）由多层橡胶叠加构成，包裹轮胎侧面，形成对内胎的防护屏障，同时承载制造商标识、轮胎规格等参数信息。

（4）帘布层

帘布层构成外胎的支撑结构，负责维持轮胎的形态和规格参数。层数增加会提升轮胎强度但降低弹性。根据帘线排列方式差异，外胎分为斜交轮胎和子午线轮胎两类，帘线材料可选用棉线、人造丝、尼龙或钢丝等。

（5）缓冲层

缓冲层位于胎面与帘布层之间，采用稀疏帘布与橡胶复合结构，提供高弹性缓冲性能，有效吸收路面冲击，并在紧急制动时防止胎面与帘布层分离。

（6）胎圈

胎圈由钢丝圈、帘布层包边及胎圈包布三部分组成,其功能是将外胎稳固固定于轮辋之上。

4. 轮胎花纹

(1) 轮胎花纹的作用

①增强轮胎的制动、驱动和牵引效能;

②提升车辆操控稳定性;

③优化轮胎散热效率;

④改善轮胎排水性能。

(2) 轮胎花纹的类型

各种各样的花纹模压在胎面上,帮助排尽水和适应路面状况。

①纵向花纹

纵向花纹由沿着轮胎圆周延伸的若干平行锯齿形槽组成,如表9-1所示。这种花纹最适用于铺面路上高速行驶,并且用于从小客车到公共汽车及卡车各种各样的汽车。

表9-1 纵向花纹

特性	纵向花纹
纵向花纹将轮胎滚动的阻力减至最小。 较强的抗侧滑力及良好的汽车控制能力。 减小了轮胎噪声。 牵引力稍次于有横向花纹的轮胎	

②横向花纹

横向花纹槽按大致与轮胎圆周成直角延伸,如表9-2所示。经常用在施工机械设备和卡车轮胎上,此胎面花纹适用于在未铺面路面上行驶。

表9-2 横向花纹

特性	横向花纹
横向花纹提供良好的牵引力。 轮胎滚动阻力稍高。 抗侧滑阻力较小。 横向花纹区域的胎面易受不均匀磨损。 轮胎噪声较大	

③纵向和横向花纹

这种花纹结合纵向和横向花纹以在铺面和未铺面路面上提供稳定的驾驶性能,如表9-3所示。

表9-3 纵向和横向花纹

特性	纵向和横向花纹
沿着轮胎中心延伸的纵向花纹通过将轮胎侧滑减至最小而使汽车稳定,与此同时轮胎边缘的横向花纹增强了驾驶和制动性能。 横向部分的花纹易于受不均匀磨损	

④块状花纹

在此花纹中，胎面被分成单独的方块，如表9-4所示。在大多数雪地行驶用轮胎和无防滑钉轮胎上使用，块状胎面花纹目前也正用于小客车子午线轮胎。

表9-4 块状花纹

特性	块状花纹
块状花纹提供了较好的驾驶和制动性能。 块状花纹减小了在泥泞或覆盖有雪的路面上的滑转和滑移。 比用纵向和横向花纹的磨损更快。 滚动阻力稍微较大。 胎面易受异常磨损，特别在坚硬的路面上	

就转向而言，胎面花纹轮胎具有方向性。轮胎胎面横槽有方向性以便改进潮湿路面的性能从而易于使轮胎排尽水。如果这些轮胎以错误的方向安装，那么其在潮湿路面上的性能会恶化。

（3）轮胎的规格是根据使用要求和尺寸大小确定的规格编码系统，轮胎的规格、性能和构造均标示在轮胎的侧壁上

轮胎不同部位规格的名称，如图9-19所示。

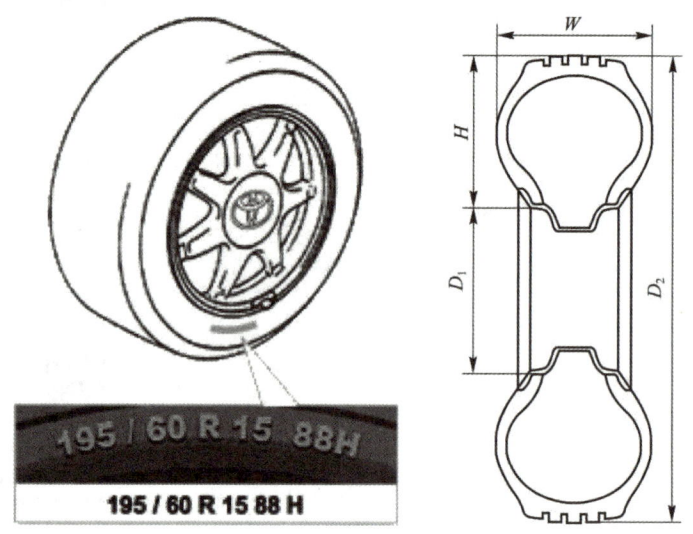

图9-19 轮胎的规格位置

规格	名称
H	轮胎高度
W	轮胎宽度
D_1	轮缘直径
D_2	轮胎外径

(4) 轮胎的规格识别

轮胎的规格标识如图 9－20 所示。

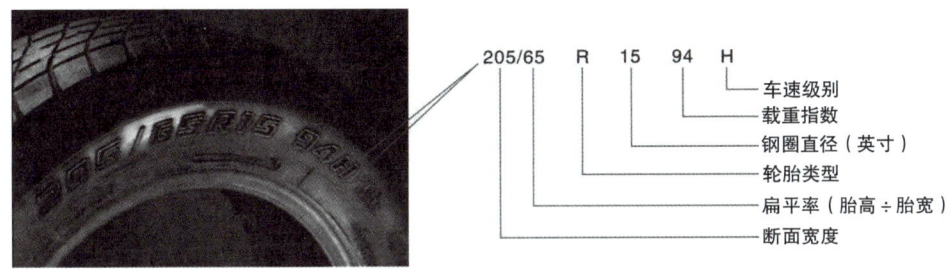

图 9－20　轮胎规格标记

说明：

①断面宽度：指轮胎正常充气后两胎侧间的直线距离，以毫米为单位进行标注，例如 205、215、195 等数值。

②扁平率：定义为轮胎断面高度与断面宽度的百分比比值，用数字形式表示。扁平率数值越小，车身离地间隙越小，空气阻力相应降低。

当前常用轮胎包含多种扁平率规格，其中三种典型扁平率如图 9－21 所示。以 75 系列为例，该系列轮胎的断面高度为宽度的 75%。需要注意的是，随着扁平率数值增大（如 60、70、75、85），车身离地高度随之增加，这将改变车辆的乘坐舒适性和操控性能。通常扁平率减小会降低乘坐舒适性，但提升操控响应；反之，扁平率增大会优化乘坐舒适性，而操控性能相应下降。用户在选购轮胎时，应严格参照车辆使用手册确定适配的轮胎规格，常见轮胎规格及其适用车型可参照表 9－5 所列信息。

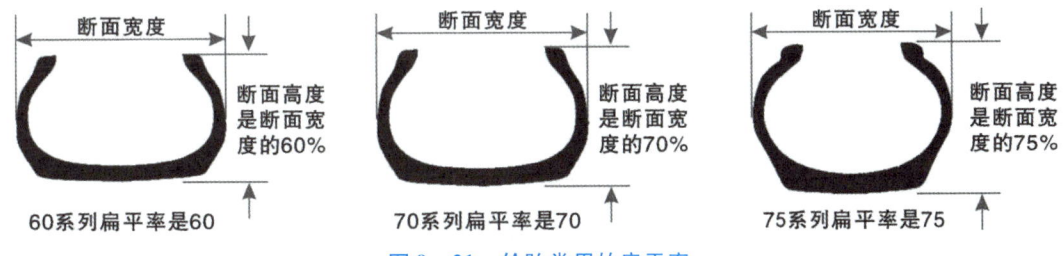

图 9－21　轮胎常用的扁平率

表 9－5　常见轮胎及运用车型表

轮胎	运用车型
195/60 R14 82	上海通用别克赛欧、雪铁龙爱丽舍、捷达王、波罗 1.4MT 等
195/60 R14 86	桑塔纳 Gli、桑塔纳 2000 等
195/65 R15 91	广本 2.3Vti、广本 2.0 Exi、帕萨特 1.8 Gsi、宝来 1.8 等
205/60 R15 91	奥迪 A6 1.8/1.8T/2.4、红旗 CA7202、风神蓝鸟奥迪、红旗、风神蓝鸟 2.0i、现代索纳塔 2.0 GLS 2.0i、现代索纳塔 2.0 GLS
205/65 R15 94	广本雅阁 3.0V6、尼桑风度 3.0GV、2.0G、丰田佳美 3.0 V6 XLE 等
215/70 R15 98	通用别克新世纪、通用别克 GL8 商务车、林肯城市等
225/60 R16 98	奔驰 S280（1999 款）、奔驰 S320（1999 款）、奔驰 S500（1999 款）

③轮胎类型：用字母表示轮胎的结构形式。R 代表子午线轮胎，B 代表带束斜交轮胎，D 代表

斜交轮胎。

④轮辋直径：用数字表示轮辋直径，单位为 in，最常用的汽车轮辋直径有 13 in、14 in、15 in 和 16 in。

⑤载荷指数：用数字表示荷重等级，即最大载荷质量。例如，荷重等级为 85 的轮胎其最大载荷质量为 515 kg。

⑥速度级别：用字母表示速度等级，表明轮胎能行驶的最高车速。例如，H 的最高车速为 210 km/h。

我国参照采用了国际标准化组织（ISO）规定的速度标志。最高行驶速度应符合表 9 - 6 的规定。

表 9 - 6　最高行驶速度

轮胎结构	速度级别	不同轮辋直径轮胎的最高行驶速度/（km·h^{-1}）		
		10	12	≥13
斜交轮胎	P	120	135	150
子午轮胎	Q	135	145	160
	S	150	165	180
	H		195	210

实训——车轮总成的拆装与检查

一、技术标准与要求

本田飞度前轮轮胎压为 2.2 kPa，后轮轮胎压为 2.1 kPa；轮胎不平衡量小于 5 g。轮胎花纹深度更换极限值为 1.6 mm。

二、实训器材

轮胎扒胎机 1 台、轮胎平衡机 1 台、轮胎厚度规 1 把、气压表 1 个、工作台 1 个、常用工具 1 套、车轮 4 个、抹布若干等。

三、教学组织

1. 教学组织形式

4 人一组配合操作。

2. 学生站位分工和要求

2 人相互配合拆装检测，2 人记录评分。

3. 教师职责

（1）教师示范动作并讲解动作要领。

（2）指导学生正确练习，并进行巡回指导。

（3）组织整个教学过程。

（4）保证学生实训安全。

4. 学生职责变化

小组内循环练习，并做好学习记录。

四、操作步骤

1. 车轮的拆装

（1）车轮的拆卸。

①停放好车辆，拉紧驻车制动，如图9-22所示。

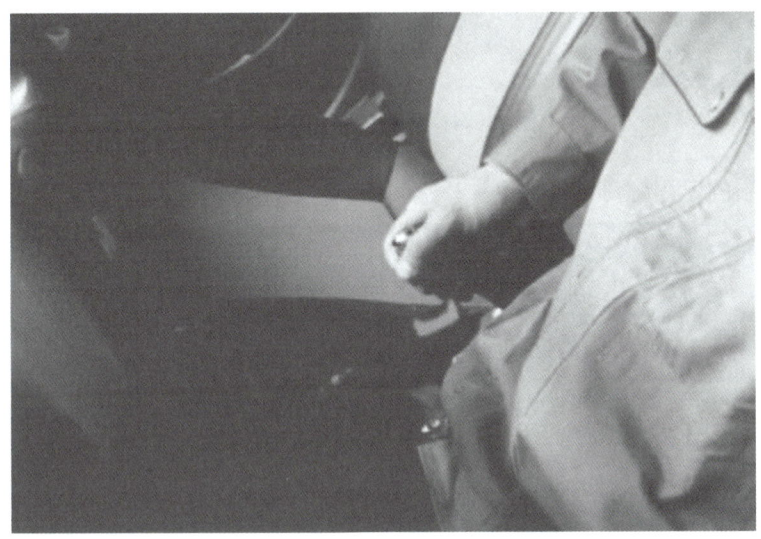

图9-22 拉紧驻车制动

②安置好举升机的举升臂，然后稍微升起举升机，如图9-23所示。

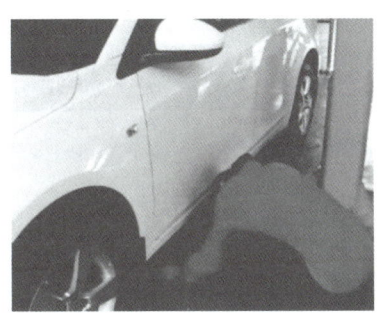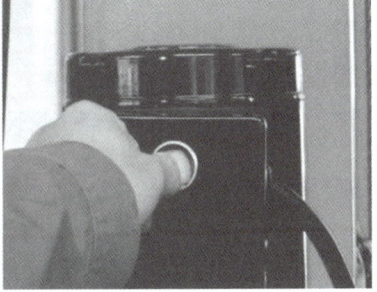

图9-23 安装举升机的举升臂

③拧松轮胎固定螺栓，然后将车辆升至工作位置，如图9-24所示。

图 9-24 拧松轮胎固定螺栓

④逐一取下轮胎的紧固螺母,如图 9-25 所示。

图 9-25 取下轮胎的紧固螺母

⑤双手将轮胎托起并取下,如图 9-26 所示。

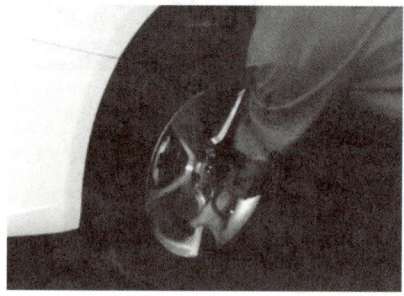

图 9-26 取下轮胎

（2）车轮的安装。

①双手托起轮胎，将车轮装回，如图 9-27 所示。

图 9-27　装回车轮

②逐一装上紧固螺栓并用扳手拧紧，如图 9-28 所示。

图 9-28　装上紧固螺栓

③放下举升机，将车辆下放到地面，如图 9-29 所示。

图 9-29　放下举升机

④紧固车轮螺母，扭紧力矩为 140 N·m，如图 9-30 所示。

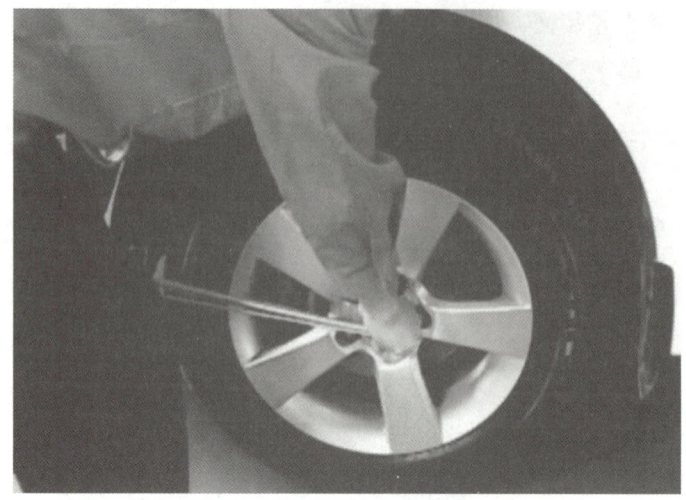

图 9-30　紧固车轮螺母

⑤安装完毕，移走举升臂，如图 9-31 所示。

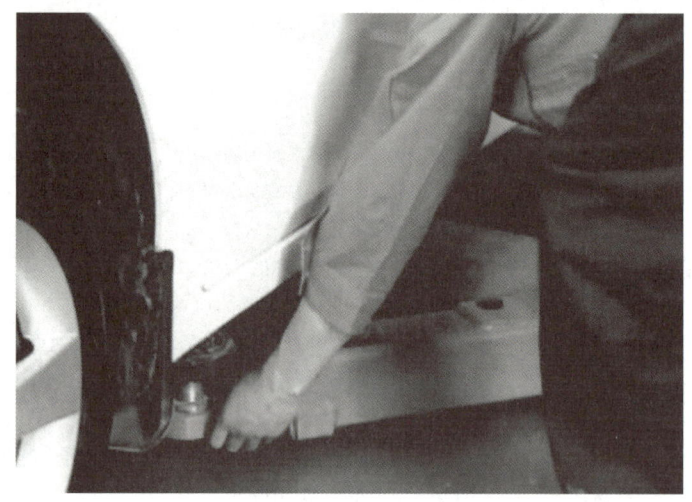

图 9-31　移走举升臂

2. 车轮的检查

（1）车轮磨损的检查：通过检查胎面磨损标记或磨损指示条，可判定轮胎是否已出现过度磨损。磨损指示条是以窄条平滑橡胶形式横贯轮胎表面的设计，当轮胎发生严重磨损时，无论磨损形态为均匀或不均匀，该指示条将显露于胎面。一旦可见这些指示条，即表明轮胎已磨损至需更换程度，如图 9-32 所示。

（2）轮胎气压的检查：轮胎充气压力需按规范设定。规定充气压力值由轮胎类型、车辆载重及驾驶性能需求共同决定。此外，充气压力需根据温度变化进行调整，例如环境温度每下降 10℃，需相应降低充气压力约 6.5 kPa。无论冬季或夏季均需定期检测轮胎气压状态。重点需检查是否存在气压超标现象，因充气压力过高将导致轮胎内部应力增大，胎侧产生异常形变，限制胎体正常挠曲。此情况会加剧胎面中央区域磨损，同时削弱轮胎对路面冲击的吸收能力，具体影响参数可参考表 9-7 所示数据。

图 9-32 使用游标卡尺测量车轮磨损

表 9-7 轮胎气压过高或过低对轮胎的影响

条件	胎肩快速磨损		胎冠快速磨损		胎面碎裂
结果	◊		◊		◊
起因	轮胎气压过低或没有进行轮胎换位	◊	轮胎气压过高	◊	轮胎气压过低或超速
	在轮胎冷态下调整轮胎气压到规定值				

3. 轮胎的拆卸

（1）旋开气门，释放轮胎内的空气，将旧的平衡块去除，如图 9-33 所示。

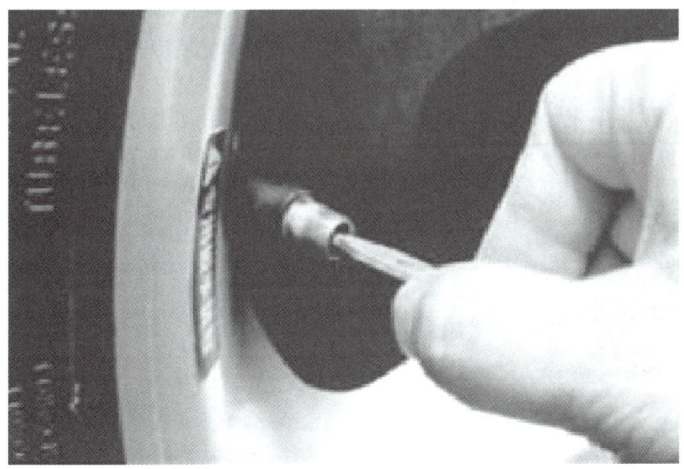

图 9-33 释放轮胎内的空气

(2) 搬动手柄，使脱缘装置向外移开，将轮胎垂直置于脱缘装置与箱体靠架之间，并通过手柄将扳铲引至轮辋的外沿，如图 9-34 所示。

图 9-34 将扳铲引至轮辋的外沿

(3) 踩下脚踏开关，即引入板脱开过程，在轮胎两面轮辋外径的各个部位重复这一过程，直至轮胎凸缘完全与轮辋轮沿脱开，并滑入轮辋床内，如图 9-35 所示。

图 9-35 将轮胎凸缘完全与轮辋轮沿脱开

(4) 将轮胎置于转盘上，操作脚踏夹紧开关，夹紧轮辋，如图 9-36 所示。

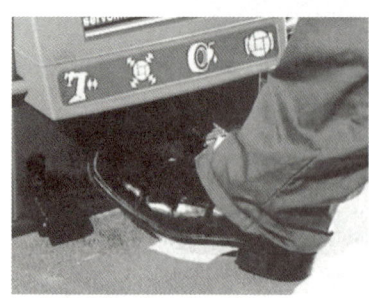

图 9-36 夹紧轮辋

（5）搬动横臂，如图9-37所示。

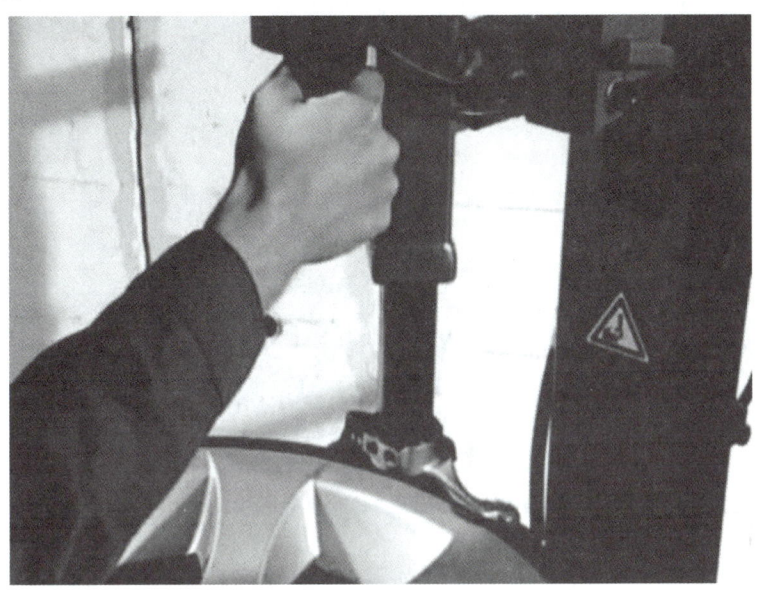

图9-37 搬动横臂

（6）用撬棍将轮胎凸缘撬起并滑抬至装拆头的拆卸凸块之上，如图9-38所示。

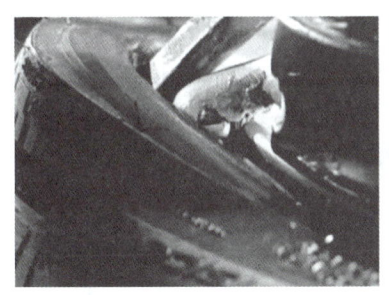 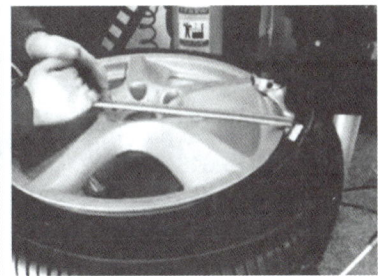

图9-38 用撬棍将轮胎凸缘撬起

（7）踩下转盘开关，转盘将带动轮胎旋转，装拆头便能自如地将轮胎从轮辋上卸下，如图9-39所示。

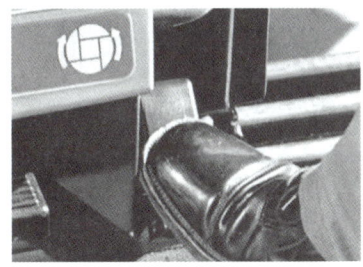 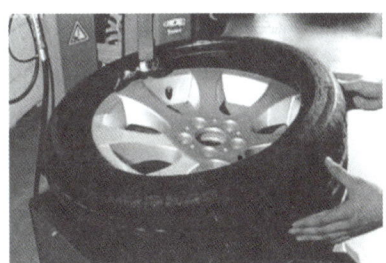

图9-39 将轮胎从轮辋上卸下

（8）卸下上面轮缘后，用同样方法将下面的轮胎从轮辋中卸下，如图9-40所示。

图 9-40　将下面的轮胎从轮辋中卸下

（9）松开夹具手柄，纵臂复位。踩下脚踏开关，松开轮辋，即可将轮辋与轮胎从转盘上取下，拆卸完毕。

4. 轮胎的安装

（1）与拆卸轮胎的操作一样，将轮辋装入转盘并夹紧，如图 9-41 所示。

图 9-41　将轮辋装入转盘

（2）将润滑膏涂抹在轮胎凸缘边上，如图 9-42 所示。

图 9-42 轮胎凸缘涂抹润滑膏

（3）将轮胎以倾斜角度安置于已固定的轮辋定位处，调整装拆头至工作位置并实施固定，确保轮胎胎唇前缘准确对准装拆头导轨并引导其进入工作位置。启动转动控制开关后，转盘开始旋转，驱动轮胎自动完成与轮辋的组装。轮胎上下两部分的安装流程保持一致，按照先安装下方轮胎再安装上方轮胎的顺序进行操作，具体操作方法如图 9-43 所示。

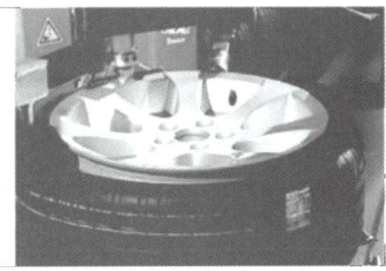

图 9-43 安装轮胎

（4）松开手柄，移去装拆头，松开轮辋取下轮胎，如图 9-44 所示。

图 9-44 松开轮辋取下轮胎

（5）给轮胎充气，安装完毕，如图9-45所示。

图9-45 轮胎充气

5. 车轮换位

检查轮胎是否按照制造商建议的时间间隔和步骤进行换位。常用的轮胎换位方法如图9-46所示，最好按照制造商说明书的程序进行轮胎换位。

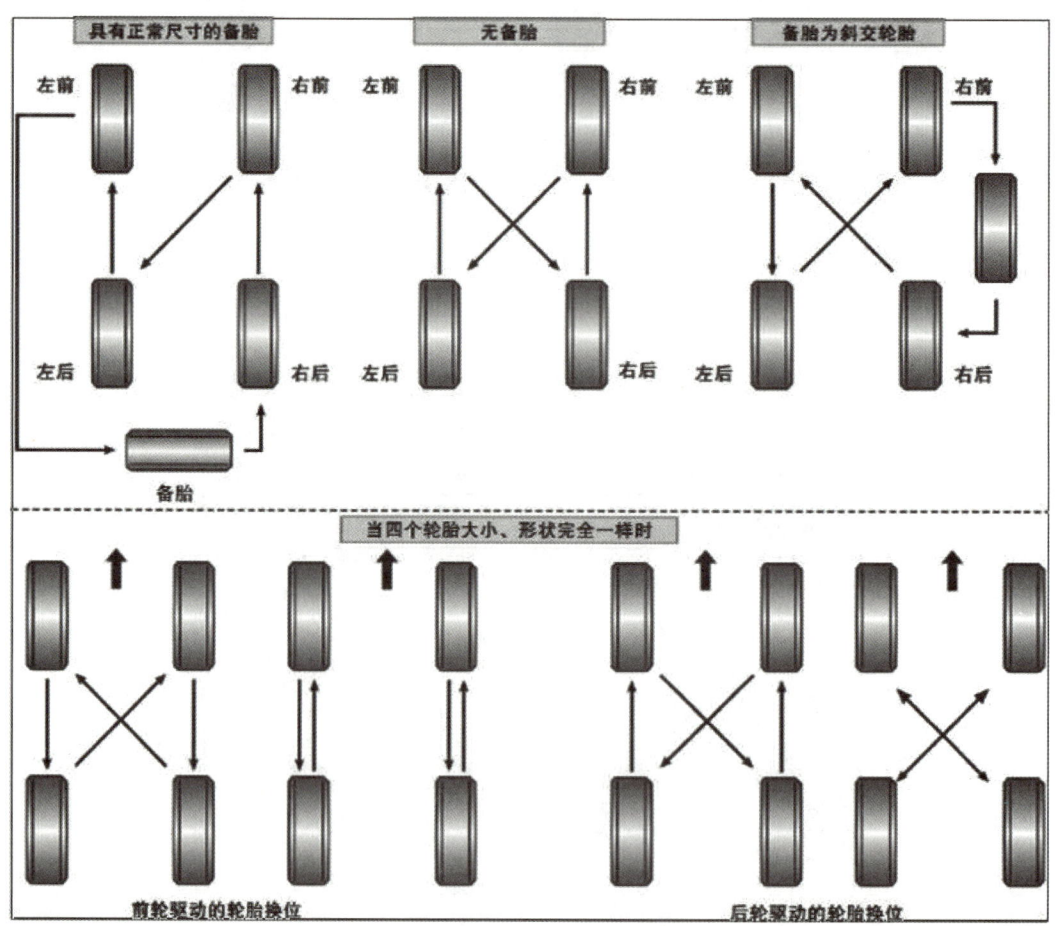

图9-46 轮胎换位

6. 车轮动平衡

（1）把轮子装上动平衡仪，选择大小合适的固定器。将原先的配重块拆除，如图9-47所示。

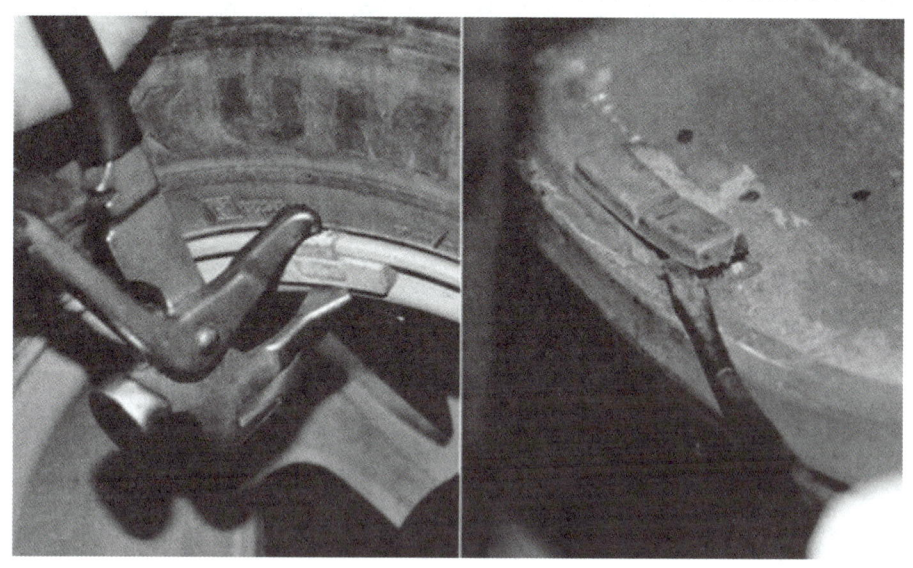

图9-47 拆除配重块

（2）把动平衡仪上的尺子拉出来测量，然后输入第一个控制器，如图9-48所示。

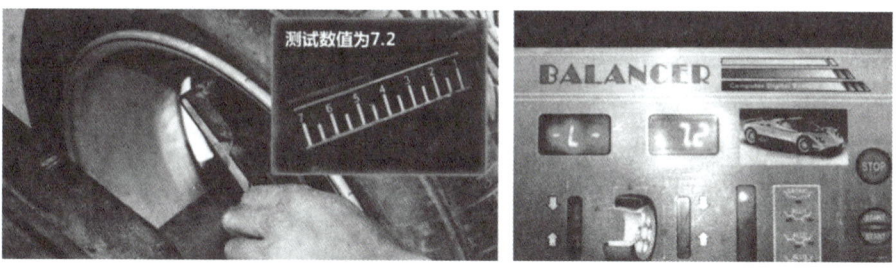

图9-48 测量轮胎与机器之间的距离

（3）把弯尺拿出，测量轮辋宽度，同样在第二个控制器上输入，如图9-49所示。

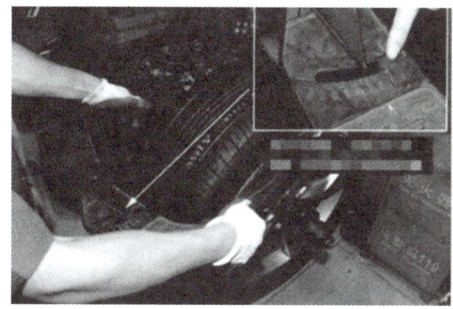

图9-49 测量轮辋宽度

（4）在控制器输入轮辋半径，按START键开始检测，如图9-50所示。

图 9-50　启动机器检测

（5）当检测停止后，电脑会测量出轮辋内、外侧需要增加的砝码重量，先装外侧，转动轮胎，根据提示把砝码敲打上，如图 9-51 所示。

图 9-51　根据提示把砝码敲打上

（6）安装完成。

项目十

转向系统与制动系统

工作页 转向系统和制动系统

任务描述

(1) 了解转向系统的作用及组成。
(2) 能识别转向系统的零部件。
(3) 能积极主动参与任务,能与小组成员团结协作。

任务准备

(1) 知识准备:
完成转向系统的基础知识学习。
(2) 设备准备:
汽车、转向系统零部件、演示课件(或操作视频)。

任务步骤

(1) 老师演示或播放视频:转向系统的认知。
(2) 学生学习底盘的转向系统,并完成下表填写。

任务名称			日期	
第（ ）小组成员				
实训内容				
转向系统的认知		作用		
		组成		
		零部件		

任务评价

任务评价内容及标准见下表。

序号	项目	操作内容	分值	评分标准	得分
1	准备	清理工位	5 分	酌情扣分	
2	转向系统的认知	填写作用	10 分	酌情扣分	
		填写组成	15 分	每个组成 5 分	
		识别零部件	45 分	酌情扣分	
3	完成时间	40min	10 分	超时 1~5min 扣 1~5 分 超时 5min 以上扣 10 分	
4	安全文明	无安全隐患，无不文明操作	5 分	未达标扣 1~5 分	
5	结束	工作场地清洁	10 分	清洁不彻底扣 1~10 分 未做扣 10 分	
总分			100 分		

任务一　转向系统

汽车转向系统是用于维持或调整车辆行驶方向的装置。在车辆转向过程中，需确保各转向轮间形成协调的转角关系。驾驶员通过操控转向系统，可控制车辆保持直线行驶、转向或实现两种运动状态的切换。

一、转向系统的组成

转向系统由转向操纵机构、转向器、转向传动机构三大核心部件构成，如图 10-1 所示。驾驶员转动方向盘时，转向力矩经转向器放大后传递至转向传动机构，最终驱动转向轮偏转以实现行驶方向控制。

1. 转向操纵机构

转向操纵机构是驾驶员用于操控汽车转向系统的工作装置，主要由转向盘、转向轴、转向柱管等部件构成。

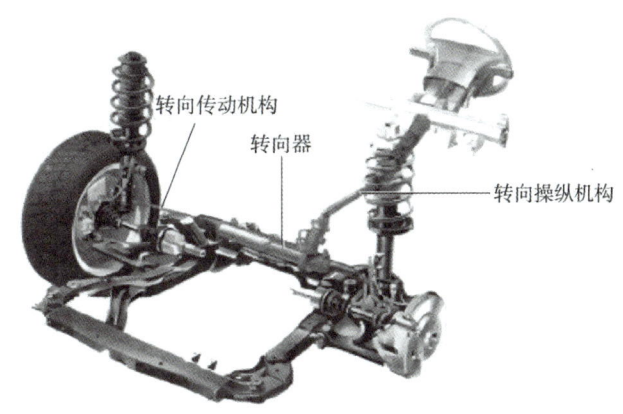

图 10 – 1　转向系统的组成

2. 转向器

转向器将转向盘旋转运动转换为转向摇臂的摆动运动或齿条轴的直线往复运动，并对输入的操纵力进行放大处理。该部件通常固定于汽车车架或车身上，经转向器传递的操纵力会改变传动方向。

3. 转向传动机构

转向传动机构负责将转向器输出的力和运动传递至转向车轮，并协调转向桥左右两侧车轮按特定转角关系偏转。

二、转向系统的分类

汽车转向系统根据转向动力来源差异区分为机械转向系统和动力转向系统两大类，如图 10 – 2 所示。

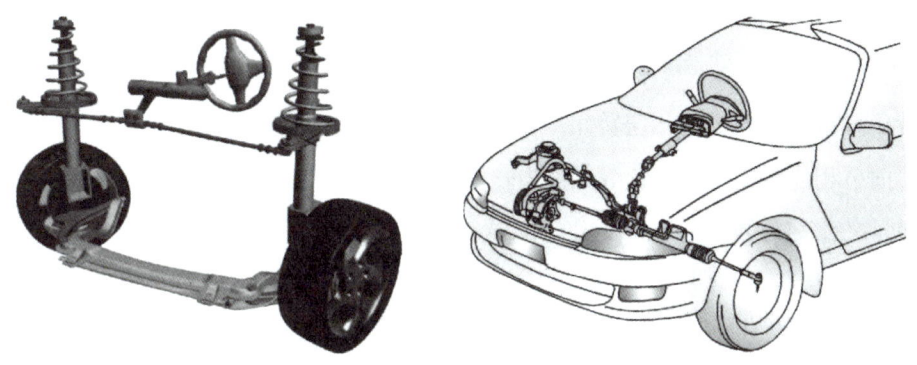

（a）机械转向系统　　　　　（b）动力转向系统

图 10 – 2　汽车转向系统分类

机械转向系统依靠驾驶员的体力作为转向动力来源，也称为人力转向系统。该系统完全采用机械传力部件构建，目前仅有少数车辆仍在使用此类转向系统。

2. 动力转向系统

动力转向系统则结合了驾驶员的体力和发动机提供的动力作为转向动力源，常见的类型包括液压助力转向系统和电子助力转向系统等。

三、转向系统的工作原理

机械转向系统（见图10-3）由转向操纵机构、转向器和转向传动机构三部分构成。转向操纵机构包含从转向盘至转向器输入端的各部件；转向器作为转矩放大装置，将转向盘输入的转矩按特定传动比放大后输出；转向传动机构负责将转向器的运动传递至转向车轮，包含从摇臂至转向车轮的所有部件。

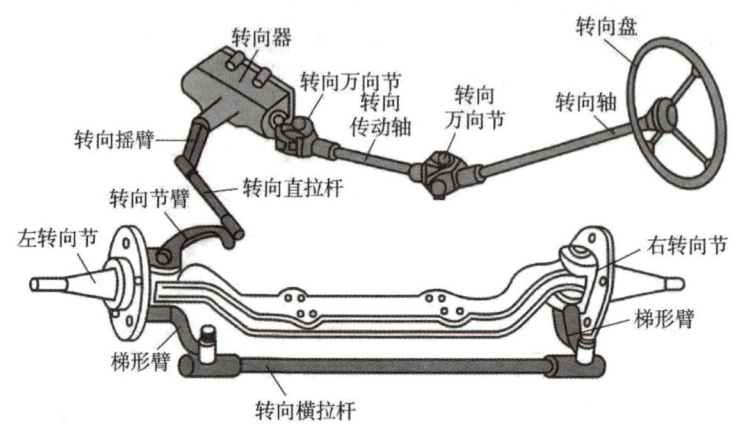

图10-3 机械转向系统示意图

转向时，驾驶员对转向盘施加力矩，该力矩通过转向轴、转向万向节等传递至机械转向器，经转向器内部减速传动副进行减速增矩后，由转向摇臂传递至转向直拉杆，再传递至转向节臂，驱动转向节及其支撑的转向车轮偏转。同时，通过梯形转向机构（包括梯形臂、横拉杆）的联动作用，带动另一侧转向车轮同步偏转，从而实现车辆行驶方向的改变。

四、转向系统角传动比和转向盘自由行程

转向盘转角增量与转向摇臂相应转角增量之比 $i\omega_1$ 称为转向器角传动比；转向摇臂转角增量与转向盘一侧转向节相应转角增量之比 $i\omega_2$ 称为转向传动机构角传动比；转向盘转角增量与同侧转向节相应转角增量之比称为转向系统角传动比。显然 $i\omega = i\omega_1 i\omega_2$。$i\omega$ 越大，驾驶人操纵越轻便，但是同样的转向轮偏转角度，需要的转向盘转角越大，导致不灵敏。因此选取 $i\omega$ 时，要兼顾省力和灵敏的要求。货车 $i\omega$ 为 16~32，轿车 $i\omega$ 为 12~20。机械转向系统同时满足省力和灵敏的要求的程度是有限的。中型以上载货汽车和中级以上轿车常采用动力转向系统。

因为转向系统中各传动件之间存在着装配间隙，在转向盘开始转动阶段，驾驶人对转向盘施加的力矩很小，消除间隙后各传动件才开始运动。转向盘在空转阶段的角行程称为转向盘自由行程。转向盘从相应于汽车直线行驶的中间位置向任一方向的自由行程一般为10°~15°，这个间隙需要定期检查调整。

五、转向操纵机构

汽车转向操纵机构由转向盘、转向轴、转向柱管等部件组成，部分系统为应对车架变形增设万向节。转向盘通过花键与螺母固定于转向轴上端，并集成喇叭按钮。转向轴与转向柱管将转向盘的

旋转运动传递至转向器。

1. 转向盘

转向盘（见图10-4）由轮缘、轮辐和轮毂构成，轮辐采用三根或四根辐条设计。轮毂孔内制有细牙内花键，与转向轴连接。盘体以钢、铝合金或镁合金为骨架，外包注塑成型的柔软合成橡胶、树脂或皮革。安全设计上要求骨架在碰撞时能产生变形以吸收冲击能量，称为吸能转向盘。

转向盘下方左侧集成转向信号灯、变光开关拨杆及照明开关；右侧配置紧急信号灯拨杆、风窗刮水器及洗涤器拨杆；中央设有喇叭开关。部分轿车转向盘还配备车速控制开关和安全气囊装置，现代汽车更将巡航系统控制开关和音响控制开关集成于转向盘表面。

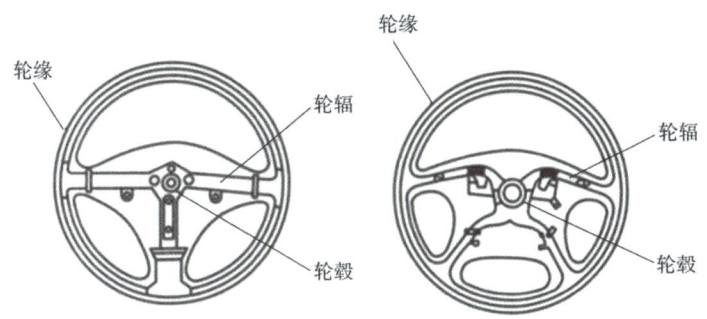

图10-4 转向盘的构造

2. 转向轴、转向柱管及其吸能装置

转向轴（Steering Shaft）作为转向盘与转向器的传动部件，转向柱管（Steering Column）则固定于车身，为转向盘提供支撑。转向轴贯穿转向柱管，通过内部轴承及衬套实现稳定支撑。依据多国安全法规要求，转向柱管需配置吸能装置，其核心作用在于：当发生剧烈碰撞导致轴向位移时，通过支架或支撑结构的塑性变形来吸收冲击能量。

（1）柔性联轴器式（Flexible Coupling Type）

轿车转向轴采用分段式设计，由上、下两段构成，中段通过柔性联轴器连接。联轴器上下凸缘

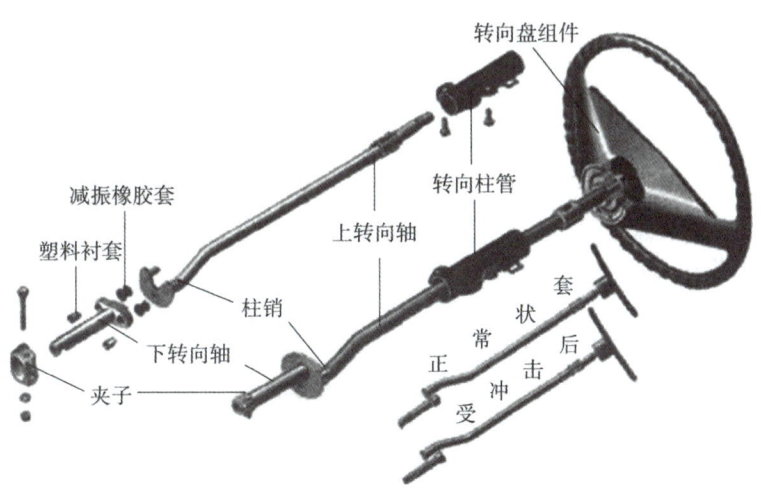

图10-5 柔性联轴器式

盘借助销子与销孔的咬合实现固定，销子与销孔间通过衬套配合。在严重碰撞场景下，车身或车架变形将推动转向轴及转向盘后移，而驾驶者身体因惯性前冲，促使转向轴上、下凸缘盘的销子与销孔脱离，从而有效缓冲冲击并吸收碰撞能量，显著降低驾驶者受伤风险。

（2）轴—套管式

轴—套管式吸能装置如图10-6所示。

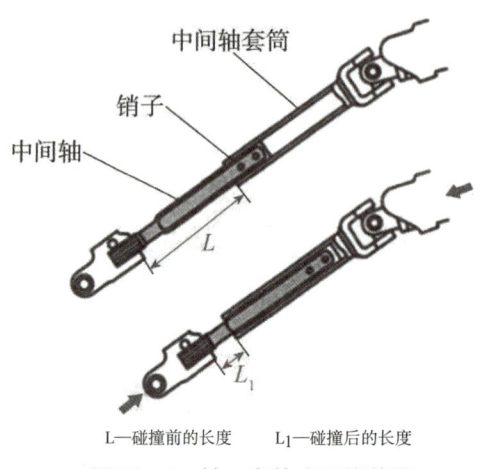

L—碰撞前的长度　　L_1—碰撞后的长度

图10-6　轴—套管式吸能装置

轴和套管用销子连接，当碰撞力达到一定值时连接销子被"冲"断，轴可以伸缩至套管深处。

（3）网格状和波纹管式

网格状和波纹管式转向柱管吸能装置如图10-7所示。

当冲撞到转向盘的力超过允许值时，网格状和波纹管部分被压缩，产生塑性变形。

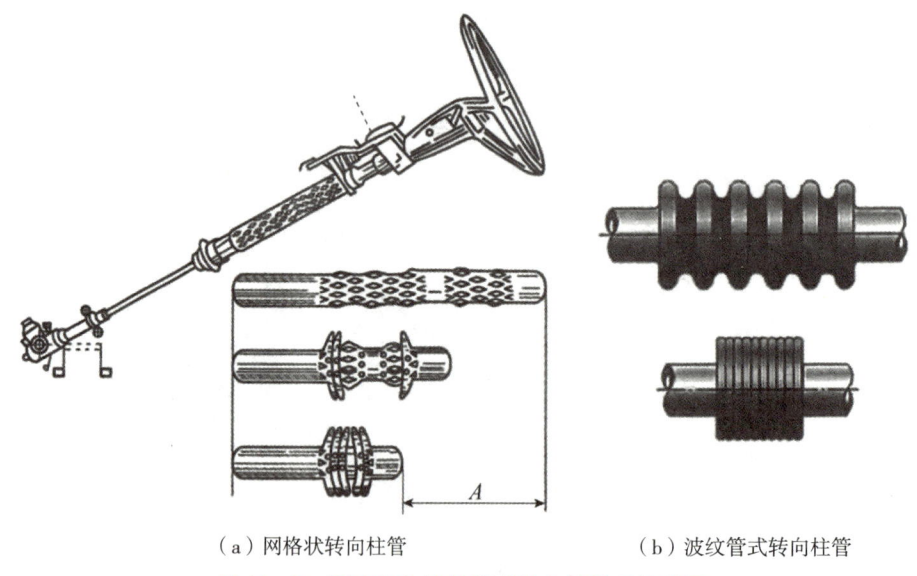

（a）网格状转向柱管　　　　（b）波纹管式转向柱管

图10-7　网格状和波纹管式转向柱管吸能装置

六、转向器

转向器的功能在于放大驾驶员施加于转向盘的操纵力并改变力的传递方向，通常配备1~2级减速传动副。当前汽车领域广泛应用齿轮齿条式和循环球—齿条齿扇式两种结构。

转向器的传动效率定义为输出功率与输入功率之比。当功率由转向轴输入、通过转向传动机构（如转向横拉杆或摇臂）输出时测得的效率称为正效率；反之，当功率传递方向相反时测得的效率则称为逆效率。具有高逆效率的转向器称为可逆式转向器，逆效率极低的称为不可逆式转向器，逆效率略高于不可逆式的则称为极限可逆式转向器。

可逆式转向器易于将路面反作用力经转向传动机构传递至转向轴和转向盘，有助于转向轮及转向盘在转向后自动回正，但坏路面对车轮的冲击力也会传至转向盘，导致"打手"现象。不可逆式转向器能阻隔路面冲击载荷向转向盘的传递，由内部传动部件（主要是传动副）承受冲击，但转向轮无法自动回正，且驾驶员无法感知路面反馈，丧失"路感"，难以根据路况调节转向力矩。极限可逆式转向器的反向传力性能介于前两者之间，接近不可逆式。采用此类转向器时，驾驶员能获得一定路感，转向轮可实现自动回正，且仅当路面冲击力极大时，部分冲击会传递至转向盘。

现代汽车已不采用不可逆式转向器。经常在良好路面行驶的车辆多采用可逆式转向器，而极限可逆式转向器多用于中型以上越野汽车和矿用自卸汽车。

（一）齿轮齿条式转向器

齿轮齿条式转向器分为两端输出式和中间（或单端）输出式两类。该类型转向器结构简单、传动效率高、操纵轻便且质量轻；因无须转向摇臂和转向直拉杆，转向传动机构得以简化。齿轮齿条式转向器适配麦弗逊式独立悬架，广泛应用于轿车、微型货车和轻型货车。

1. 两端输出式齿轮齿条式转向器

如图10-8所示，两端输出式齿轮齿条式转向器中，转向齿轮轴作为传动副主动件通过轴承安装于转向器壳体，其上端通过花键与万向节叉及转向轴连接。与转向齿轮啮合的转向齿条呈水平布置，两端通过球头座与转向横拉杆相连。弹簧借助压块将齿条压紧于齿轮，确保无间隙啮合。

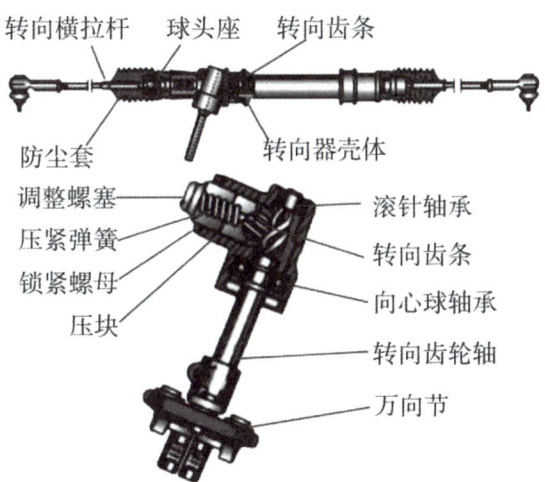

图10-8　两端输出式齿轮齿条式转向器

弹簧的预紧力可用调整螺塞调整。当转动转向盘时，转向器齿轮转动，使与之啮合的齿条沿轴向移动，从而使左右横拉杆带动转向节左右转动，使转向车轮偏转，从而实现汽车转向。

2. 中间输出式齿轮齿条式转向器

中间输出式齿轮齿条式转向器如图 10-9 所示，其结构及工作原理与两端输出式齿轮齿条式转向器基本相同，不同之处在于它在转向齿条的中部用螺栓与左右转向横拉杆相连。在单端输出的齿轮齿条式转向器上，齿条的一端通过内外托架与转向横拉杆相连。

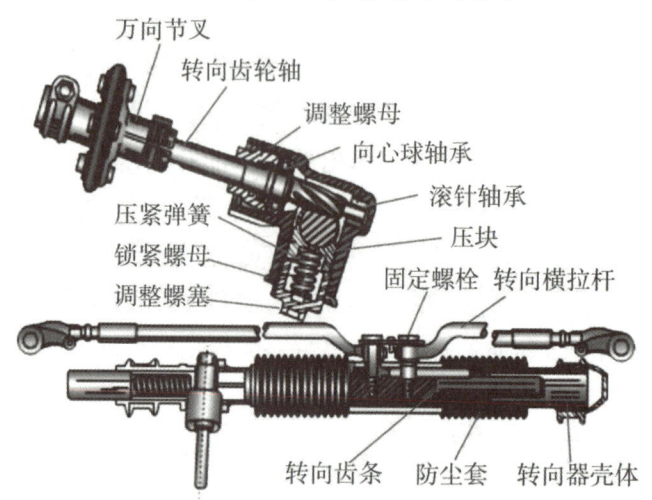

图 10-9　中间输出式齿轮齿条式转向器

实训——齿轮齿条式转向器的拆装与维修

一、技术标准与要求

各螺栓与螺母的紧固力矩应符合维修手册规定。

二、实训器材

本田飞度轿车、工作台 1 个、常用工具 1 套、维修手册 1 套、内外卡簧钳各 1 把、尖嘴钳 1 把、拉拔器 1 个、汽车内外护套 1 套、维修手册 1 套、黄油若干、抹布若干等。

三、教学组织

1. 教学组织形式

4 人一组配合操作。

2. 学生站位分工和要求

2 人相互配合拆装检测，2 人记录评分。

3. 教师职责

（1）教师示范动作并讲解动作要领。

（2）指导学生正确练习，并进行巡回指导。

（3）组织整个教学过程。

（4）保证学生实训安全。

4. 学生职责变化

小组内循环练习，并作好学习记录。

四、具体操作

（一）齿轮齿条式转向器的拆装

1. 齿轮齿条式转向器的拆卸

（1）将助力转向储油罐中的油液放尽，如图 10 - 10 所示。

图 10 - 10　助力转向储油罐

注意： 拆卸时，转向盘处于直线行驶状态。

（2）将汽车举升到一定高度。拆卸助力泵上的固定螺钉，如图 10 - 11 所示。

图 10 - 11　拆卸助力泵上的固定螺钉

(3) 拆卸助力泵上的防撞罩，如图 10-12 所示。

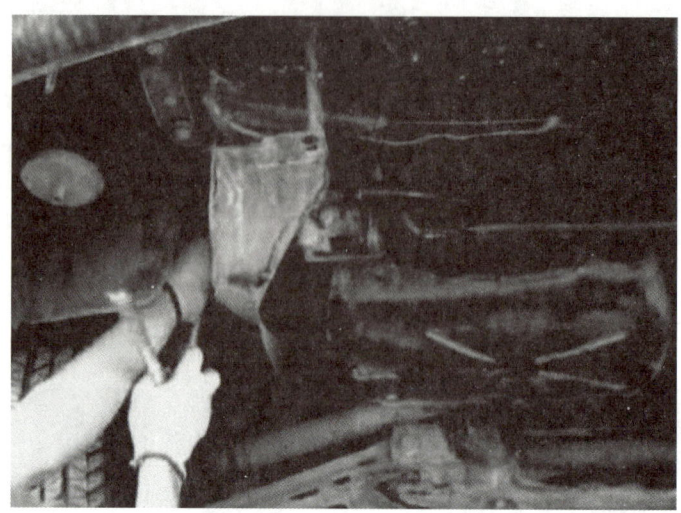

图 10-12　拆卸助力泵上的防撞罩

(4) 拆卸助力泵带轮，如图 10-13 所示。

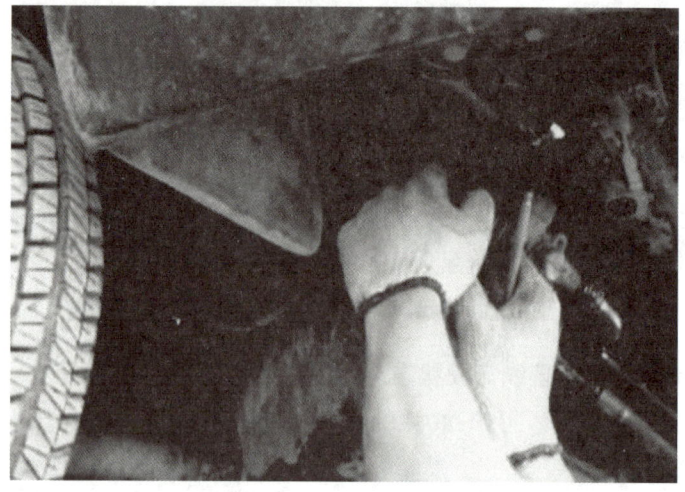

图 10-13　拆卸助力泵带轮

(5) 取下助力泵，如图 10-14 所示。

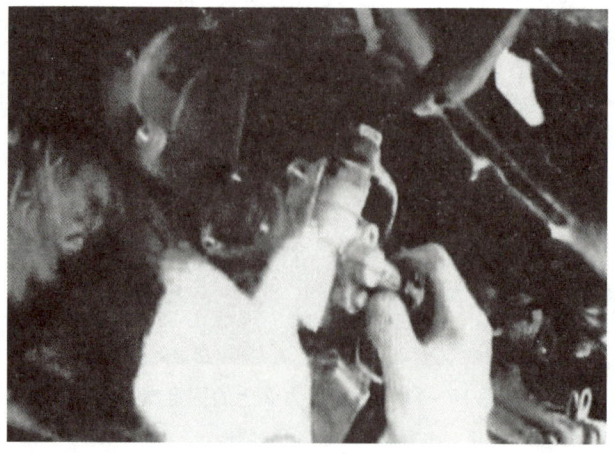

图 10-14　取下助力泵

(6) 分离左右下摆臂与前悬架，如图 10-15 所示。

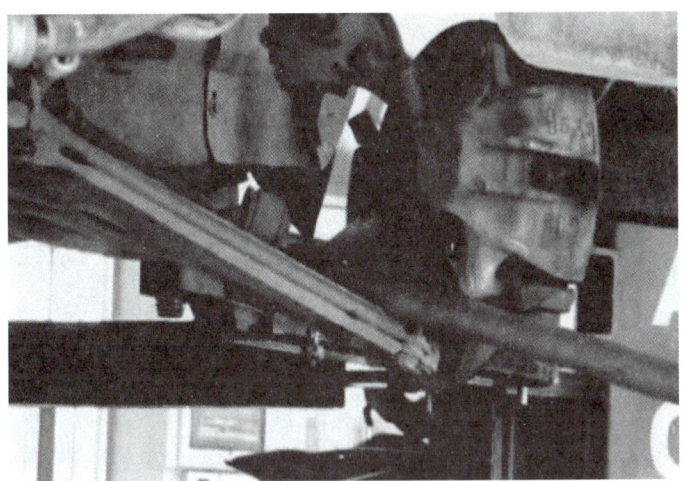

图 10-15　分离左右下摆臂与前悬架

(7) 将维修托架移至汽车前横梁中下方，如图 10-16 所示。

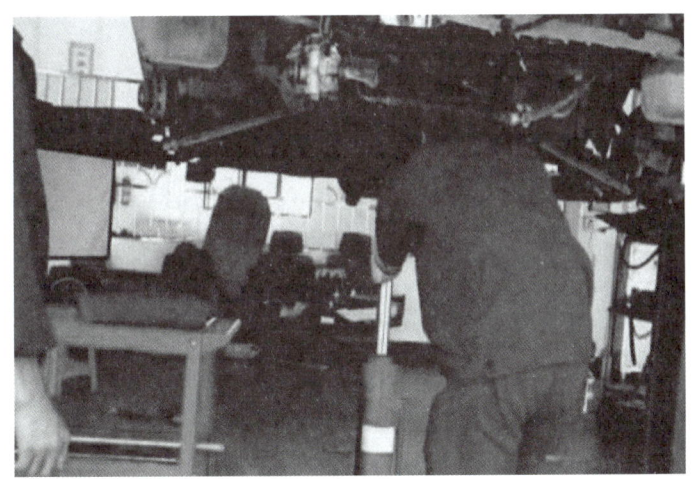

图 10-16　将维修托架移至汽车前横梁中下方

(8) 拆下横梁与底盘的紧固螺丝，如图 10-17 所示。

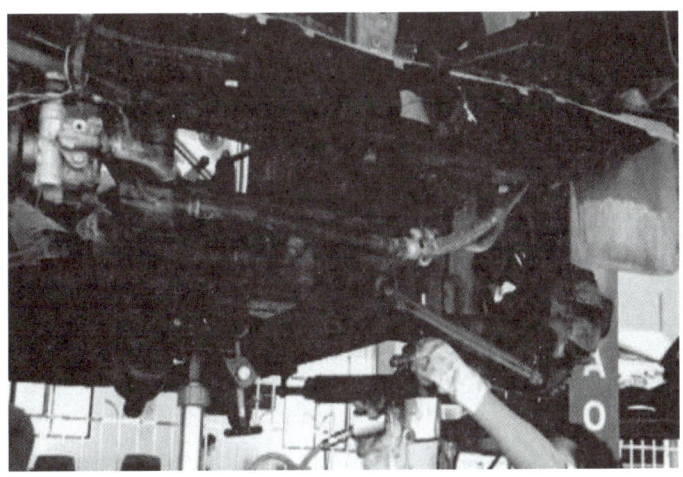

图 10-17　拆下横梁与底盘的紧固螺丝

(9) 缓缓放下转向机构与前横梁总成，如图 10-18 所示。

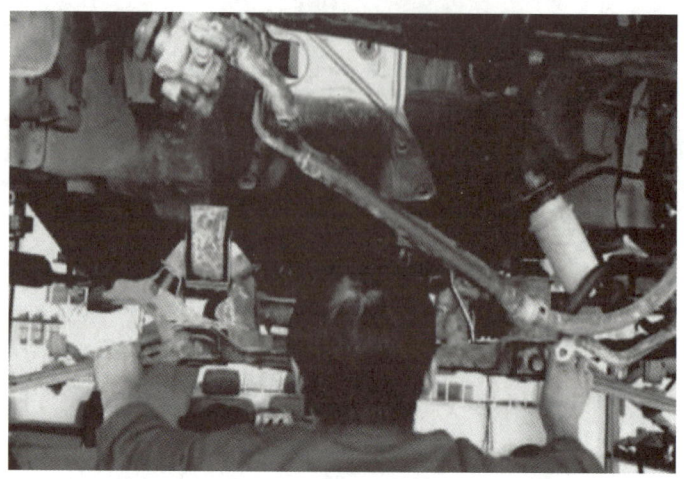

图 10-18　缓缓放下转向机构与前横梁总成

(10) 从前悬架横梁上拆下转向机，如图 10-19 所示。

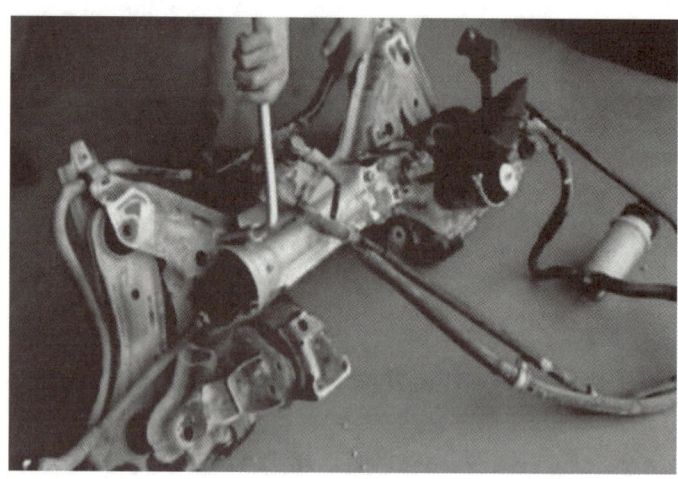

图 10-19　从前悬架横梁上拆下转向机

(11) 拆下转向机护罩，如图 10-20 所示。

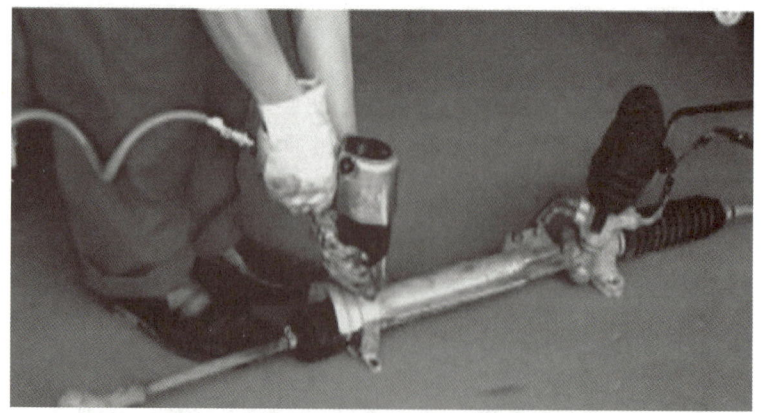

图 10-20　拆下转向机护罩

(12) 拆下驱动轴防护套，如图10-21所示。

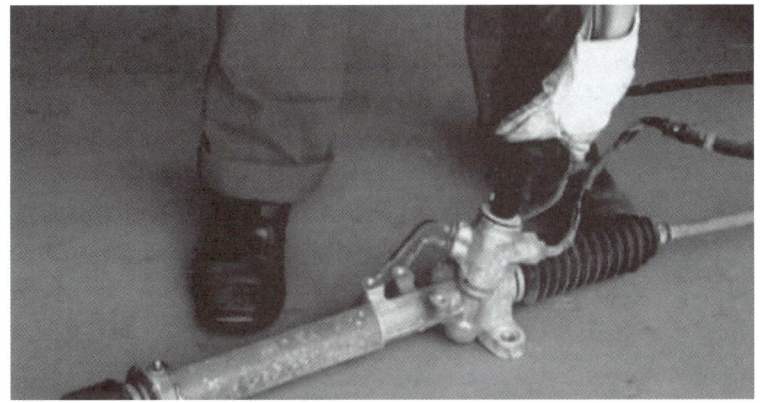

图10-21 拆下驱动轴防护套

(13) 旋下驱动轴与转向机的连接螺栓，如图10-22所示。

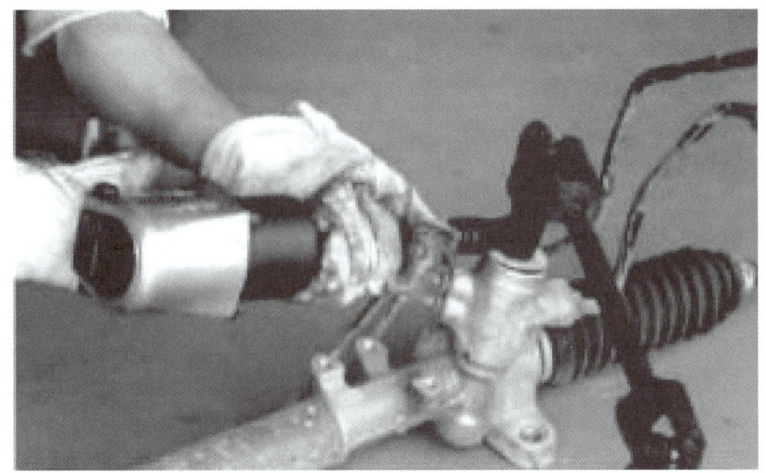

图10-22 旋下驱动轴与转向机的连接螺栓

(14) 取出驱动轴，如图10-23所示。

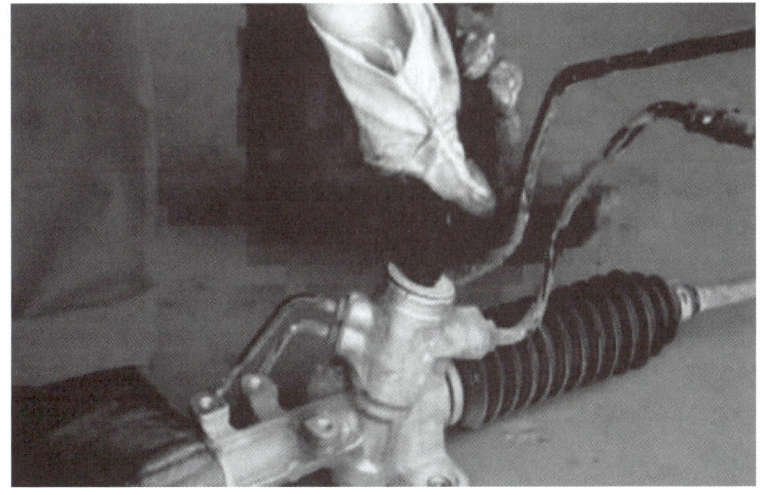

图10-23 取出驱动轴

(15) 取出垫圈，如图 10-24 所示。

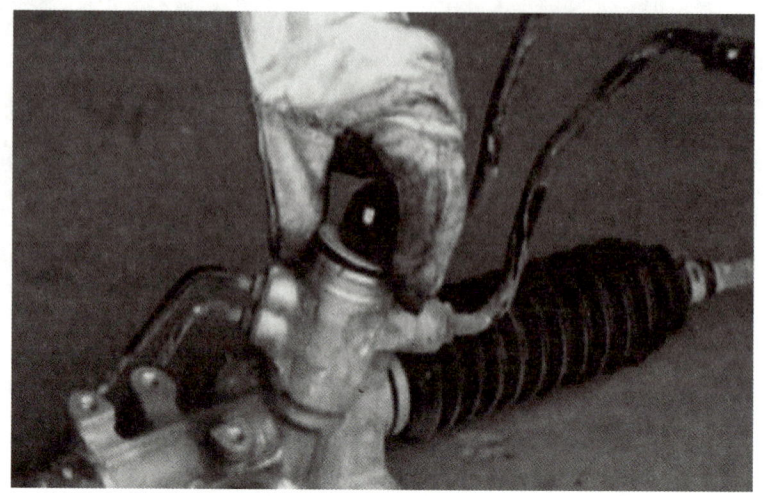

图 10-24　取出垫圈

2. 安装

按照拆卸过程的相反顺序安装。

（二）齿轮齿条式转向器的检修

1. 齿轮、齿条的检修

（1）检查主动齿轮端头与衬套的磨损状况，若磨损严重需更换。

（2）检查齿条各部位磨损情况，发现缺齿时应更换新件。

（3）总成修理时需对齿轮、齿条进行隐伤检测，齿条的直线度误差不得超过 0.30mm；若齿面无疲劳损伤但出现大转角转向沉重且无法调整时，应更换齿轮或齿条。

2. 转向器的调整

（1）安装调整螺塞及油封，调整转向齿轮轴承预紧度，以手动检查无轴向窜动且转动灵活为宜。转向齿轮的转向力矩需符合原厂规定，通常约为 0.5N·m。

（2）安装齿条衬套时，确保转向齿条与衬套配合间隙不超过 0.15mm。

（3）齿轮与齿条啮合间隙的调整即齿条预紧力调整，具体方法因结构差异分为两种：

① 通过改变齿条导块与端盖间的垫片厚度，调整转向齿轮与齿条的啮合深度，实现预紧力调节；

② 通过端盖上调整螺塞改变齿条导块与弹簧座间隙，完成啮合间隙的调整。

（二）循环球式转向器

循环球式转向器由螺杆、螺母、齿条、齿扇、轴承及转向器壳体等部件构成（见图 10-25）。该转向器采用两级传动副设计，包括螺杆螺母传动副和齿条齿扇传动副，其主要性能优势体现在传动效率高（正效率可达 90%～95%），由此带来操纵轻便性和转向结束后优异的自动回正能力，同时具有较长的使用寿命。但由于其逆效率同样较高，转向盘可能出现"打手"现象，不过随着道路条件的改善，这一缺陷在实际使用中已逐渐弱化。作为可逆式转向器，循环球式转向器被广泛应用于各类汽车车型。

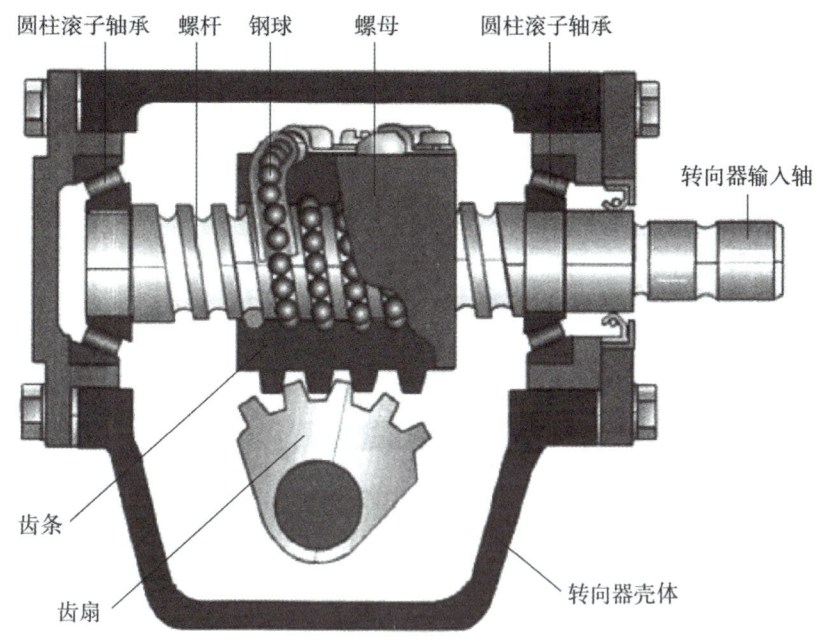

图 10-25 循环球式转向器结构图

转向器输入轴通过两个圆柱滚子轴承固定于转向器壳体中,上端以花键结构与万向节连接,下部为与轴一体成型的螺杆,带有内螺纹的螺母套置于螺杆外部。为降低转向螺杆与转向螺母间的摩擦,两者螺纹并不直接接触,而是通过装入的多枚钢球实现滚动摩擦。

转向操纵时,转向螺杆在操纵力作用下通过钢球将力传递至转向螺母,驱动螺母沿螺杆轴向移动。随着螺母沿螺杆的轴向位移,位于螺母上的齿条带动齿扇进行圆弧运动,最终通过转向传动机构使转向轮偏转,完成汽车转向动作。

(三)蜗杆曲柄指销式转向器

蜗杆曲柄指销式转向器主要由转向器壳体、转向蜗杆、转向摇臂曲柄、指销及侧盖等部件构成(见图 10-26)。转向器壳体通过转向器支架固定于车身或车架,转向蜗杆作为主动件,其梯形截面螺纹通过两端球轴承支承在转向器壳体上,而装于摇臂曲柄端部的指销则作为从动件。该转向器具有传动效率较高、转向操纵轻便、结构组成简单及调整便捷的优点,但其综合性能逊于循环球式转向器,存在逐渐被淘汰的趋势。

汽车转向时,驾驶员通过转向盘驱动转向蜗杆旋转,与其啮合的指销在自转的同时,以曲柄为运动半径绕摇臂轴轴线沿蜗杆螺纹槽进行圆弧运动,进而带动转向摇臂曲柄摆动,最终实现转向轮偏转完成转向动作。

实训——循环球式转向器的拆装与检修

一、技术标准与要求

各螺栓与螺母的紧固力矩应符合维修手册规定。

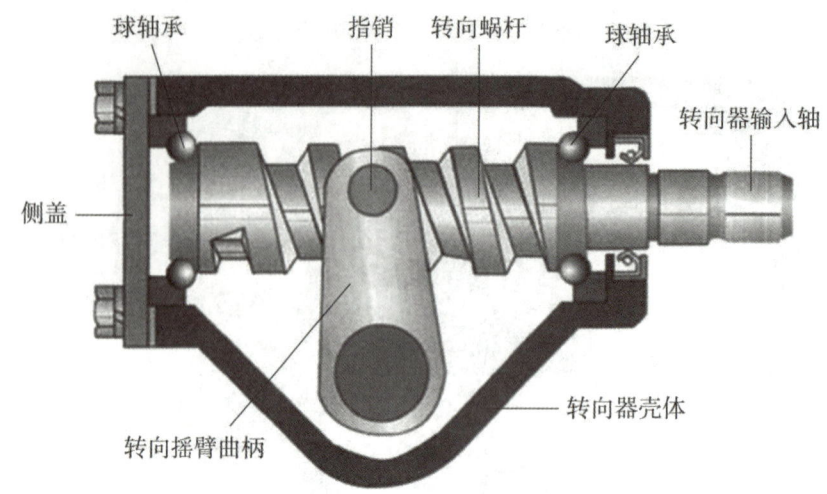

图 10-26 蜗杆曲柄指销式转向器的结构

二、实训器材

循环球转向器试验台 1 台、工作台 1 个、常用工具 1 套、维修手册 1 套、内外卡簧钳各 1 把、尖嘴钳 1 把、拉拔器 1 个、汽车内外护套 1 套、维修手册 1 套、黄油若干、抹布若干等。

三、教学组织

1. 教学组织形式

4 人一组配合操作。

2. 学生站位分工和要求

2 人相互配合拆装检测,2 人记录评分。

3. 教师职责

(1) 教师示范动作并讲解动作要领。

(2) 指导学生正确练习,并进行巡回指导。

(3) 组织整个教学过程。

(4) 保证学生实训安全。

4. 学生职责变化

小组内循环练习,并作好学习记录。

四、具体操作

(一) 循环球式转向器的拆装

1. 循环球式转向器的拆卸

(1) 旋出紧固螺母和弹性垫圈,拆下转向垂臂,如图 10-27 所示。

图 10－27 拆下转向垂臂

注意：拆转向垂臂时，用铜棒和锤向外顶出后再取下。

（2）拆下转向器外围附件、电磁开关等，如图 10－28 所示。

图 10－28 拆下转向器外围附件

（3）旋出调压阀，如图 10－29 所示。

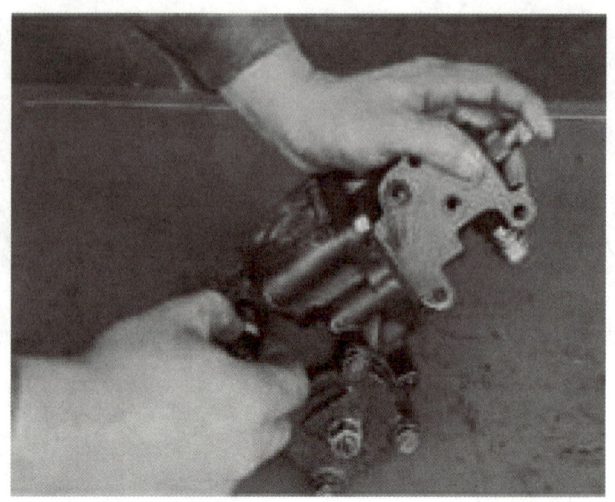

图 10-29 旋出调压阀

（4）拧下转向器侧盖上的紧固螺栓，将中间的锁紧螺母拆下，并将中间的锁紧螺柱旋入壳体内部，如图 10-30 所示。

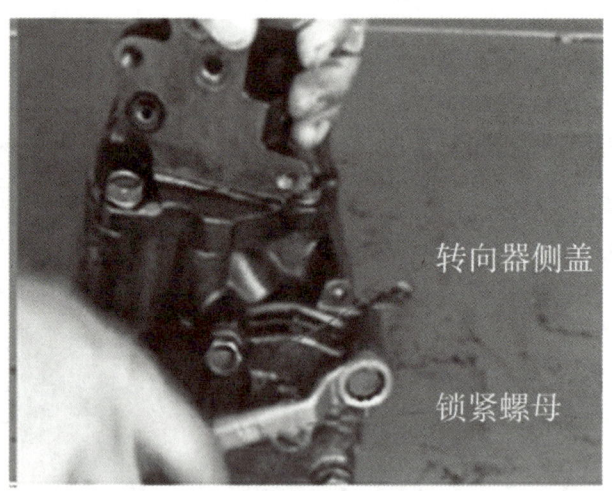

图 10-30 拧下转向器侧盖上的紧固螺栓

（5）用铜锤或铜棒轻轻敲击转向摇臂轴外端，拆下侧盖和转向摇臂轴，如图 10-31 所示。

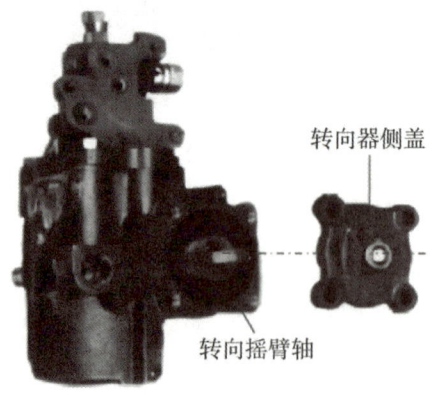

图 10-31 拆下侧盖和转向摇臂轴

注意：①取出摇臂轴外盖时不要碰伤油封；②禁止使用铁锤敲击。

（6）拧下紧固螺栓，取下转向器底盖，如图 10-32 所示。

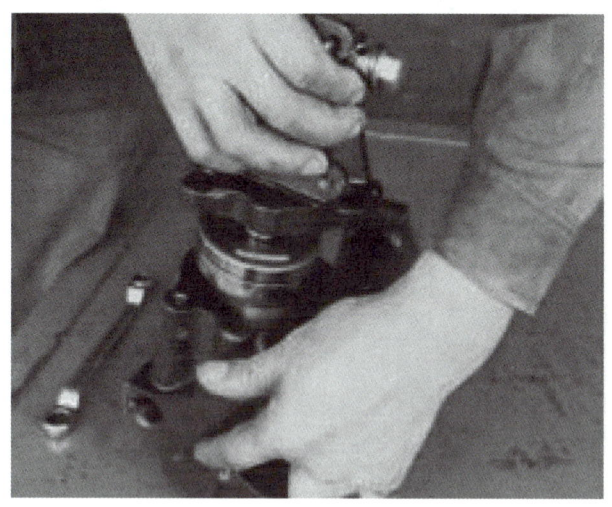

图 10-32 取下转向器底盖

（7）拆下导管夹，取下钢球导管，如图 10-33 所示。

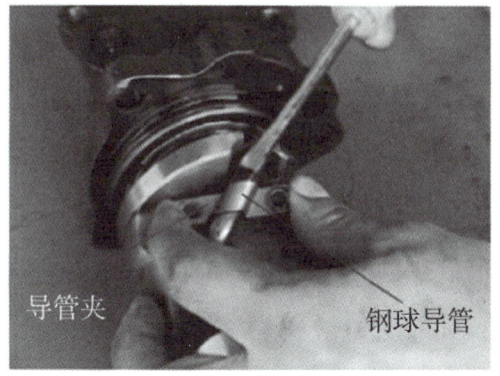

图 10-33 取下钢球导管

注意：注意钢球的掉落。

（8）握住螺母，慢慢地转动螺杆，排出全部钢球，如图 10-34 所示。

图 10-34 排出全部钢球

(9) 拆卸螺杆紧固螺母的锁紧螺母,如图 10-35 所示。

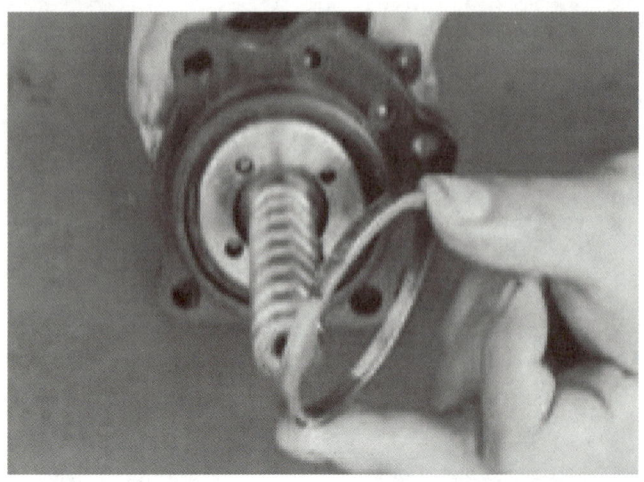

图 10-35 拆下锁紧螺母

(10) 用专用工具旋出螺杆紧固螺母,并取出转向螺杆,如图 10-36 所示。

图 10-36 用专用工具旋出螺杆紧固螺母

(11) 取出轴承,如图 10-37 所示。

图 10-37 取出轴承

(12) 用卡钳取出另一端的卡环，并依次取出油槽、垫圈及轴承，如图 10-38 所示。

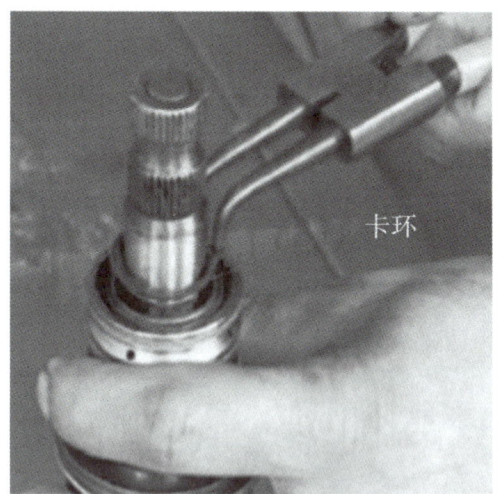

图 10-38 用卡钳取出另一端的卡环

2. 循环球式转向器的安装

按照拆卸过程的相反顺序安装。

(二) 循环球式转向器的检修

1. 转向器壳体的检修

(1) 检查转向器壳体及侧盖，若存在严重裂纹需更换；轻微裂纹可采用黏结修复法处理。

(2) 检测壳体与盖的接合面平面度，平面度误差须≤0.10mm，超差时需修磨至平整。

(3) 当摇臂轴轴承孔中心线与螺杆中心线垂直度公差超出 0.04~0.06mm 范围，或两轴线轴心距超过 0.10mm 时，会导致转向沉重并减少传动副间隙调整次数，缩短使用寿命。此时应使用镗模镗削摇臂轴衬套，校正两衬套同轴度及两轴线的垂直度与轴心距。

2. 转向螺杆及螺母的检修

(1) 检查转向螺杆、螺母，发现裂纹需更换新件，钢球滚道不得存在剥落、脱层或明显压坑。

(2) 在 V 形铁上用百分表测量螺杆轴径径向跳动量，须≤0.08mm，超差需校正。

(3) 核对钢球规格、数量是否符合原厂要求，钢球直径差须≤0.01mm，与滚道配合间隙须≤0.05mm。若钢球磨损、剥落或间隙在 0.10mm 以上，需成组更换。

(4) 检查钢球导管，破裂或舌头部位损伤时应更换。

(5) 轴承轴颈磨损可电镀修复，螺母齿条若剥落或严重损伤需更换。

3. 转向摇臂轴的检修

(1) 检查转向摇臂轴，存在任何裂纹需更换（禁止焊修），并采用磁力探伤法检测裂纹。

(2) 检查端部花键与螺纹，花键明显扭曲或螺纹损伤超过两牙需更换，或堆焊后车削修复套螺纹。

(3) 检查齿扇，轻微剥落、点蚀可用油石磨平后使用，严重损伤需更换。

(4) 支承轴颈磨损超限时，采用刷镀或喷焊工艺修复。

4. 轴承及油封的检修

(1) 检查轴承滚道表面，出现裂痕、压坑、剥落或保持架变形时需成套更换。

(2) 检测钢球或滚针，磨损、剥落或碎裂需成套更换。

(3) 检查转向摇臂轴油封及螺杆油封刃口，损坏或橡胶老化需更换新件。

5. 转向器的调整

将转向器置于中间（直行）位置，调整螺钉使啮合间隙归零；此时转向力矩应为 1.5~2.0N·m，调整完毕后按规定力矩锁紧螺钉。安装摇臂时须确保摇臂与摇臂轴标记对齐，锁紧螺母需紧固可靠。

七、转向传动机构

转向传动机构的功能是将转向器产生的力和运动传递至转向桥两侧的转向节，驱动两侧转向轮偏转，并确保两转向轮的偏转角按特定关系变化，以最大限度地减少汽车转向时车轮与地面的相对滑动。部分车型的转向传动机构中集成了转向减震器。其结构组成与布置形式取决于转向器的结构类型、安装位置及悬架系统类型。

依据悬架结构差异，转向传动机构可分为两类：一类与非独立悬架配套使用，另一类则与独立悬架配套使用。

1. 与非独立悬架配合使用的转向传动机构

一般组成：转向摇臂、转向直拉杆、转向节臂、转向梯形（见图10-39）。

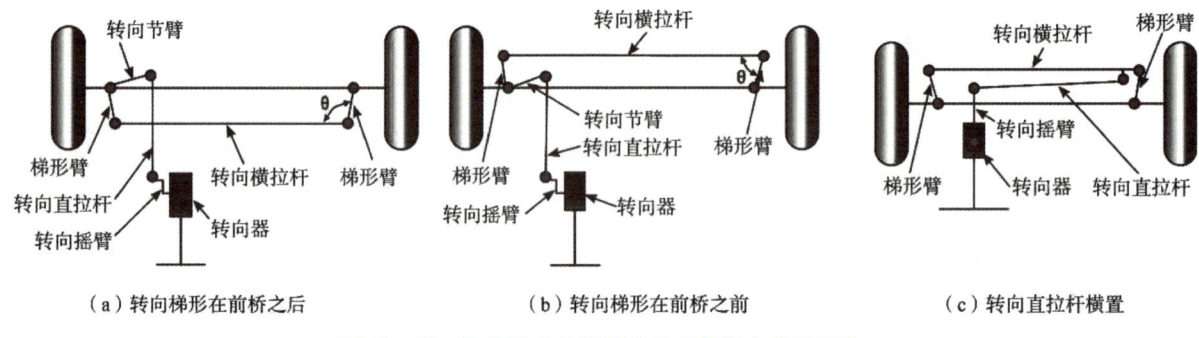

图 10-39　与非独立悬架配合使用的转向传动机构

(1) 转向摇臂：大端用锥形三角细花键与转向器轴的外端相连，小端有球头销与转向直拉杆连接。如图10-40所示。

(2) 转向直拉杆。直拉杆体是一段两端扩大的钢管。直拉杆体为两端经扩径处理的钢管结构，其前端配置球头销，后端设置球头销座，分别与转向节臂（或梯形臂）及转向摇臂的球形铰接结构相连，以确保各关联部件在复杂空间运动过程中保持运动协调性。前、后球形铰链内置压缩弹簧，用于补偿机械磨损产生的间隙，同时吸收经车轮及转向节传递的路面冲击能量，弹簧预紧力可通过调节端部螺塞进行校准，如图10-41所示。

(3) 转向横拉杆。转向横拉杆是联系左、右梯形臂并使其协调工作的连接杆。转向横拉杆由横拉杆体和两端的横拉杆接头组成。两端接头为球头座／球头销结构，其上有压紧弹簧和调节螺塞。

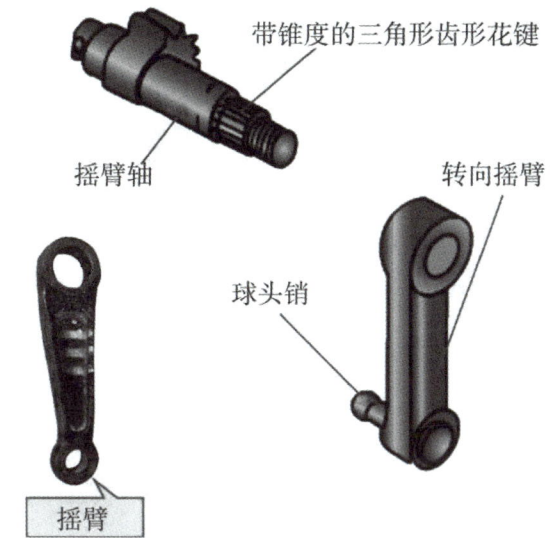

图 10 - 40 转向摇臂和摇臂轴

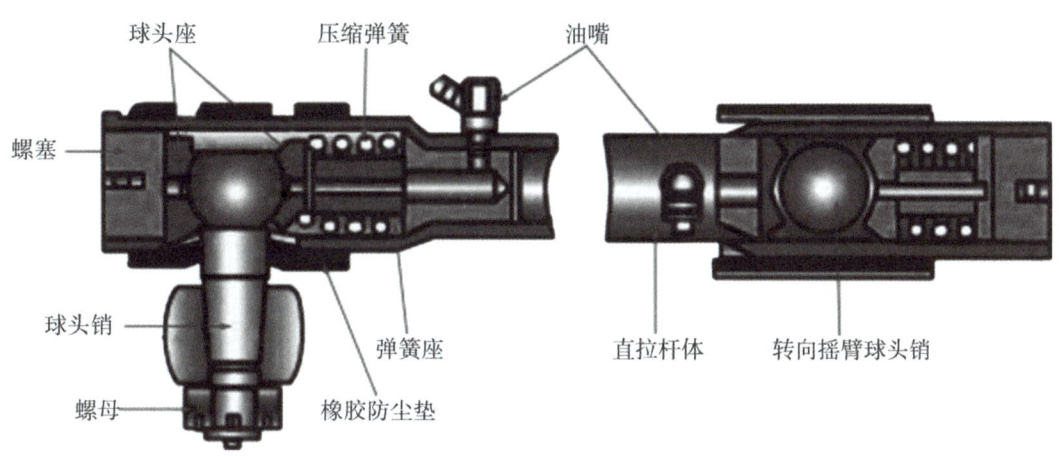

图 10 - 41 转向直拉杆结构图

2. 与独立悬架配合使用的转向传动机构

当转向轮采用独立悬架时,每个转向轮都需要相对于车架作独立运动,因而转向桥必须是断开式的。与此相应地,转向传动机构中的转向梯形也必须是断开式的。图 10 - 42 所示为几种与独立悬架配合使用的转向传动机构示意图。其中图 10 - 42 (a)、图 10 - 42 (b) 所示机构与循环球式转向器配合使用,图 10 - 42 (c)、图 10 - 42 (d) 所示机构与齿轮齿条式转向器配合使用。

八、动力转向系统

1. 动力转向系统的作用及类型

动力转向系统是在传统机械转向系统基础上增设助力装置,使驾驶员仅需施加较小操纵力即可完成转向动作。该系统按动力源可分为液压式、电动式和电动液压式三种类型。其中,电动式动力转向系统因适配性优势,在电动汽车领域应用较为普遍。

2. 液压式动力转向系统

液压式动力转向系统(见图 10 - 43)以齿轮齿条式转向器为基础架构,通过集成液力系统实

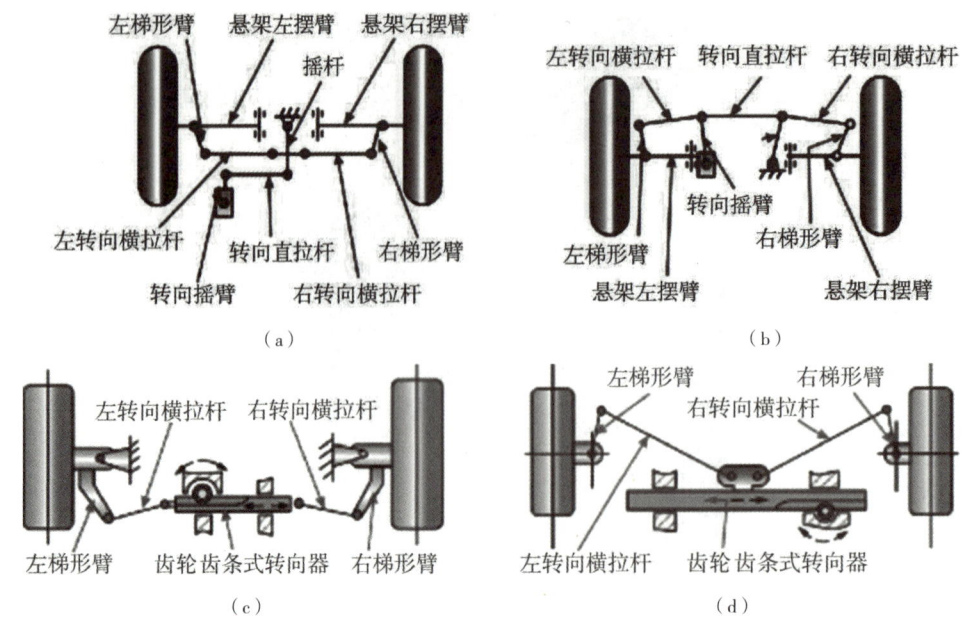

图 10-42 与独立悬架配合使用的转向传动机构

现助力功能。该系统主要由储油罐、转向泵、转向控制阀、转向器内置液压缸及驱动转向横拉杆的活塞等组件构成。其技术优势体现在结构紧凑、体积小、运行噪声低、响应滞后小等特点，并能有效吸收路面冲击，因此被广泛应用于各类汽车车型。

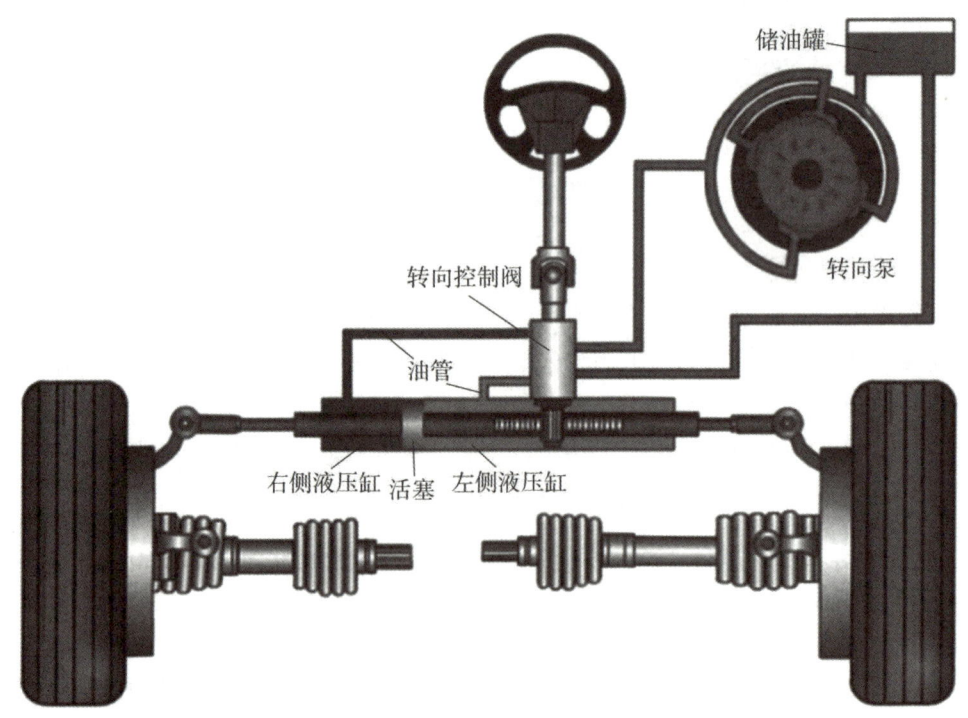

图 10-43 液压式动力转向系统

3. 电动式动力转向系统

电动式动力转向系统（见图10-44）与液压式系统类似，同样以齿轮齿条式转向器机构为基础，其核心差异在于将复杂的液压助力机构替换为电动机驱动系统。该系统结构大幅简化，取消了液压泵、储液罐、液压管路及转向控制阀等传统液压组件，转而由传感器、控制单元和助力电机构成核心组件。

在转向柱位置集成转矩传感器，当转向盘转动时，转矩传感器实时检测转向力矩并将其转换为电信号传递至控制器。与此同时，车速传感器同步将车速信号传输至控制单元。控制器通过综合运算两路信号，向助力电机输出精准控制电流，驱动电机运转。电机输出扭矩经减速机构放大后，直接作用于转向柱或转向拉杆，从而实现对转向系统的助力控制。

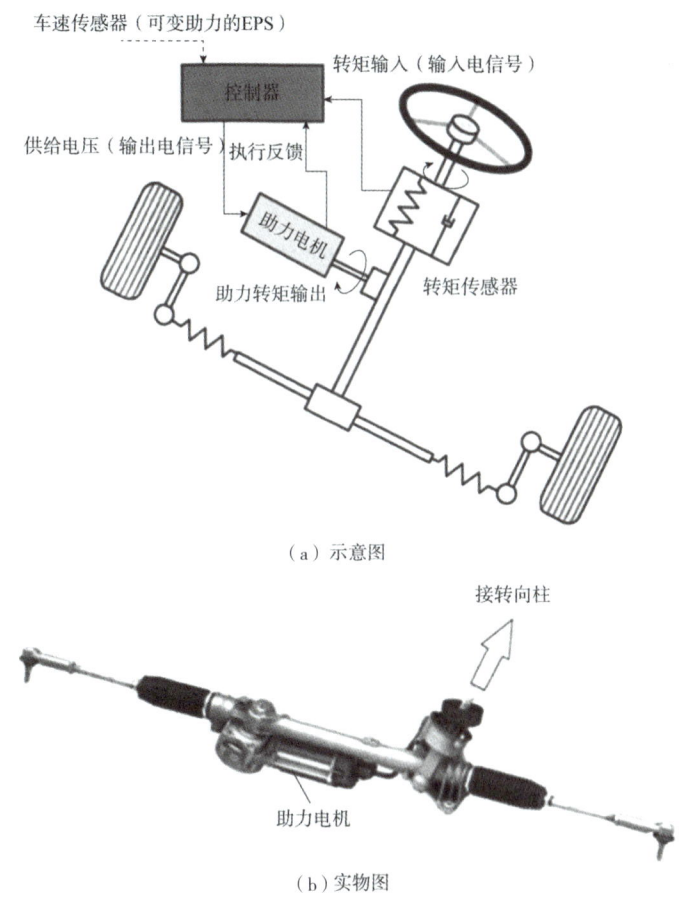

（a）示意图

（b）实物图

图10-44 电动式动力转向系统

任务二　制动系统

一、制动系统的作用及类型

1. 制动系统的作用

汽车制动系统用于实现以下功能：根据驾驶需求使行驶中的车辆减速或实现最短距离停车；控制下坡行驶时的车速稳定性；确保已停驶车辆在各类道路条件下可靠驻留。

2. 类型

（1）制动系统的组成

制动系统通常由以下四个核心部件构成：

①供能装置：包含制动能量生成、调节及传能介质状态控制组件，其中能量来源称为制动能源（包含人力肌体驱动形式）。

②控制装置：负责触发制动动作并调控制动效能的部件，典型如制动踏板机构。

③传动装置：承担制动能量向制动器传递功能的组件，例如制动主缸、轮缸等液压传输单元。

④制动器：直接产生制动力以阻碍车辆运动或运动趋势的执行机构，涵盖辅助制动系统中的缓速装置。

部分制动系统还集成制动力调节装置、状态报警装置及压力保护机构等附加功能模块，如图 10-45 所示。

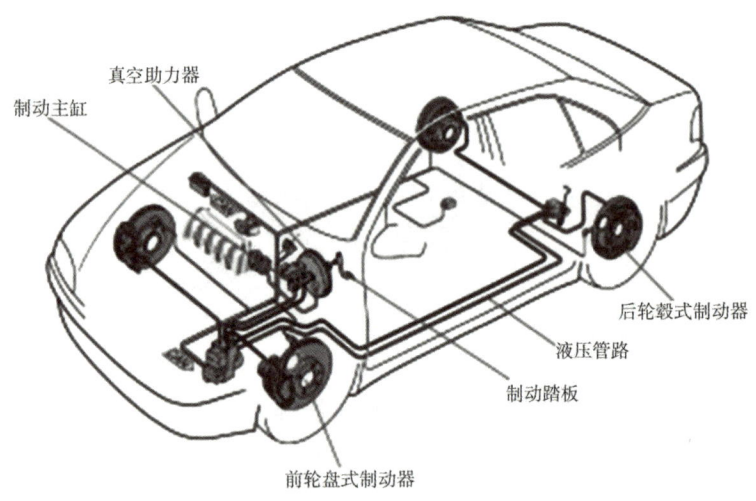

图 10-45　汽车制动系统的组成

（2）制动系统的分类

根据制动功能差异，汽车制动系统通常由行车制动系统与驻车制动系统两套独立系统构成。在紧急情况下，两套系统可协同工作以提升制动效果。按制动能量来源不同，制动系统可划分为人力驱动型、动力驱动型及伺服辅助型系统。依据制动能量传递方式，则进一步细分为机械式、液压式、气压式和电磁式，采用两种及以上传能方式的系统称为组合式制动系统。

3. 对制动系统的要求

为确保汽车高速行驶安全性，制动系统需满足以下性能标准：

（1）具备高效的制动效能，确保各种工况下有效减速或停车。

（2）操作力设计合理，避免驾驶员疲劳，保障制动控制精准性。

（3）制动稳定性优异，前后轮制动力分配科学，左右轮制动力矩均衡，防止制动跑偏或侧滑。

（4）制动平顺性良好，制动力矩增减响应迅速且线性，解除制动时彻底无残留。

（5）散热性能突出，连续制动时摩擦材料抗热衰退性强，涉水后制动效能恢复快。

挂车制动系统需额外满足：

（1）挂车制动响应需略早于主车，确保组合车辆制动协调性。

（2）发生脱挂时，挂车应具备自动应急制动功能，防止失控风险。

二、工作原理

制动系统的工作原理如图 10-46 所示。这是一种简单的液压制动系统的工作原理示意图。它由制动器、操纵机构和液压传动机构组成。

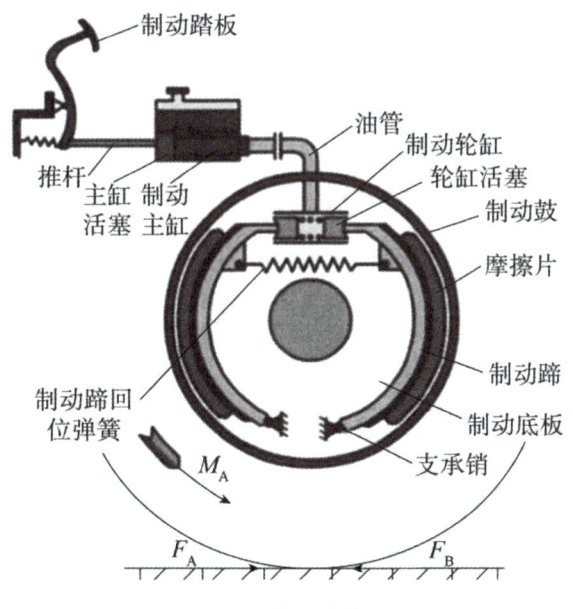

图 10-46 制动系统的工作原理

1. 制动器结构组成

制动器由旋转组件、固定组件及张开机构三部分构成。旋转组件为制动鼓，固定安装于车轮轮毂并随车轮同步旋转，其工作表面为内圆柱面。固定组件包含制动蹄和制动底板，其中制动底板通过螺栓固定于前轮转向节凸缘或后轮桥壳凸缘。在固定底板上设有两个支承销，用于支承两个弧形制动蹄的下端。制动蹄外圆面装有摩擦片，其上端通过回位弹簧拉紧并压靠在轮缸活塞表面。张开机构可采用液压轮缸或凸轮结构驱动制动蹄张开，液压轮缸组件集成安装于制动底板。

2. 操纵机构

操纵机构的核心部件为制动踏板。

3. 液压传动机构

液压传动系统由推杆、制动主缸、制动轮缸及连接油管组成。车架安装的制动主缸通过油管与制动轮缸实现油路连通，主缸活塞的动作由驾驶员通过制动踏板直接控制。

制动系统未激活时，制动鼓内圆柱面与制动蹄摩擦片外圆面之间保持设定间隙，确保制动鼓可随车轮自由旋转。

制动时，踩下制动踏板，推杆便推动主缸活塞，使主缸中的油液以一定压力流入制动轮缸，通过轮缸活塞使两制动蹄的上端向外张开，从而使摩擦片压紧在制动鼓的内圆面上。这样，不旋转的制动蹄就对旋转着的制动鼓产生一个摩擦力矩 M_A，其作用方向与车轮旋转方向相反，摩擦力矩大小取决于轮缸的张力、摩擦系数和制动鼓及制动蹄的尺寸等。制动鼓将该力矩 M_A 传到车轮后，由于车轮与路面间的附着作用，车轮即对路面作用一个向前的圆周力 F_A，与此同时，路面给车轮作用一个向后的反作用力 F_B，即制动力。制动力 F_B 由车轮经车桥和悬架传递给车架和车身，迫使整个汽车产生一定的减速度。制动力越大减速度也越大。当松开制动踏板时，制动蹄回位弹簧将制动蹄拉回原位，摩擦力矩 M_A 和制动力 F_B 消失，制动作用即行解除。

制动时车轮上的制动力 F_B 不仅取决于制动力矩 M_A，还取决于轮胎与路面间的附着条件。如果完全丧失附着，就不会产生制动效果，即车轮停止了转动而被抱死，汽车仍然向前滑移。不过，在讨论制动系统的结构问题时，一般都假设具备良好的附着条件。

国内外很多汽车在制动系统中增设前后车桥制动力分配调节装置，以减少车轮抱死，但目前应用最普及的是防抱死制动系统。

三、制动器

制动器是制动系统中用于产生阻止车辆运动或潜在运动的主要部件。当前，大多数汽车使用的制动器通过固定元件和旋转元件工作表面之间的摩擦来产生制动力矩，即所谓的摩擦式制动器。

1. 摩擦式制动器的分类

（1）摩擦式制动器依据制动力矩作用位置可分为两类：

①车轮制动器：其旋转部件固定于车轮轮毂或半轴，使制动力矩直接作用于车轮。该类制动器主要用于行车制动系统，部分设计兼具应急制动功能。

②中央制动器：其旋转部件装设于传动系统的传动轴，制动力矩需经驱动桥传递至两侧车轮。此类制动器通常专用于驻车制动及缓速制动场景。

（2）根据摩擦工作表面的不同分类，摩擦式制动器还可以根据其摩擦工作表面的不同分为以下两种类型：

①鼓式制动器（见图 10-47）。在鼓式制动器中，旋转元件为制动鼓，其工作表面是制动鼓的内圆柱面。当制动时，制动蹄向外张开并与制动鼓的内表面接触，从而产生摩擦力矩。

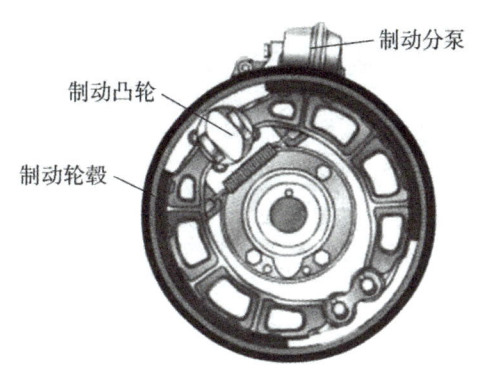

图 10-47 鼓式制动器

②盘式制动器（见图 10-48）。盘式制动器的旋转元件为制动盘，其工作表面是制动盘的端面。制动过程中，夹紧装置（通常是制动卡钳）会挤压制动盘两侧的刹车片，通过摩擦力减速或停止车辆。

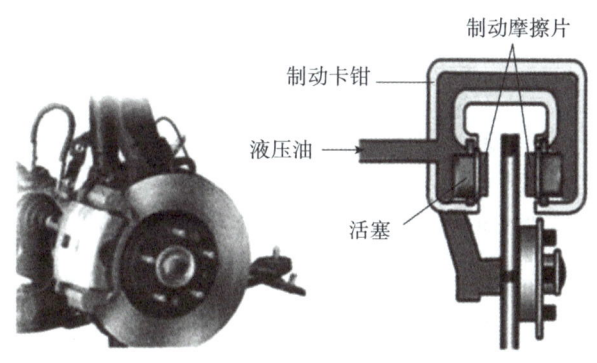

图 10-48 盘式制动器

这两种类型的制动器设计各有优势，适用于不同的应用场景，确保了车辆在各种条件下都能有效、安全地减速或停止。鼓式制动器因其成本效益和较高的制动力常用于经济型车辆或重型车辆；而盘式制动器由于散热性能好、响应灵敏，在现代轿车中更为常见。

2. 鼓式制动器

按促动装置类型，鼓式制动器可分为轮缸式、凸轮式和楔块式等类别。其中轮缸式制动器根据结构特性进一步细分为领从蹄式、双领蹄式、双向双领蹄式和自增力式。目前领从蹄式制动器在重型车辆及部分中低档轿车后轮上仍有广泛应用，其余类型则较少采用。

3. 盘式制动器

盘式制动器摩擦副中的旋转元件是以端面工作的金属圆盘，称为制动盘。根据固定元件的结构形式不同，盘式制动器大体可以分为两类，即钳盘式制动器和全盘式制动器。轿车和越野车上普遍应用钳盘式制动器。图 10-49 为浮钳盘式制动器的结构。

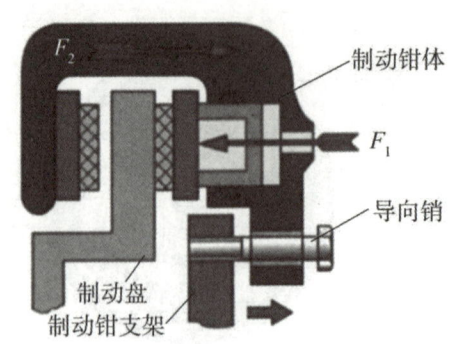

图 10-49 浮钳盘式制动器的结构

制动时，内侧活塞及摩擦片在液压作用力 F_1 作用下，向左移动压向制动盘。同时，液压的反作用力 F_2 推动制动钳体向右移动，使外侧摩擦片也压靠到制动盘上。导向销上的橡胶衬套不仅能够稍微变形以消除制动器间隙，还可使导向销免受泥污。解除制动时，橡胶衬套释放出来的弹力有助于外侧制动块离开制动盘。活塞密封圈使活塞回位。若制动器产生了过量的间隙，活塞则相对于密封圈滑移，借此实现间隙自动调整。盘式制动器普遍应用在各种车型上，盘式制动器与鼓式制动器相比，具有以下优点：

（1）平面摩擦表面变形量小，制动力矩输出稳定；
（2）热稳定性优异，受热膨胀仅沿径向产生，不影响制动间隙；
（3）涉水后离心力快速排干水分，高压下摩擦片残水易被挤出；
（4）制动力矩方向性与车辆行驶方向无关；
（5）制动间隙小且便于自动调整；
（6）摩擦片检修、维护、更换操作便捷。

缺点：

（1）摩擦片直接作用式无自增力效应，需额外配备助力装置；
（2）兼作驻车制动时需加装复杂传动机构，导致后轮应用受限。

四、驻车制动

驻车制动装置的功能是确保停驶车辆保持静止状态，辅助车辆在坡道实现平稳起步，并在行车制动失效时作为临时应急制动或与行车制动协同完成紧急制动。按安装位置可分为以下两类结构形式：

1. 中央制动式

制动器装设于变速器输出端，制动力直接作用于传动轴。该结构通过中央制动器对传动系统实施整体制动，典型结构示意图见图 10-50。

2. 车轮制动式

制动器与车轮制动系统共享制动器总成，但其操纵机构独立设置。此类设计通过作用于车轮的独立驻车制动机构实现制动，具体结构如图 10-51 所示。

两类装置的核心区别在于制动作用点的位置及与行车制动系统的集成方式，中央制动式作用于传动轴，车轮制动式则直接作用于车轮且共享制动器硬件。

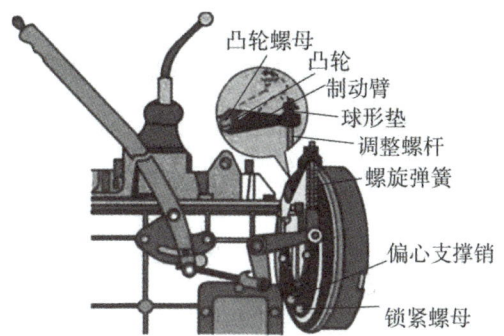

图 10-50　中央制动式驻车制动器

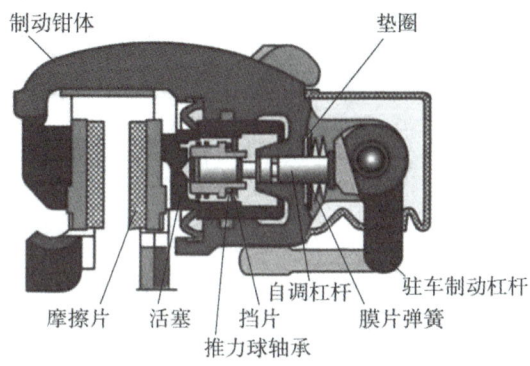

图 10-51　车轮制动式驻车制动器

五、液压制动传动装置

1. 组成及工作原理

在液压制动传动装置中，传力介质是制动液，利用制动液将驾驶人作用于制动三身踏板上的力转换为油液压力，通过管路传至车轮制动器，再将油液压力转换为使制动蹄张开的机械推力。按制动能源不同，分为人力液压制动系统和伺服液压制动系统。目前轿车和轻型车普遍采用伺服液压制动系统，伺服液压制动系统有真空助力式和真空增压式两种。

为了提高汽车制动的可靠性和行车的安全性，目前均采用双回路液压制动传动装置。双回路的布置方案在各型汽车上各有不同，常见的有前后独立式和前后交叉式两种形式，如图 10-52 所示。

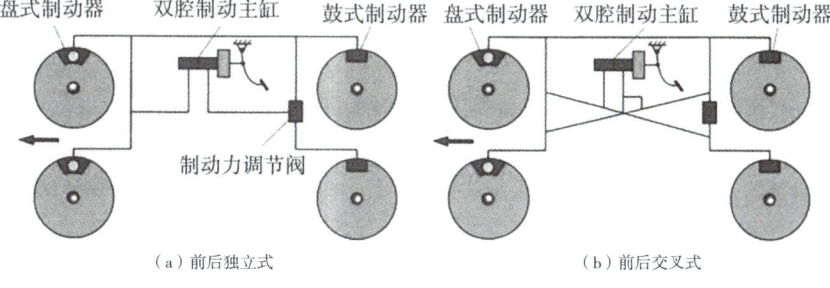

（a）前后独立式　　　　　（b）前后交叉式

图 10-52　双回路液压制动装置布置

图 10-53 所示为一汽奥迪 100 型轿车制动系统布置。该系统采用真空助力、双回路交叉布置。前轮为盘式制动器，后轮为鼓式制动器。后轮鼓式制动器同时也作为驻车制动系统的制动器。制动

主缸的后腔与右前轮、左后轮的制动回路 1 相通；制动主缸的前腔与左前轮、右后轮的制动回路 2 相通。制动时，驾驶人踩下制动踏板，踏板力经真空助力器放大后，作用在制动主缸上，制动主缸将制动液加压后，分别输送到两个制动回路，使制动器产生制动作用。这种液压传动对角线双回路制动系统能保证在任一个回路出现故障时，仍能得到总制动效能的 50% 左右。此外，这种制动系统结构简单，直行时紧急制动的稳定性好。

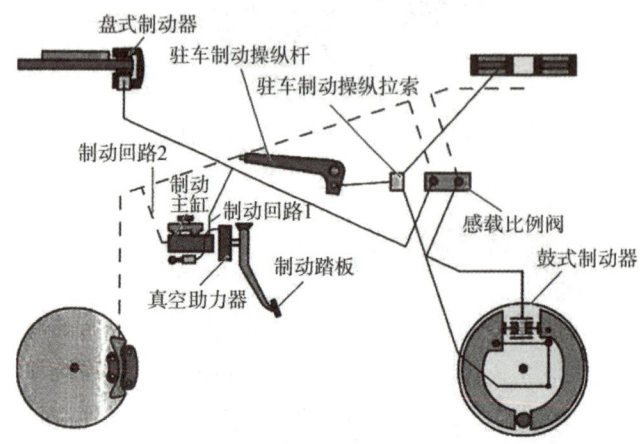

图 10-53　一汽奥迪 100 型轿车制动系统布置

2. 主要部件

液压制动传动装置的主要部件包含制动主缸、制动轮缸、真空助力器等。现代汽车维修中基本上以换件为主，此处不做详细介绍。

六、气压制动传动装置

气压制动传动装置的功用是利用压缩空气的压力，按驾驶人的要求，经控制阀对制动器进行有效的制动，从而获得所需要的制动力矩。气压制动系统的制动力大，制动灵活，广泛应用于中型和重型载货汽车上。气压制动传动装置由气源和控制机构两大部分组成。气源部分包括空气压缩机、调压装置、储气筒、报警装置、油水放出阀和取气阀、安全阀等部件，控制机构包括制动踏板、拉杆、制动阀等。气压制动装置布置如图 10-54 所示。

七、防抱死制动系统

防抱死制动系统（Anti-Lock Braking System，ABS）作为汽车主动安全装置，现已成为乘用车及客车的标准安全配置。其核心功能是在制动过程中防止车轮抱死拖滑，从而提升车辆的方向稳定性、转向操控性及缩短制动距离，实现更安全高效的制动效果。

1. ABS 的基本组成

ABS 系统由感知单元（传感器）、控制单元（ECU）和执行单元（执行器）三部分构成。该系统在常规制动系统基础上集成轮速传感器、ABS 电子控制模块及制动压力调节装置。

2. ABS 的工作原理

ABS 通过轮速传感器采集车轮转速信号，ECU 实时计算车轮速度、滑移率及车辆减速度，依据

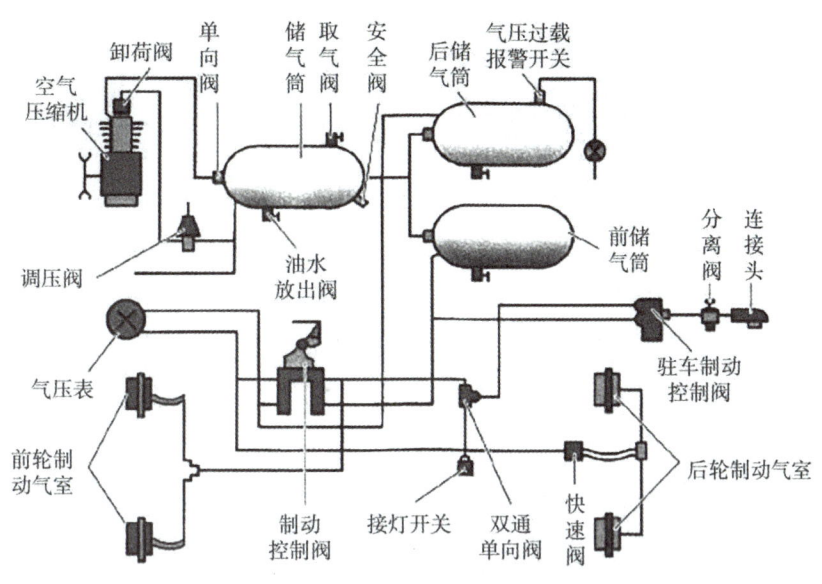

图 10-54 气压制动传动装置布置

各车轮工作状态进行分析决策，向液压调节器发送控制指令，动态调节制动力大小，使车轮滑移率维持在最佳范围，避免抱死现象发生。

ABS 工作循环包含四个核心阶段（见图 10-55）：

（1）常规制动阶段［见图 10-55（a）］：ABS 未介入，调压电磁阀组进液阀保持开启，出液阀关闭，制动主缸与轮缸油路贯通，电动液压泵停止运行。各轮缸制动压力随主缸输出压力同步变化，制动过程与普通制动系统完全一致。

（2）制动压力保持阶段［见图 10-55（b）］：当 ECU 监测到特定车轮（如右前轮）趋近抱死阈值时，立即向该轮进液阀发送通电指令使其关闭，阻断主缸制动液进入轮缸。此时出液阀仍保持关闭状态，轮缸压力维持恒定，其余车轮制动压力继续随主缸压力上升。

（3）制动压力减小阶段［见图 10-55（c）］：若右前轮仍持续抱死趋势，ECU 进一步控制出液阀通电开启，轮缸内部分制动液经开启的出液阀回流储液室，轮缸压力下降，消除车轮抱死风险。

（4）制动压力增大阶段［见图 10-55（d）］：当 ECU 判断右前轮抱死趋势解除后，向进液阀和出液阀发送断电指令，进液阀恢复开启，出液阀关闭。同时启动电动液压泵，将主缸输出液与泵送液共同注入轮缸，使制动压力快速回升，车轮恢复减速转动状态。

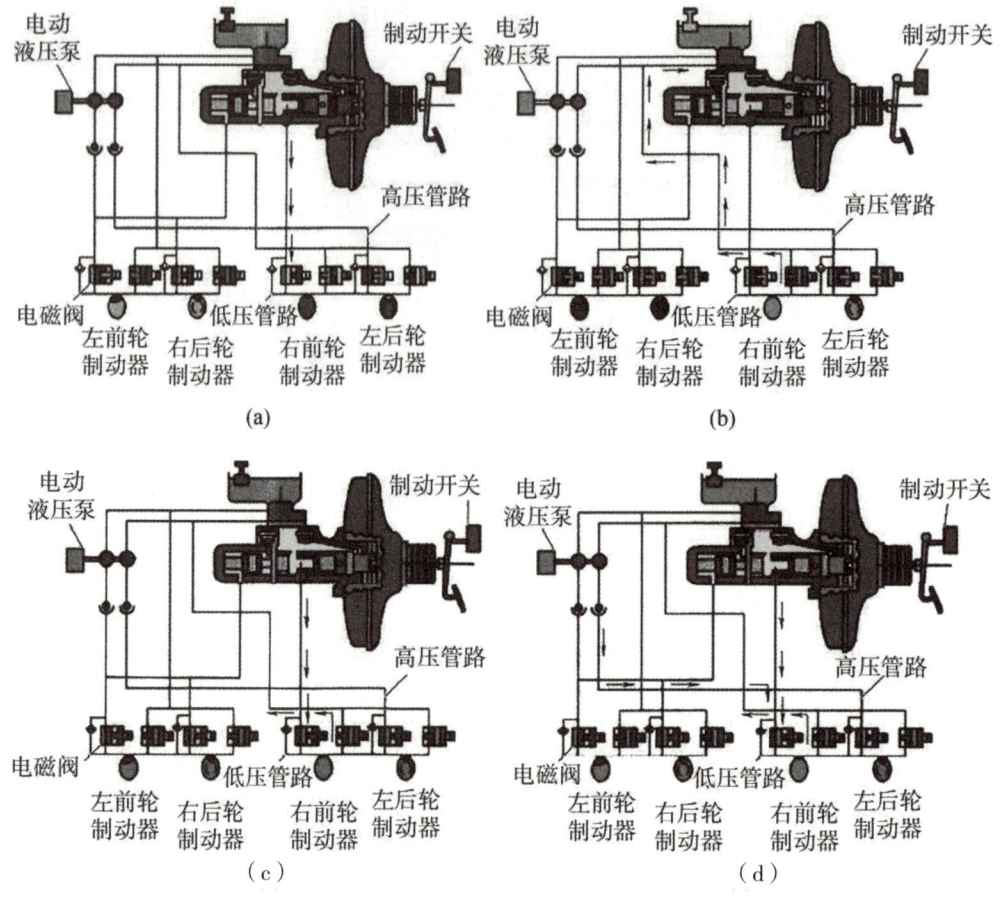

图 10-55 ABS 的工作过程

实训——盘式制动器的拆装与检修

一、技术标准与要求

各螺栓与螺母的紧固力矩应符合维修手册规定。
摩擦片的厚度符合维修手册规定值。

二、实训器材

本田飞度轿车、工作台 1 个、常用工具 1 套、维修手册 1 套、内外卡簧钳各 1 把、尖嘴钳 1 把、汽车内外护套 1 套、维修手册 1 套、黄油若干、抹布若干等。

三、教学组织

1. 教学组织形式

4 人一组配合操作。

2. 学生站位分工和要求

2 人相互配合拆装检测，2 人记录评分。

3. 教师职责

（1）教师示范动作并讲解动作要领。

（2）指导学生正确练习，并进行巡回指导。

（3）组织整个教学过程。

（4）保证学生实训安全。

4. 学生职责变化

小组内循环练习，并作好学习记录。

四、操作步骤

（一）盘式制动器的拆装

1. 盘式制动器的拆卸

（1）停放好车辆，拉起驻车制动，如图 10 - 56 所示。

图 10 - 56　拉起驻车制动

（2）拧松轮胎固定螺栓，安置好举升机支撑臂，将举升机升至工作位置，如图 10 - 57 所示。

图 10 - 57　将举升机升至工作位置

（3）拆下轮胎螺栓，取下轮胎，如图10-58所示。

图10-58 取下轮胎

（4）拆下制动分泵固定螺栓，如图10-59所示。

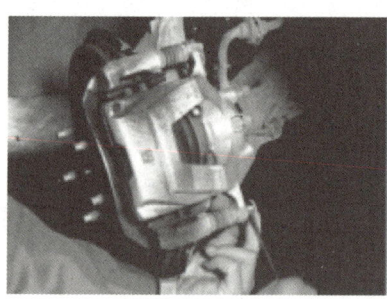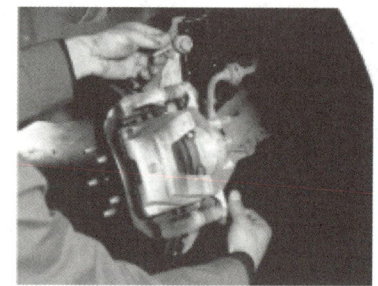

图10-59 拆下制动分泵固定螺栓

（5）向上拉起制动器分泵，用挂钩固定好，如图10-60所示。

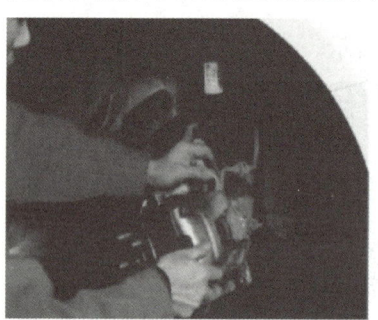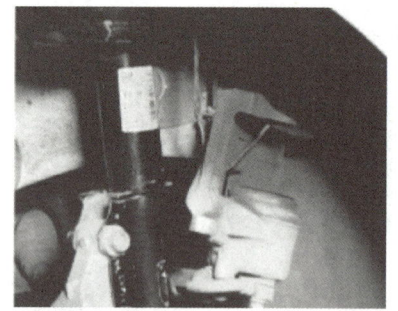

图10-60 向上拉起制动器分泵

（6）取出制动片，如图10-61所示。

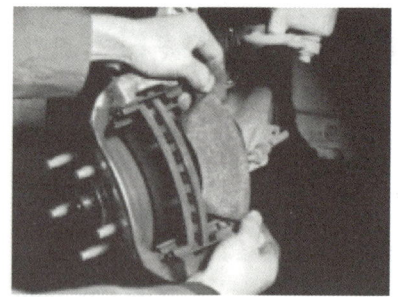

图10-61 取出制动片

（7）拆卸分泵固定螺栓，取下支架，如图 10-62 所示。

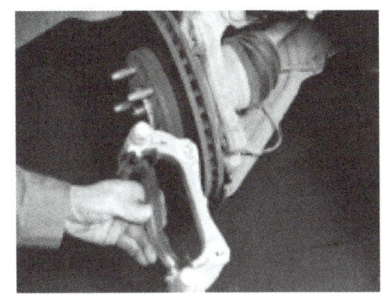

图 10-62 拆下分泵固定螺栓

（8）拆下制动盘固定螺栓，取下制动盘，拆卸完毕，如图 10-63 所示。

图 10-63 拆下制动盘固定螺栓

2. 盘式制动器的安装

按拆卸过程的相反顺序安装。

(二) 盘式制动器的检修

1. 制动钳及活塞的检修

（1）需检查缸体内表面是否存在划伤、腐蚀、磨损、破损或异物，若存在任一情况应更换缸体。

（2）由腐蚀或异物导致的小损伤可通过细金刚砂纸打磨内表面修复，若无法消除则需更换缸体。

（3）需检查活塞表面是否存在划伤、腐蚀、磨损、破损或异物，若存在任一情况应更换活塞。
注意：如果活塞滑动表面有电镀层，即使表面已腐蚀或粘有异物也不要用金刚砂纸打磨。

2. 滑动销钉、销钉螺栓和销钉防尘套的检修

检查是否出现磨损裂纹或其他损坏，如果出现上述情况应予以更换。

3. 制动盘的检修

（1）检查制动盘摩擦表面是否存在粗糙裂纹或剥落现象。

（2）采用百分表对制动盘端面跳动量进行检测，操作如图 10-64 所示。检测时需以至少两个螺母将制动盘固定于轮毂，并确保车轮轴承轴向间隙符合规范值要求，其端面跳动量最大允许值为 0.07mm。若实测跳动量超出规定标准，可对制动盘进行车床加工处理。

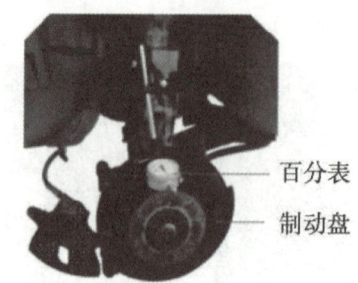

图 10-64 测量制动盘端面跳动量

（3）用游标卡尺检查制动盘的厚度，若厚度超过极限，必须更换新件，如图 10-65 所示。

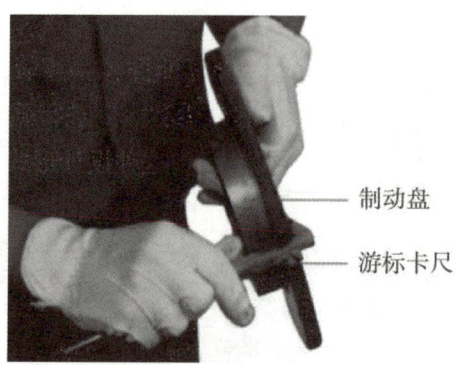

图 10-65 检查制动盘的厚度

4. 制动片厚度的检查

（1）若制动片已从制动器拆卸，可直接使用直尺或游标卡尺进行厚度测量。若测量结果显示制动片厚度低于规定使用极限或存在不均匀磨损现象，应立即更换新件。

（2）在制动片未拆卸状态下，可通过轮辐检视孔对外侧制动衬片厚度进行目测评估，或采取拆下车轮后直接检测的方式完成检查，具体操作方法可参考图 10-66 所示。

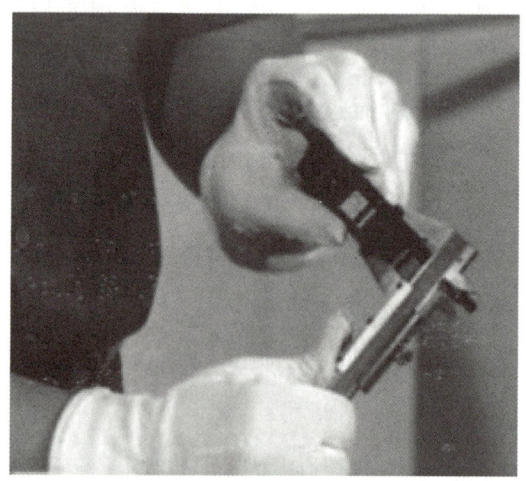

图 10-66 检查制动片厚度

参考文献

[1] 刘冬生,陈崇月,荆红伟. 汽车底盘构造与检修[M]. 北京:机械工业出版社,2017.

[2] 韦志强,易坤仁. 汽车底盘构造与检修[M]. 长沙:湖南科学技术出版社,2020.

[3] 金安鹏,颉方正. 汽车底盘构造与维修[M]. 上海:上海交通大学出版社,2021.

[4] 杜瑞丰,李忠凯. 汽车底盘构造与维修[M]. 北京:高等教育出版社,2022.

[5] 杨智勇,逄吉玲,张义. 汽车底盘构造与维修一体化教程:配实训工作页[M]. 北京:机械工业出版社,2022.

[6] 刘青山,郑锡伟,古汉塘. 汽车底盘构造与维修[M]. 哈尔滨:哈尔滨工程大学出版社,2023.

[7] 吴星,余志坤,胡胜. 汽车构造[M]. 北京:机械工业出版社,2023.

[8] 周佩秋,张莹莹. 汽车构造[M]. 北京:机械工业出版社,2023.

[9] 程德宝. 汽车构造[M]. 北京:机械工业出版社,2023.

[10] 刘甫勇,郭建青. 汽车构造[M]. 南京:东南大学出版社,2023.

[11] 姚美红,杨胜兵. 汽车构造[M]. 北京:机械工业出版社,2023.

[12] 陈家瑞. 汽车构造[M]. 3版. 北京:机械工业出版社,2009.

[13] 李庆军. 汽车发动机结构与维修[M]. 2版. 北京:机械工业出版社,2020.

[14] 蔡兴旺. 汽车构造与原理实训[M]. 4版. 北京:机械工业出版社,2019.

[15] 张西振. 汽车发动机构造与维修[M]. 2版. 北京:机械工业出版社,2014.